受浙江大学文科高水平学术著作出版基金资助

“十三五”国家重点出版物出版规划
全国高校出版社主题出版

赢得未来

高水平开放的中国与世界

迟福林　郭　达　匡贤明◎著

图书在版编目(CIP)数据

赢得未来：高水平开放的中国与世界 / 迟福林，郭达，匡贤明著. —杭州：浙江大学出版社，2021.6
ISBN 978-7-308-21863-4

Ⅰ. ①赢… Ⅱ. ①迟… ②郭… ③匡… Ⅲ. ①对外开放—研究—中国 Ⅳ. ①F125

中国版本图书馆 CIP 数据核字(2021)第 211396 号

赢得未来：高水平开放的中国与世界
迟福林　郭　达　匡贤明　著

总 编 辑　袁亚春
策　　划　张　琛　吴伟伟　陈佩钰
责任编辑　陈佩钰　吴伟伟
封面设计　雷建军
出版发行　浙江大学出版社
　　　　　(杭州市天目山路 148 号　邮政编码 310007)
　　　　　(网址：http://www.zjupress.com)
排　　版　浙江时代出版服务有限公司
印　　刷　浙江省邮电印刷股份有限公司
开　　本　710mm×1000mm　1/16
印　　张　21
字　　数　285 千
版 印 次　2021 年 6 月第 1 版　2021 年 6 月第 1 次印刷
书　　号　ISBN 978-7-308-21863-4
定　　价　78.00 元

浙江大学出版社市场运营中心联系方式：0571－88925591；http://zjdxcbs.tmall.com

总 序

“十四五”:以高水平开放形成改革发展新布局

迟福林

当今世界正处于百年未有之大变局。经过40多年的改革开放,中国与世界的关系发生历史性变化。作为新型开放大国,中国如何看世界、如何与世界融合发展?处于调整变化的世界,如何看中国、如何共建开放型经济体系?这是国内外普遍关注的重大问题。作为经济转型大国,我国既迎来重要的战略机遇,也面临着前所未有的挑战。“十四五”时期,我国经济正处于转型变革的关键时期,经济转型升级仍有较大空间,并蕴藏着巨大的增长潜力,我国仍处于重要战略机遇期。

在这个大背景下,推进高水平开放成为牵动和影响“十四五”改革发展的关键因素。面对百年未有之大变局,中国以高水平开放推动形成改革发展新布局,不仅对自身中长期发展有着重大影响,而且将给世界经济增长和经济全球化进程带来重大利好。未来5—10年,中国以更高水平的开放引导国内全面深化改革将成为突出亮点。

以制度型开放形成深化市场化改革的新动力。在内外环境明显变化的背景下,开放成为牵动和影响全局的关键因素,开放与改革直接融合、开放引导改革、开放是最大改革的时代特征十分突出。

“十四五”时期,适应经济全球化大趋势和我国全方位开放新要求,需要把握住推进高水平开放的重要机遇,以制度型开放加快市场化改革,并在国内国际基本经贸规则的对接融合中优化制度性、结构性安排。由此产生全面深化改革的新动力,推进深层次的体制机制变革,建立高标准的市场经济体制,进一步提升我国经济的国际竞争力。

以高水平开放促进经济转型升级。“过去40年中国经济发展是在开放条件下取得的,未来中国经济实现高质量发展也必须在更加开放条件下进行。”从经济转型升级蕴藏着的内需潜力看,未来5年,我国保持6%左右的经济增长率仍有条件、有可能。有效释放巨大的内需潜力,关键是推动扩大开放与经济转型升级直接融合,并且在这个融合中不断激发市场活力和增长潜力。由此,不仅将为我国高质量发展奠定重要基础,而且将对全球经济增长产生重要影响。

以高水平开放为主线布局“十四五”。无论内外部的发展环境如何变化,“十四五”时期,只要我们把握主动、扩大开放,坚持“开放的大门越开越大”,坚持在开放中完善自身体制机制,就能在适应经济全球化新形势中有效应对各类风险挑战,就能化“危”为“机”,实现由大国向强国的转变。这就需要适应全球经贸规则由“边境上开放”向“边境后开放”大趋势,优化制度性、结构性安排,促进高水平开放,对标国际规则,建立并完善以公开市场、公平竞争为主要标志的开放型经济体系。由此,不仅将推动我国逐步由全球经贸规则制定的参与国向主导国转变,而且将在维护经济全球化大局、反对单边主义与贸易保护主义中赢得更大主动。

2015年,中国(海南)改革发展研究院与浙江大学出版社联合策划出版“大国大转型——中国经济转型与创新发展丛书”，在社会各界中产生了积极反响，也通过国际出版合作“走出去”进一步提升了国际影响力。今年，在新的形势和背景下，在丛书第一辑的基础上，又集结各位专家的研究力量，围绕“十四五”以及更长时期内我国经济转型面临的重大问题继续深入研究分析，提出政策思路和解决之道。

在原有基础上，丛书第二辑吸纳了各个领域一批知名专家学者，使得丛书的选题视角进一步丰富提升。作为丛书编委会主任，对丛书出版付出艰辛努力的学术顾问、编委会成员、各位作者，对浙江大学出版社的编辑团队表示衷心的感谢！

本套丛书涵盖多个领域，仅代表作者本人的学术研究观点。丛书不追求学术观点的一致性，欢迎读者朋友批评指正！

2019 年 11 月

前　言

改革开放40多年来，我国抓住经济全球化的历史潮流，通过对外开放，加快融入世界经济；通过对内改革，释放市场的巨大活力，实现了从计划经济体制向社会主义市场经济体制的历史性突破，实现了从封闭、半封闭到全方位开放的历史性转折。我国40多年的改革开放之路，既是一条不断发展壮大之路，也是新型开放大国的成长之路。

2020年，我国国内生产总值超过100万亿元，按不变价格计算，比1978年增长约40倍，占世界经济的比重从1.7%提升至17%左右；人民群众生活水平逐步提升，城乡居民人均可支配收入从1978年的171.1元提升到2020年的32189元，年均增长13.28%，全面消除绝对贫困。

过去40多年的经济发展是在开放条件下取得的，未来我国经济实现高质量发展也必须在更加开放的环境下进行。当今世界正经历百年未有之大变局，新冠肺炎疫情全球大流行使这个大变局加速变化，单边主义、保护主义上升，国际经济、科技、文化、安全、政治等格局都在发生深刻调整，世界进入动荡变革期。同时，世界多极化趋势没有根本改变,经济全球化展现出新的韧性,维护多边主义、加强沟通协作的呼声更加强烈。

面对深刻复杂变化的国际环境,作为14亿人口的大国,我国致力于全面深化改革开放,推动建设更高水平开放型经济新体制;致力于推动贸易和投资自由化便利化,维护全球产业链、供应链顺畅稳定,构建国内国际双循环相互促进的新发展格局,赢得自身发展的更大空间,赢得与世界共享发展、融合发展的未来;致力于推进合作共赢、合作共担、合作共治的共同开放,推动建设开放型世界经济,中国这艘"经济巨轮"驶向高水平开放,将对自身及全球带来深远影响。

当前,我国推进高水平开放有着鲜明的特征:以扩大内需为基本导向;以推动自由贸易进程为战略目标;以服务贸易发展为重大任务;以打造高水平对外开放新高地为重要突破;以制度型开放为突出特点;以构建高水平社会主义市场体制为重要保障。

作好高水平开放这篇文章,既是中国自身发展的迫切需求,也是全球发展的客观需求。这不仅涉及政策的调整,也涉及体制机制的变革与创新,更涉及理念与思想的解放与更新,涉及诸多重大课题的深入研究与分析。为此,我和我的同事郭达、匡贤明在既有研究基础上,撰写了这本《赢得未来:高水平开放的中国与世界》,以期对某些重要问题提出我们的观点和分析。

感谢我的同事张飞、陈所华等对本书编辑给予的帮助!感谢浙江大学出版社对本书出版给予的支持!文中引用了部分研究观点和数据,在此对相关学者和机构表示感谢!

目　　录

总　论　在高水平开放中赢得未来

党的十九届五中全会提出:"要建设更高水平开放型经济新体制,全面提高对外开放水平。"在国际环境日趋复杂、不稳定性和不确定性明显增加的大背景下,我国推进高水平对外开放,坚持实施更大范围、更宽领域、更深层次的对外开放,建设更高水平开放型经济新体制,是"构建以国内大循环为主体、国内国际双循环相互促进的新发展格局"的客观要求,是发挥我国 14 亿人口巨大内需潜力优势的重大举措。

面对经济全球化受到的严峻挑战，全球经济复苏与国际合作比以往任何时候都更加需要相互开放市场，需要坚定维护以多边主义为核心的合作机制。我国致力于推进高水平开放，推动建设更高水平开放型经济新体制；致力于推动贸易和投资自由化便利化，深化区域经济一体化，巩固供应链、产业链、数据链、人才链，坚定不移构建开放型世界经济。

一、扩大开放深刻改变中国、深刻影响世界

改革开放 40 多年来，我国坚持打开国门搞建设，坚持以开放促改革促发展，既释放了巨大的发展潜能，促进了经济快速增长，也重塑了自身在全球经济格局中的地位。可以说，中国 40 多年的快速发展，重要密钥之一在于不断扩大开放。

1. 在扩大开放中实现经济快速增长

1978 年的改革开放，开启了我国与世界的“合群”进程，由此我国在积极参与国际大分工中实现了经济的高速增长。1978 年，我国国内生产总值仅为 3679 亿元，2020 年突破 100 万亿元。1979—2019 年，按不变价格计算，我国 GDP 年均增长 9.4%，远超世界平均增速(2.9%)，占世界比重

从1.8%提高至16%左右。[①] 2020年,世界经济下滑4.3%,我国经济逆势增长,实现了2.3%的正增长,稳居世界第二位,占世界经济的比重提升至17%左右。[②]

2.成为世界经济增长的主引擎

1961—1978年,我国对世界经济增长的年均贡献率仅为1.1%;1979—2012年,我国对世界经济增长的年均贡献率达到15.9%,仅次于美国,居世界第二位;2013—2018年,我国对世界经济增长的年均贡献率达到28.1%,居世界第一位;2018年,我国对世界经济增长的贡献率为27.5%,2019年、2020年超过30%。[③]

3.成为全球投资贸易增长的重要力量

按美元计算,2001—2019年,我国货物进口平均增速达13.0%[④],远高于世界平均增速。2020年,在全球贸易普遍下滑的背景下,我国货物进出口总额321557亿元,比上年增长1.9%。从对外投资来看,2019年,我国对外直接投资1369.1亿美元,流量规模仅次于日本(2266.5亿美元),蝉联全球第二,流量占全球比重连续4年超过一成,占世界的比重达到10.4%;2019年末,我国对外直接投资存量达2.2万亿美元,仅次于美国(7.7万亿美元)和荷兰(2.6万亿美元),保持全球第三,存量占全球比重达到6.4%。[⑤]

4.成为世界工厂和世界市场

我国加入世界贸易组织(WTO)后,凭借全球规模最大、门类最全、配套最完备的制造业体系,深度参与国际分工和全球产业链体系,成为"世界

---

① 根据世界银行数据库测算,https://unctadstat.unctad.org/EN/。

② 国家统计局副局长盛来运:我国是全球唯一实现经济正增长的主要经济体[EB/OL].环球网,2021-02-28.

③ 国家统计局国际统计中心.国际地位显著提高 国际影响力持续增强——新中国成立70周年经济社会发展成就系列报告之二十三[R].国家统计局网站,2019-08-30.

④ 根据UNCTAD数据计算得出,https://unctadstat.unctad.org/EN/。

⑤ 商务部.2019年度中国对外直接投资统计公报[R].商务部网站,2020-09-16.

工厂”。我国进入工业化后期，在消费结构升级和扩大开放的双重推动下，开始成为“世界市场”。例如，2019 年，我国社会消费品零售总额达到 5.96 万亿美元，同期美国为 6.22 万亿美元，相差仅 2600 亿美元；我国已成为仅次于美国的第二大进口国，进口规模占全球的比重已由 2001 年的 3.8% 上升至 2019 年的 10.8%，略低于美国占全球的比重(12.3%)。[①]

二、以扩大内需为导向推进高水平开放

未来 5—10 年，我国经济转型升级处于关键时期并蕴藏着巨大的内需潜力，成为我国推进高水平开放的独特优势和基本条件。构建国内国际双循环相互促进的新发展格局，需要发挥超大规模市场优势，以内需为导向推进高水平开放，加快形成与大国经济相适应的开放体系。

1. 我国经济转型升级蕴藏巨大内需潜力

从消费结构看，2019 年，我国服务型消费占比为 45.9%，估计到 2025 年将达到 52%左右，开始进入服务型消费社会。从产业结构看，2020 年，我国服务业占 GDP 的比重为 54.5%，估计到 2025 年，我国服务业占比有可能接近 60%。从城乡结构看，随着城市化和城市群的发展，估计到 2025 年，我国常住人口城镇化率将达到 66%左右。[②]

2. 内需潜力释放将支撑未来 5—10 年的中速增长

2020 年，我国社会消费品零售总额(39.2 万亿元)和全国固定资产投资(不含农户)(51.9 万亿元)[③]合计已达到 91.1 万亿元，这个巨大的市场是我国经济中速增长的重要动力。未来几年，我国服务业增加值年均增长

① 张茉楠. 打造中国超大规模市场优势须改革与开放相互促进[N]. 中国经济时报，2020-12-29.
② 迟福林. 以高水平开放构建“双循环”新发展格局[N]. 经济参考报，2020-09-30.
③ 国家统计局. 中华人民共和国 2020 年国民经济和社会发展统计公报[R]. 国家统计局网站，2021-02-28.

速度将保持在6%左右,每年将带动经济增长2—3个百分点;加上人口城镇化、消费结构升级带来的增长叠加效应,经济增长速度在未来5—10年将保持在5%左右。

3.14亿人口内需大市场是世界的市场、共享的市场、大家的市场

超大规模内需市场潜力的释放,将为我国实现高质量发展提供更大空间,也将为经济全球化注入更多正能量。初步测算,百万亿元级别的内需市场规模将为未来5—10年我国实现4%—5%的经济增长奠定重要基础。2006年以来,我国对世界经济增长的贡献率连续14年全球排名第一。预计未来5—10年,我国对全球经济增长的贡献率仍有望保持在25%—30%。也就是说,我国提出的"构建以国内大循环为主体、国内国际双循环相互促进的新发展格局",绝不是封闭的国内循环,而是应对复杂多变国内外环境实行的战略转型;绝不是短期举措,而是与我国经济转型升级趋势相适应的中长期发展战略。

4.立足扩大内需推进高水平开放进程

进入新发展阶段,扩大内需在引领高水平开放中的基本导向作用全面凸显。一方面,消费结构升级对世界多样化高品质的产品、服务产生更多需求。到2030年,我国累计商品进口额有望超过22万亿美元。[①] 另一方面,随着我国经济全面深度融入世界,释放14亿人口的内需潜力,需要以更高水平的开放融入国际经济循环。例如,目前我国95%的高端专用芯片、70%以上智能终端处理器以及绝大多数存储芯片依赖进口。[②] 我国提出的"双循环"是基于内需大市场做出的战略选择。以扩大内需为基本导向的高水平开放,就是要实现内外市场联通、要素资源共享,就是要构建更加开放的国内国际双循环。

---

① 习近平.在第三届中国国际进口博览会开幕式上的主旨演讲[EB/OL].新华网,2020-11-04.

② 依靠科技创新规避"卡脖子"风险[EB/OL].中国经济网,2019-10-31.

三、以强大国内市场推动全球自由贸易进程

未来几年，依托强大国内市场，加快推进双边、多边自由贸易进程，深化区域经济一体化，巩固供应链、产业链、数据链、人才链，有效应对单边主义与贸易保护主义，并为推动建设开放型世界经济与全球经济复苏注入新的动力。

1. 把握区域经贸合作的大趋势

(1)以区域合作为重点的自由贸易大趋势。多哈回合谈判陷入停滞以来，面对日益高涨的贸易保护主义，多边进程面临挑战，签订区域贸易协定(RTA)的国家数量激增。目前，WTO 所有成员均签订了至少一个 RTA，区域合作已成为世界各国推进自由贸易的重要方式。

(2)区域合作水平向更高标准、宽领域、强排他演进的大趋势。从全面与进步跨太平洋伙伴关系协定(CPTPP)、日本—欧盟经济伙伴关系协定(EPA)、美墨加贸易协定(USMCA)等最新签订的自由贸易协定内容看，条款在广度和深度上都超越了 WTO。《服务贸易总协定》(GATS)以正面清单为主，而 CPTPP、EPA 以及 USMCA 在服务贸易和投资领域均采用了负面清单模式，并在服务业部门实行准入前国民待遇。金融和电信业是服务部门开放的重点领域。此外，USMCA、EPA 还加入了允许金融数据跨境转移的内容。电信服务章节对电信网络的接入和使用进行了规范和承诺。此外，区域自贸协定强排他的趋势明显。例如，CPTPP 通过原产地规则等实现了对区域外其他国家的歧视；USMCA 将毒丸条款引入；等等。

(3)新冠肺炎疫情冲击下区域合作需求进一步加强。2021 年 1—2 月，全球区域货物与服务贸易协定数量达到 49 个，为历年最高。[①] 未来几

① 根据 WTO RTA 数据库统计得出。

年,各国为尽快实现本国经济复苏与贸易投资增长,推进高水平区域合作仍有很大可能是该时期采取的重要举措。

2.立足内需深化区域经济一体化

(1)以推动区域全面经济伙伴关系协定(RCEP)为基础推进亚太区域经济一体化进程。按照RCEP的相关开放承诺,加快出台相关配套措施,并推动海关、监管、投资等国内相关政策、制度调整,以此推动RCEP尽快落地实施。考虑到发达国家与发展中国家开放水平差异较大,亚太自贸区可考虑建立一个多层次的自贸协定,不同层次对应不同开放标准,并明确过渡期,以加快协商进程。

(2)以服务贸易为重点务实推进中日韩自贸进程。一是以服务贸易为重点加快中韩自贸区升级版谈判,在知识产权、文化旅游、电子商务、金融服务、工业设计和数据处理等领域实现双边开放的重要突破,逐步推进双边服务标准的对接、服务市场的融合。二是以医疗健康为重点深化中日合作,积极推进与日本医疗健康服务标准、监管规则的对接,提升我国医疗健康产业发展质量。三是强化制造业产业链供应链领域的合作,在汽车制造、电子通信、机械设备、工业机器人等制造业领域形成分工合作新机制,推动三国制造业向全球价值链的上游发展。四是以"中日韩+"模式拓展三国合作空间,推进东北亚区域经济一体化进程。

(3)排除干扰实现中欧经贸合作的重要突破。当前,中欧双方应本着相互尊重、排除干扰的态度看待双边关系。总的来看,推动中欧投资协定尽快生效,不仅符合中欧双方的经济与战略利益,更将对全球经贸格局与经济全球化进程产生重大利好。

(4)积极考虑加入CPTPP。习近平主席在亚太经合组织(APEC)视频峰会演讲时表示,"中方将积极考虑加入全面与进步跨太平洋伙伴关系协定”[①]。CPTPP是面向21世纪的高标准贸易协定，体现了全球新一代自由贸易规则演进的大方向。近两年，我国推进高水平开放，要把加入CPTPP作为重点任务之一，在服务贸易、知识产权协定、竞争中立、电子商务、政府采购、国有企业和中小企业、投资者—国家争端解决机制(ISDS)等方面加快形成新的制度安排，以在新发展阶段国际产业合作中掌握更大的主动权，并由此形成市场化改革的新动力。

3.推动共建“一带一路”高质量发展

(1)推进“一带一路”公共卫生合作。加大对“一带一路”沿线发展中国家抗疫物资的支持，包括必要的卫生医疗设备、检测试剂、疫苗、应急物资和人员等；加大开展技术合作交流的力度，建立密切的技术沟通机制，分享相关防控和诊疗技术，携手共同应对疫情，真正体现你中有我、我中有你的人类命运共同体精神。率先建立“一带一路”公共卫生全球行动协调机制，使各国在面对公共卫生危机时共同采取更为及时、有效的措施和行动。

(2)统筹产能合作与服务贸易，形成“一带一路”产业链与供应链新布局。开展国际产能合作，要更加注重推动工程承包、研发设计、相关咨询、第三方认证、金融、保险、物流、采购等服务业企业“走出去”，以服务贸易合作提升产能合作水平，带动关联产业的上、下游国际市场需求。例如，通过技术服务贸易，促进制造业与信息技术密集型服务业高度融合，以服务型制造为核心的新业态参与全球产业链的结构再调整和价值链重构，把生产要素的国内合理配置提升到全球范围配置，促进形成制造业的全球布局，提升我国制造业的国际竞争力。

(3)构建多种形式双边区域自贸网络。充分考虑“一带一路”沿线国家和地区的发展水平、发展需求、制度差异和承受能力。本着先易后难、循序渐进的原则，实行服务业项下、基础设施项下、制造业项下的自由贸易政

① 习近平.在庆祝改革开放40周年大会上的讲话[N].人民日报，2018-12-19.

策,探索建立多种形式的经济合作圈,重点深化公共卫生、数字经济、绿色发展、科技教育合作,促进人文交流。

四、以制度型开放推动构建高水平市场经济体制

“十四五”规划纲要提出,“全面深化改革,构建高水平社会主义市场经济体制”。作为14亿人口的大国,保持战略定力,办好自己的事,要把握开放与改革高度融合的时代特征,以构建新发展格局为基本要求,走出一条以高水平开放促进深层次市场化改革的新路子。

1.高水平开放与高水平市场经济体制直接融合

高水平开放依赖于高水平的市场经济,高水平市场经济的重要特征是开放竞争程度高。从高水平开放的实践看,无论是达成中欧投资协定,还是加入CPTPP,都对建设高水平市场经济体制提出新的要求。未来几年,我国实现高水平开放新突破重在加强制度性、结构性安排。所谓“制度性”,其重点是开放市场、公平竞争,建立与国际基本经贸规则相衔接的开放型经济体系。所谓“结构性”,重点是扩大对外开放的领域和范围,即从一般制造业领域的开放扩大到以金融等为重点的服务业领域的开放。这就需要加快推动以货物贸易为主向以服务贸易为重点的转型进程,需要加快推动由商品和要素流动型开放向规则等制度型开放的转型进程。

2.以制度型开放促进制度性变革

开放是最大的改革,制度性变革依赖于制度型开放。推进规则、规制、标准、管理等制度型开放,是形成以服务贸易为重点的高水平开放新格局的基本需求,并成为服务业领域制度性变革的重大任务。“十四五”期间建设更高水平开放型经济新体制,需要在服务业领域的制度型开放和制度性变革上实现重大突破。一方面,要推进服务贸易领域规则、规制、管理、标

准等在更大程度上与国际接轨。例如,率先在医疗健康、教育等社会需求较大的服务业领域引入国际先进管理标准。另一方面,要实质性推动服务业领域市场对内对外开放进程,尽快打破服务业领域的各类市场垄断与行政垄断。由此,既为释放民营企业的强大活力创造市场条件,又为外资企业发展拓展更大投资空间。

3. 以制度型开放与制度性变革全面激发市场活力

(1)推进服务业开放和服务贸易发展。适应经济全球化大趋势与国内经济转型升级的需求,协同推进强大国内市场和贸易强国建设,关键是加快补齐服务贸易发展的突出短板。“十四五”期间要同步推进生活性服务业和生产性服务业领域的服务贸易开放进程,争取到2025年服务贸易额占外贸总额的比重提高至20%以上;适应创新型国家建设进程,要实现知识密集型服务贸易占服务贸易比重的明显提升;要实现旅游、文化、健康、教育等生活性服务贸易以及研发、设计、金融等生产性服务贸易国际竞争力的明显提升。

(2)深化以要素市场化改革为重点的深层次市场化改革。高水平开放有赖于高标准市场体系。建设高水平市场经济体制,核心在于深化要素市场化改革,充分发挥市场在资源配置中的决定性作用。例如,深化土地要素市场化改革,建立城乡统一的土地要素市场;着眼于释放人力资本活力,尤其是科研人员的活力,加快改革人才管理体制,建立以人为中心的科技创新激励机制,释放巨大的创新潜能;保护企业家产权,激发企业家潜能,充分发挥企业家在资源优化配置中的重要作用;打造市场化、法治化、国际化营商环境,在竞争中性、市场透明、知识产权、环保标准等方面加大制度安排,切实减少不必要的行政干预。

(3)强化竞争政策的基础性地位。一是明确产业政策应以不妨碍公平竞争为基本原则,改变以往以倾斜性的行政力量对市场资源的直接配置,大幅减少现有中央各部门、地方产业补贴与扶持项目,使市场在资源配置中真正发挥决定性作用。二是要强化对新出台产业政策的公平竞争审查,建立投诉举报、第三方评估等机制,坚决防止和纠正排除或限制竞争行为,不得保护落后产业。三是突出产业政策的战略引导功能,制定适用产业扶持政策的负面清单,将产业政策严格限定在具有重大外溢效应或关键核心技术领域,并尽量通过政府购买、鼓励直接融资等市场方式支持其发展。

五、以高水平开放应对百年未有之大变局

面对百年未有之大变局,我国以高水平开放推动形成改革发展新布局,不仅对自身中长期发展有着重大影响,而且将给世界经济增长和经济全球化进程带来重大利好。

1.在高水平开放中构建国内国际双循环新发展格局

以国内大循环为主体,绝不是自我封闭、自给自足,而是要坚持开放合作的双循环。一方面,我国已经成为世界第二大经济体、第一大工业国,并有望成为全球第一大消费市场,具备构建双循环新发展格局的现实基础。另一方面,我国进入新发展阶段,需求结构和生产函数发生重大变化,生产体系内部循环不畅和供求脱节现象显现,“卡脖子”问题突出,结构转换复杂性上升。未来几年,加快构建国内国际双循环新发展格局,需要在高水平开放中强化开放合作,更加紧密地与世界经济联系互动。

2.赢得更高层次国际合作竞争与全球治理的主动

(1)应对贸易单边主义与保护主义。近年来,单边主义与贸易保护主义抬头,威胁全球自由贸易进程。2019年,全球货物贸易量同比下降0.1%,出现10年来的首次下降。[①] 2020年,在新冠肺炎疫情的冲击下,贸易单边主义与保护主义势头进一步上升。面对单边主义、贸易保护主义挑

① 去年全球贸易量出现十年来首次下降,新冠疫情正雪上加霜[EB/OL].界面新闻,2020-02-26.

战，面对新冠肺炎疫情的严重冲击，我国坚持改革开放不动摇，继续推出扩大开放的重大举措，将对维护经济全球化大局、维护多边贸易体制、推进世界经济增长产生重大影响。

(2)以服务贸易和数字贸易为重点积极参与全球经贸规则制定。当前，服务贸易与数字贸易快速增长，并逐渐成为全球经贸规则重构的焦点。从推进全球自由贸易进程出发，应积极参与和引领建设开放、包容、共享、均衡的区域性和全球性服务贸易协定，带动新兴经济体和发展中国家平等参与区域和全球服务贸易体系建设，提出符合发展中国家实际的服务贸易与数字贸易规则，释放全球服务贸易需求潜力。同时，积极参与构建开放包容的数字贸易规则，与其他数字贸易大国形成数字贸易项下的自由贸易政策安排。

(3)以推进 WTO 改革为重点积极参与全球经济治理。在坚持最惠国待遇、国民待遇、关税约束、透明度、特殊与差别待遇等世贸组织的基本原则和核心价值基础上，抓住争端解决机制这一关键，推进世贸组织上诉机制、贸易争端解决机制等方面的改革。同时，发挥 G20 在完善多边贸易体制与全球经济治理中的重要作用。

(4)在广泛协商、凝聚共识基础上改革和完善全球治理体系。经济全球化遭遇逆流的重要原因之一在于经济全球化的发展红利并未被公平共享。经济全球化需要转向更加包容的新模式。从全球经济可持续增长的目标出发，构建包容性全球化的制度保障，坚持把共商共建共享贯彻到全球化和区域化制度安排中，使更多的国家、地区和群体能够参与到经济全球化进程中并公平分享红利，推动经济全球化朝着更加开放、包容、普惠、平衡、共赢的方向发展。

3. 赢得与世界共同发展、融合发展的未来

推进合作共赢、合作共担、合作共治的共同开放，建设开放型世界经济，是各国的共同责任。经济全球化的大势没有改变，各国走向开放、走向

合作的大势没有改变。我国坚持高水平开放,主动推进双边、多边自由贸易进程。例如,积极推动尽快签署区域全面经济伙伴关系协定,尽快完成中欧投资协定谈判,加快推进中日韩自贸协定谈判进程等。我国坚定不移全面扩大开放,坚定不移推进全球自由贸易进程,坚定不移参与全球经济治理变革,将为国际社会注入更多正能量。

作为拥有 14 亿人口的新型开放大国,中国的市场既是中国的,也是世界的。中国坚持推进以内需为导向的高水平开放,不仅能够有效释放 14 亿人口的超大规模市场潜力,而且有利于全球共享中国市场;不仅有利于推动中国实现高质量发展,而且将对疫情冲击下的世界经济复苏产生重要影响;不仅有利于中国以高水平开放促进深层次市场化改革,而且有利于全球分享中国全面深化改革开放的红利。

第一章　走向高水平开放的中国

当今世界正处于百年未有之大变局。作为新型开放大国，作为经济转型大国，推进高水平开放是重大战略选择，也是形成战略主动的关键所在，不仅对自身经济转型与结构性改革具有重大影响，而且对提升我国在全球经济格局中的地位和作用具有深远影响。

第一节　百年未有之大变局的世界

当今世界正经历百年未有之大变局，国际环境日趋复杂，不稳定性不确定性明显增加。新冠肺炎疫情影响广泛深远，并对全球经济增长、世界经贸关系带来重大冲击。作为世界第二大经济体，中国的选择，将对全球经济走势有着重大影响。

一、世界经济格局正在深刻调整

进入21世纪以来，世界经济格局呈现趋势性变迁，发展中国家在世界经济增长及全球贸易投资中的地位和作用日益提升，世界经济重心东移趋势更加明显。

1.国际经济力量对比呈现趋势性变迁

(1)发展中国家在全球经济格局中的地位和作用日益提升。1990—2018年，发达经济体GDP占世界经济的比重从78.7%下降到57.6%；发展中国家GDP占世界经济的比重则从10.4%上升到20.2%，亚洲国家

GDP占世界经济的比重由23.9%上升至37.1%。其中,中国GDP占比由1.7%上升至15.9%(见图1.1)。到2019年,中国占世界经济的比重则进一步上升到16.3%。[①] 未来5年,中日韩三国与东盟的GDP总量将超过欧盟与美国的总和,国际经济重心向亚洲转移将会大大提速。预计到2035年,发展中国家GDP规模将超过发达经济体,在全球经济和投资中的比重接近60%。

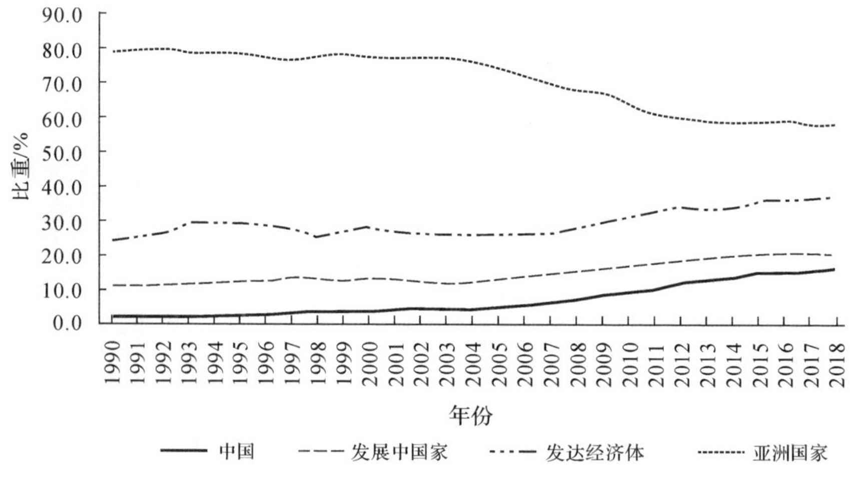

图1.1　1990—2018年不同组别经济体GDP占世界比重

数据来源:根据UNCTAD数据计算得出,https://unctadstat.unctad.org/EN/。

(2)发展中国家在全球贸易格局中的地位日益提升。2005—2019年,发展中国家货物出口额由3.8万亿美元增长至8.4万亿美元,年均增长5.8%,高于发达经济体平均增速2.6个百分点,高于世界平均水平1.5个百分点;占世界货物出口额的比重由36.3%提升至44.4%,提升了8.1个百分点(见图1.2)。同期,发达经济体货物出口占比由60.4%下降至52.2%。

① 根据UNCTAD数据计算得出,https://unctadstat.unctad.org/EN/。

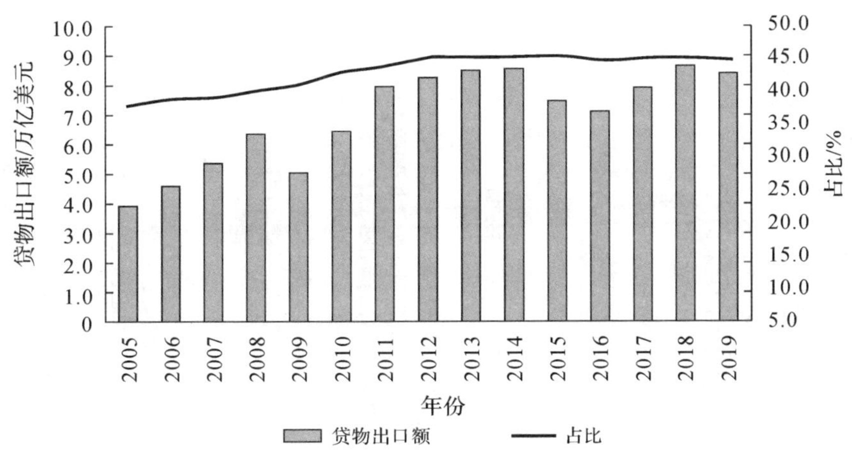

图 1.2　2005—2019 年发展中国家货物出口额及占比

数据来源：根据 UNCTAD 数据计算得出，https://unctadstat.unctad.org/EN/。

(3)发展中国家在国际投资格局中的地位和作用日益提升。从流入侧看，2000—2019 年，发展中国家外商投资额由 2315.9 亿美元增长至 6847.2 亿美元，年均增长 8.1%，远高于全球 0.9%的平均增速；发展中国家外商投资额占世界的比重由 17.1%上升至 44.5%，上升了 27.4 个百分点(见图 1.3)。从流出侧看，2000—2019 年，发展中国家对外投资额由 887.8 亿美元上升至 3702.0 亿美元，年均名义增长 10.8%，远高于世界 0.9%的平均增速，占世界比重由 7.6%上升至 28.4%。①

2. 亚太区域日益成为世界经济增长与贸易发展的重心

(1)亚太区域成为拉动世界经济增长的重要动力。2000—2019 年，亚太地区 GDP 由 10.0 万亿美元增长至 34.8 万亿美元，年均名义增长 6.8%，比世界平均增速高 1.6 个百分点；按 2015 年不变价美元计算，年均实际增长 5.1%，比世界平均增速高 2.1 个百分点；占世界经济总量的比重由 29.6%上升至 39.7%，上升了 10.1 个百分点(见图 1.4)。

① 根据 UNCTAD 数据计算得出，https://unctadstat.unctad.org/EN/。

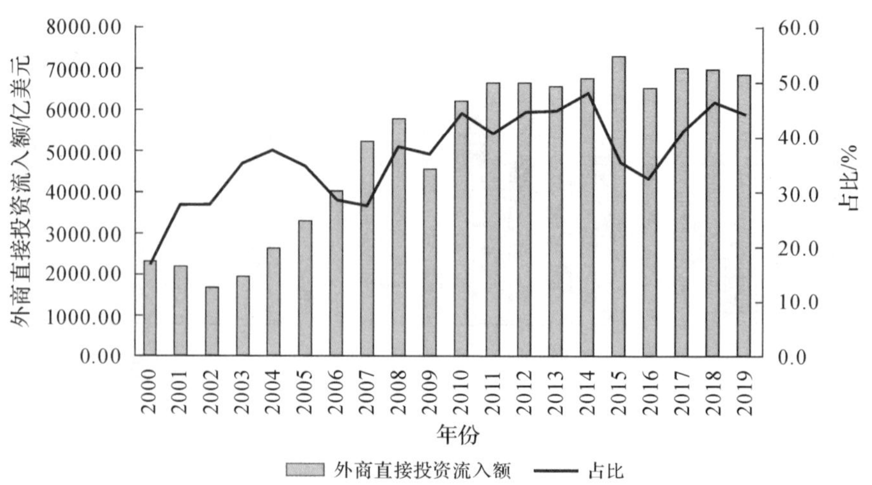

图 1.3　2000—2019 年发展中国家外商直接投资流入额及占比

数据来源:根据 UNCTAD 数据计算得出,https://unctadstat.unctad.org/EN/。

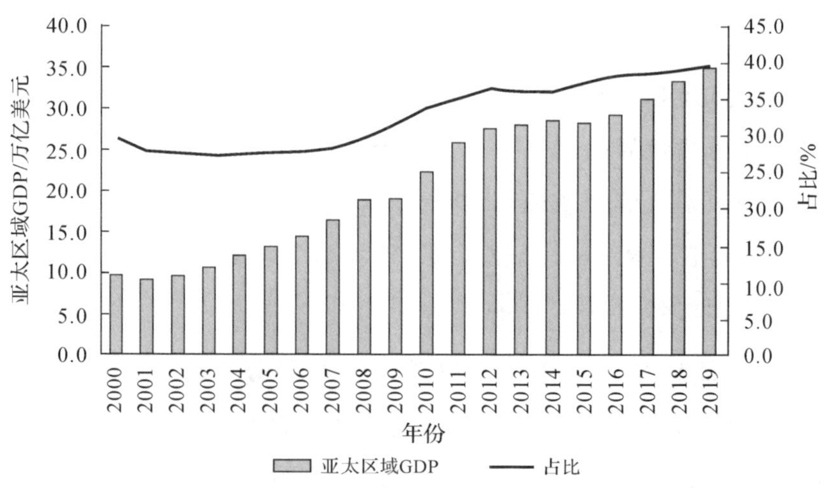

图 1.4　亚太区域 GDP 及占比

数据来源:根据 UNCTAD 数据计算得出,https://unctadstat.unctad.org/EN/。

(2)亚太区域成为推进全球自由贸易进程的重要力量。自亚太"茂物目标”(Bogor Goals)[①]实施以来，APEC平均关税下降了60%，享受零关税待遇的产品种类增加了1倍，贸易和投资额分别增长了5倍和12倍，通关的时间缩短了15.6%和14.1%，APEC经济体参与区域贸易一体化协定的数量增长了8倍。[②] 有研究预计，亚太区域内贸易总额占全球比重在2025年将突破60%；未来5年亚太区域对全球经济增长的贡献将有望超过65%，消费增长贡献将超过75%。[③]

(3)亚太区域的政治、经济、科技等影响力不断扩大。亚太是全球经济最具活力的地区之一，聚集了全球最多的新兴经济体。随着中国、印度等新兴经济体消费潜力的释放和经济结构的升级，未来10年，亚太区域预计平均经济增长率将达到4.5%，将成为全球经济中增长最快的地区。同时，亚太区域在大国博弈、国际合作竞争中的区域作用与影响力也在明显上升。

3.大国关系面临着更为复杂的变化

作为全球第一和第二的经济体，中美关系有可能出现更为复杂的局面。美国以西方国家“领头羊”的身份与我国开展战略竞争。例如，美欧经贸关系也存在某些不确定性，在对美关系中更加强调自主性有可能成为一个重要导向。未来几年，以中美关系为重点的大国关系走向直接影响全球经济、政治、文化、科技等格局。在全球经济增长乏力和全球治理面临严峻挑战的特定背景下，如何相互适应一个不断变化的对方，多变环境下如何定位自身在全球事务中的角色，成为各国妥善处理大国关系的重大挑战。

---

① “茂物目标”是在1994年印尼茂物召开的亚太经合组织峰会上提出的。该目标要求发达成员在2010年前、发展中成员在2020年前实现贸易和投资的自由化。

② 商务部.1994年“茂物目标”提出至今APEC平均关税下降了60%[EB/OL].央广网，2020-11-19.

③ 王文.“十四五”时间的世界变奏[J].环球，2020(26).

二、经济全球化遭遇逆流

近年来,贸易保护主义、单边主义势头增强,并演变为经济全球化逆流,对全球多边贸易体系造成严重冲击。

1. 贸易保护措施数量快速增加

由需求不足导致世界经济增长放缓,使得被经济增长所掩盖的结构性矛盾和问题凸显出来,尤其是中低收入者在就业压力增大和收入增长放缓上受到的冲击更加明显。贸易保护主义与单边主义抬头,并威胁全球自由贸易进程。2019 年,全球新增不利自由贸易措施 382 项,是 2008 年国际金融危机以来的最高点,是 2010 年的 2.9 倍。受单边主义、贸易保护主义的影响,全球货物贸易增速明显放缓。1998—2008 年,全球货物出口年均增长 11.4%;2009—2019 年的 10 年间,全球货物出口年均增长仅为 4.2%。

2. 发达国家贸易保护主义势头增强

《博鳌亚洲论坛新兴经济体发展 2019 年度报告》数据显示,2009—2018 年,新兴 11 国(E11)[①]实施的贸易保护主义措施总计达 4766 项,平均每个经济体为 433.3 项;G20 中 8 个发达国家成员实施的贸易保护主义措施总计达 5310 项,平均每个国家为 663.8 项,比前者高 230.5 项。2018 年,E11 新增贸易保护主义措施总计为 384 项,较 2017 年减少 25 项,平均每个经济体新增 34.9 项;G20 中 8 个发达国家成员新增贸易保护主义措施总计达 711 项,较 2017 年增加 240 项,平均每个国家新增 88.9 项(见图 1.5)。[②] 这表明,发达经济体是全球贸易保护主义的主要推手。

---

① 新兴 11 国是指二十国集团(G20)中的 11 个新兴经济体,即阿根廷、巴西、中国、印度、印度尼西亚、韩国、墨西哥、俄罗斯、沙特阿拉伯、南非和土耳其。

② 博鳌亚洲论坛新兴经济体发展 2019 年度报告[R]. 2019.

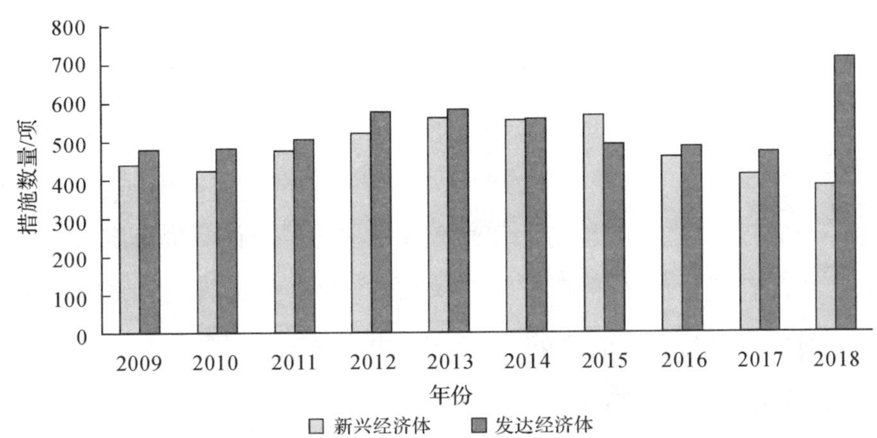

图 1.5　2009—2018 年 G20 国家贸易保护主义措施

数据来源：博鳌亚洲论坛新兴经济体发展 2019 年度报告[R]. 2019.

3. 单边主义、保护主义呈现多种形式

在贸易保护主义抬头的形势下，经济政策代替传统意义上关税或非关税贸易限制措施成为一个基本趋势，以“国家安全”为由的管制措施是欧美主要发达经济体单边阻碍自由贸易的主要做法。当前，世界各国的外商投资限制以及监管措施达到 20 年来的最高水平。2018 年和 2019 年，美国相继出台了《外国投资风险审查现代化法案》和《关于审查涉及外国人及关键技术特定交易的试点计划的决定和暂行规定》，不仅扩大了管辖交易范围，强化了审查程序，而且还增加了“特别关注国家”和“中国投资报告”等内容。欧盟也不断收紧外资安全审查。2018 年，欧盟理事会建立了欧盟统一的外资审查制度框架，将审查范围扩大到关键基础设施、关键技术、能源安全、数据和敏感信息以及媒体多元化等五个方面，并特别强调了外商直接投资的资金来源。国际投资自由化的进一步削弱导致全球直接投资从 2015 年逾 2 万亿美元大幅萎缩至 2019 年的 1.5 万亿美元。

4. 多边贸易体制面临较大挑战

二战以来，关贸总协定及此后的世贸组织在推动全球自由贸易进程中发挥了重大作用,为推动全球经济增长做出了重大贡献。世贸组织所倡导的五项原则是推动世界贸易自由化的重要指针,构成了多边贸易体制的基础。当前,世贸组织成员的贸易涵盖了全球逾98%的贸易额,世贸组织调解着164个成员之间的争端,为协商更低的贸易壁垒提供国际平台,并在建立一个完整的、更具有活力的和永久性的多边贸易体制中扮演其他组织难以替代的重要角色。然而,长期以来,以世贸组织为核心的多边贸易体制缺乏对区域贸易安排的约束力,再加上少数国家对世贸组织正常运行的干扰,世贸组织机制面临比较大的挑战。

三、新一轮科技革命推动产业变革

以互联网、云计算、大数据等为代表的数字经济快速发展,标志着全球新一轮科技革命兴起。数字经济不仅将推动生产方式和生活方式变革,而且将对世界经济格局产生重大影响。

1.新一轮科技革命的到来

(1)新一轮科技革命已成为全球关注焦点。各国都在抢抓新一轮科技革命的历史机遇。比如,早在2012年美国发布《先进制造业国家战略计划》;2013年德国《工业4.0战略》和日本《日本再兴战略》相继推出;2015年日本《机器人新战略》推出;2015年我国推出《中国制造2025》行动纲领。以近几年兴起的无人机为例,无人机生产与应用已经成为衡量一个国家科技创新水平的重要标志。从全球来看,2019年全球无人机市场规模约为180亿美元,预计到2025年全球无人机市场规模将达到428亿美元。从我国的情况看,近年来,民用无人机产业快速发展,已占据全球近八成的市场份额。[①] 其中,我国消费级无人机已占据全球 74%的市场份额,工业级无人机占据全球 55%的市场份额。[②]

(2)新一轮科技革命将对生产生活方式带来颠覆性影响。一是深刻改变生产方式。在物联网、大数据与云计算等技术应用的推动下,生产服务化、智能化、柔性化趋势明显。二是深刻改变产业结构和布局。在第四次工业革命中,生产者与消费者的互动不断加强,客户成为产业布局的核心,产业新形态不断涌现。三是深刻改变组织形态。以就业为例,第四次工业革命将导致就业形态的深刻变化,既取代一些自动化程度较高的职业,同时也将产生大量非自动化的新职业。

比如,在供给端,科大讯飞的智能语音技术在教育、医疗、政法、智能汽车等行业广泛应用;大疆无人机广泛应用于物流、农业植保、巡检、安防、救援、航拍、测绘、直播等领域。在消费端,近几年来,以互联网、大数据、物联网等为代表的现代信息技术被广泛运用,线上线下零售企业深度融合,传统零售向"新零售"改造升级。在这个背景下,人脸识别、无人零售、无人配送等新技术在零售行业普遍推广,我国传统零售企业和互联网企业纷纷布局无人零售,自动售货机行业开始走向智能化时代。2014—2019 年,我国自助售货机行业商品和服务销售规模保持较快增长,市场规模由 2014 年的 28 亿元增长到 2018 年的 190 亿元,2019 年达到 285 亿元(见图 1.6)。

① 中国商用无人机占全球市场份额近八成或将成为新的经济增长点[EB/OL]. 国际在线,2021-01-05.

② 我国商用无人机占全球市场份额近八成[EB/OL]. 央广网,2021-01-04.

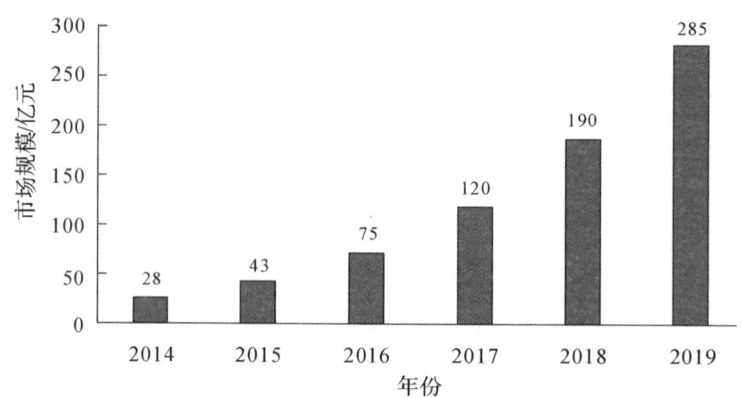

图 1.6　2014—2019 年我国自助售货机市场规模

数据来源:前瞻产业研究院.2020 年中国自助售货机行业市均前景预测与投资战略规划分析报告[R].2020.

(3)新一轮科技革命将形成全球经济增长新动能。这个动力将显著提升全球的全要素生产率,扭转生产率持续下降的态势,并将引领全球新一轮经济增长。随着交通和通信成本的下降,物流和全球供应链将更高效,贸易成本得以降低,这些都有利于打开新的市场空间,促进经济增长。例如,到 2025 年全球物联网收入将达到 1.51 万亿美元。①

2.数字经济引领产业变革

(1)数字经济快速发展成为产业变革的突出亮点。近年来,全球经济数字化发展趋势愈加明显,传统产业加速向数字化、网络化、智能化转型升级,数字经济规模持续扩大,数字经济增加值规模由 2018 年的 30.2 万亿美元扩张至 2019 年的 31.8 万亿美元,增长了 1.6 万亿美元;2019 年,全球数字经济名义增长 5.4%,高于同期 GDP3.1%的名义增速,数字经济已成为全球经济发展的新动能。②

① 中国信息通信研究院.物联网白皮书(2020 年)[R].2020-12-15.

② 中国信息通信研究院.全球数字经济新图景(2020 年)——大变局下的可持续发展新动能[R].2020-10-14.

(2)数字经济催生了一大批新兴业态。近年来,数字经济的发展对一些传统产业构成巨大冲击。例如,电子商务快速发展的同时,2015—2018年,我国亿元以上商品交易市场数减少13.3%,摊位数减少84%,营业面积减少2.9%,零售企业出现关店和退出现象。[①] 数字化产品和服务跨越国境,可能意味着一个国家传统产业的衰败,也可能意味着新崛起的产业并非起源于本国,新旧业态间的交替变得更为复杂。

(3)数字经济推动传统产业升级改造。过去几年,一些传统行业引入数字经济,推进了产业的升级。例如,数字技术加快向农业生产、加工、销售等各个环节广泛渗透,成为提升农业生产效率、实现乡村振兴的技术支撑。在零售领域,随着"无人零售""智慧零售"等新零售的兴起,不仅显著降低零售企业与消费者成本,也将打通线上线下营销渠道,通过大数据实现供需精准匹配,开启消费新模式。到2022年,我国无人零售市场交易额将达到1.8万亿元以上,用户规模也将达到2.45亿人。[②]

3.数字贸易推动全球经贸格局的深刻变革

(1)数字技术提高服务的"可贸易性"。不少服务业产品属于不可贸易品。但随着移动通信、云平台、物联网技术在服务业领域的广泛应用,跨越了服务产品生产与消费不可分离的障碍,为服务业全球化和服务贸易发展提供了技术条件,教育、健康、医疗、文化等传统不可贸易的"服务"逐渐变得可贸易,并成为服务贸易的主要内容。例如,新兴国家与发达国家间的"数字医疗"贸易逐步成为服务贸易新亮点。

(2)数字经济拓展服务贸易发展空间。目前,全球将近一半的服务贸易是由数字技术驱动的。据麦肯锡分析,当前全球货物贸易中约12%通过互联网开展,加上资源与劳动力的全球流通,50%的世界服务贸易都已

① 中国信息通信研究院.中国数字经济发展白皮书(2020年)[R].2020-07-06.

② 中商产业研究院.2017年中国无人零售商店市场研究报告[R].2017-07.

实现数字化。[①] 随着未来几年服务贸易数字化水平的不断提升，数字经济在推动服务贸易快速发展中将发挥更重要的作用。以旅游为例，2016 年通过飞猪订购泰国旅游度假产品的人次比 2015 年增长了 63%[②]，"一带一路"沿线一些小众化的旅游目的地，迎来了越来越多的中国游客。

(3)以数字贸易为重点培育我国服务贸易新优势。以跨境电商为例，近年来，依托巨大的市场规模优势及数字经济发展优势，我国跨境电商高速发展。2014—2019 年，我国跨境电商交易额由 4.2 万亿元增长至 10.5 万亿元，年均增长 20.1%，远高于我国货物及服务贸易平均增速；占我国贸易总额的比重由 15.9%上升至 33.3%(见图 1.7)。

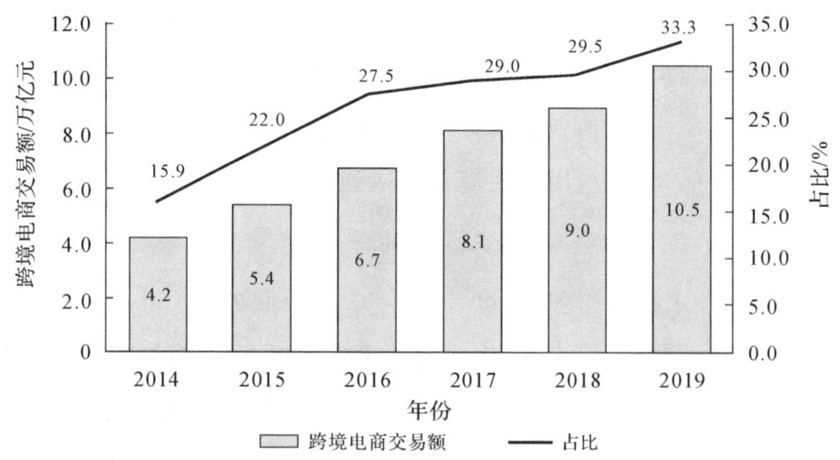

图 1.7　2014—2019 年中国跨境电商规模

数据来源：商务部电子商务和信息化司. 中国电子商务报告 2019[M]. 北京：中国商务出版社，2020.

4. 数字社会将面临"治理赤字"挑战

一方面，数字全球化将严重冲击现有治理机制，在数字贸易、数据流通

① 张淼. 数字经济正成为全球经济复苏新动力[N]. 中国经济时报，2017-03-31.

② 阿里研究院. 网上丝绸之路大数据报告[R]. 2017-04-21.

与保护、数字平台竞争、数字税收、数字货币、数字平台责任、新型劳动关系、人工智能伦理、网络生态、数字安全等诸多重要议题上，世界主要国家和地区基于数字经济发展阶段、制度体系、文化理念的差异，提出一系列彼此冲突的治理方案，导致全球数字治理内在困境愈发凸显。另一方面，新的数字治理规则仍然任重道远。如在数据安全问题上，涉及个人信息保护、商业秘密等经济运行的问题，这一特征使得全球数字治理的不确定性大大增强。也就是说，全球数字治理规则远远落后于数字化变革进程，制度供给不足短板凸显，将严重制约未来全球数字经济的发展。

第二节　疫情严重冲击经济全球化

2020 年突如其来的新冠肺炎疫情及其全球大流行，使世界格局加速演变，不稳定、不确定因素明显增多，不仅给世界经济带来前所未有的冲击，而且影响经济全球化的中长期趋势。

一、疫情严重冲击全球经济增长

新冠肺炎疫情使贸易保护主义背景下本已脆弱的全球供应链、产业链受到严重冲击，并使经济全球化进程遇阻。此次疫情给世界经济带来的影响堪比一场经济危机，加剧了全球经济风险和不确定性。

1. 疫情严重冲击全球供应链、产业链

(1)疫情严重冲击全球供应链、产业链。截至 2018 年，全球中间产品出口贸易量达 9.7 万亿美元，占全球货物出口贸易额的 52%。[①] 根据

① 陈静慧. 疫情对全球产业链的影响与应对[N]. 学习时报，2020-05-29.

WTO初步估算，在2020年第一季度，全球中间产品贸易同比下降5%，第二季度下降了15%。[①] 为有效应对疫情，多数经济体普遍采取严格防控措施，阻断了人员、商品、服务以及生产要素等跨国自由流动，由此加剧了全球产业链断裂的风险。

(2)疫情严重冲击部分行业。由于人流受到限制，疫情对旅游业、餐饮业和交通运输业等行业的冲击相当严重，某些航空公司可能面临严重打击；由于疫情影响，关键零部件等中间产品生产停工，对汽车制造、电气电子、医药等行业的整体需求和供应链造成严重冲击，加大汽车等行业的下行压力。比如，餐饮业遭受重创。2020年我国餐饮业全年收入为46721亿元，比2019年同比下降16.6个百分点。[②] 在旅游业上，2020年我国国际旅游全年入境人数降幅达九成，国内旅游人数为28.79亿人次，比2019年减少30.22亿人次，下降52.1%。[③] 在电影产业上，2020年我国电影市场最终票房为204.17亿元，相较于2019年642.66亿元的票房，同比下降68%；观影人数为5.48亿人次，仅为2019年的31.7%。[④] 2020年1月26日到2020年7月19日长达半年时间内，电影院处于零观影、零收入状态。

(3)疫情严重冲击重大国际合作项目的推进。疫情在全球范围的扩散，将导致重大国际合作项目在合同履约、执行、融资、雇员返岗等方面面临诸多挑战，一些重大的国际性项目将拖延甚至停滞或取消。

2.疫情导致全球经济陷入衰退

联合国前秘书长、博鳌亚洲论坛理事长潘基文指出，“新冠肺炎疫情全球大流行对全球经济增长带来严重冲击，其影响远超2008年的全球金融危机”。经济合作与发展组织首席经济学家洛朗丝·博纳用“世界正在经

---

① 科技生产未有重大转移，中国在帮助全球复苏[EB/OL].一财网，2020-10-07.

② 智研咨询.2020—2026年中国互联网餐饮行业市场竞争状况及竞争战略分析报告[R].2019-09.

③ 2020年国内旅游人数28.79亿人次同期下降52.1%[EB/OL].人民网，2021-02-19.

④ 2020中国电影票房收入为204.17亿元，全球市场率先复苏[EB/OL].智研咨询，2021-01-13.

历自二战以来最大的经济衰退”[①]来形容其严重程度。根据 IMF 2021 年 1 月的预测，全球经济增速由 2019 年的 2.9％陡降至 2020 年的－3.5％，显著低于全球金融危机之后的经济增速（2009 年的－0.1％），是二战之后和平时期全球经济最深的一次衰退。[②]

疫后全球经济不容乐观。一方面，尽管一些主要国家采取了超常规的宏观经济政策，但疫情这个外生变量仍然存在不确定性，全球恢复疫情前正常的经济社会秩序的时间点仍不确定。另一方面，更重要的是，疫情蔓延导致全球产业链、供应链回撤，有可能造成全球全要素生产率的长期下降。在疫情后的几年，估计全球增长也将延续低速增长轨迹。

3. 疫情增大全球经济危机的可能性

疫情的全球性蔓延，导致全球经贸活动大受影响，经济活力也将严重下降。从市场的反应看，随着疫情的全球大流行，全球资本市场信心受到严重冲击，再加上国际油价暴跌重挫全球股市，短期内世界性的经济衰退开始成为现实。同时疫情加剧全球公共债务风险，疫情中多数国家采取大规模的宽松货币政策和财政救助措施，导致全球公共债务不断攀升。国际金融协会（IIF）的数据显示，2020 年全球债务达到创纪录的 281 万亿美元。其中，新冠肺炎疫情令全球债务增加了 24 万亿美元；全球债务与国内生产总值之比超过 355％，同比增长 35 个百分点，这一增幅要远高于金融危机时的情况。[③]

二、疫情严重冲击经济全球化

疫情深刻改变全球产业链布局，严重冲击全球自由贸易进程，助长贸

---

① 经合组织首席经济学家：世界正经历自二战以来最大的经济衰退[EB/OL]. 央视网，2020-09-17.

② 张明，葛天任. 全球政治经济之格局嬗变[EB/OL]. 财经网，2021-04-12.

③ IIF：2020 年全球债务达 281 万亿美元[EB/OL]. 中国经济网，2021-02-19.

易保护主义,导致经济全球化逆潮涌动。在疫情冲击下,产业链区域化、本土化的态势明显加快。

1.疫情重创跨境贸易投资流量

(1)疫情重创国际贸易。2020 年,在世界经济陷入严重衰退背景下,全球货物贸易额同比下降 5.6%。①

(2)疫情重创跨国投资。联合国贸易和发展会议(UNCTAD)2021 年 1 月 24 日发布的投资趋势监测报告显示,2020 年全球外国直接投资(FDI)从 2019 年的 1.5 万亿美元下降 42%,降至约 8590 亿美元。2020 年 FDI 下降主要集中在发达国家,减少 69%,降至约 2290 亿美元。其中,美国的 FDI 减少 49%,降至约 1340 亿美元。中国成为 2020 年全球最大 FDI 流入国,全年增长 4%,达到 1630 亿美元。②

(3)疫情重创跨国人员流动。以全球海外游客数量为例,2020 年 1—8 月大约减少了 7 亿人,比 2019 年同期减少了 70%;全球观光产业大约 1 亿—1.2 亿个就业岗位消失,预计全球观光产业遭受的损失高达 0.9 万亿—1.2 万亿美元。③

2.疫情严重冲击全球自由贸易进程

(1)疫情蔓延助长单边主义、保护主义、民族主义思潮。疫情导致的全球经济衰退,使得生产者、消费者信心严重受挫。一些国家和地区逆全球化思潮重新抬头,甚至更为盛行。以美国为例,沿着“美国优先”的道路越走越远,严重破坏了全球团结抗疫,并使经济全球化进程出现严重倒退。

(2)疫情蔓延严重影响双边、区域自由贸易进程。尤其是国家安全、技术标准、知识产权保护、优先购买本地服务、限制技术服务出口等限制服务贸易发展的措施数量显著增加。例如,2020 年 1—4 月,全球新增不利自

① 2020 年全球货物贸易额同比下降 5.6%[N].人民日报,2021-02-19.

② 2020 年全球外国直接投资下降 42%[EB/OL].商务部,2021-01-27.

③ 复盘 2020 全球旅游业:新冠疫情巨大冲击下的艰难复苏[EB/OL].新浪财经,2021-01-05.

由贸易措施310项，已超过2018年全年数量，达到2019年全年的80%以上(见图1.8)。

图1.8　新增贸易干预措施数量

数据来源：全球贸易预警信息网，www.globaltradealert.org。

(3)疫情蔓延使大国经贸关系面临更为复杂的变化。在单边主义和"美国优先"的背景下，中美关系面临更为复杂和不确定的局面；美欧经贸问题谈判不仅迟迟没有取得突破，还出现新的贸易争端；受各类非经济因素影响，全球双边、多边自由贸易进程变数明显增多。

3.疫情助推全球产业链区域化、本土化、数字化转型

(1)疫情导致更多国家重视产业链安全。在新冠肺炎疫情中，东亚、欧洲和北美等全球三大产业链中心均遭受重创，全球供应链中断导致一些国家抗疫急需物资必须靠别国供应。更多国家把本国经济安全摆在突出位置，并竭力提升产业链和供应链控制能力。

(2)疫情加速各国产业链的区域化、本土化。在全球部分产业链停摆的情况下，产业链围绕国家周边地区就近配置、尽量缩短产业链的趋势十分明显，并由此使得区域经济一体化的作用凸显。随着疫情防控常态化，综合考虑产业链、供应链安全以及本国居民就业需要，不少国家采取政策

鼓励和支持已经转移到海外的生产环节企业重新迁回本土。麦肯锡的调查显示,93%的企业有改善产业链弹性的计划,其中,44%的受访企业选择即便牺牲一定的短期经济效益,也力争改善产业链。调查结果还显示,使产业链更具弹性化的形式是多样的,并不只有“搬迁回国”这一单一选项,促使原材料供给多元化(53%)、加大关键产品的研发(47%)、加强近岸采购以及扩大采购基地(40%)、促使供应链区域化(38%)等都是企业所考虑的对策。[①]

(3)疫情加速全球产业数字化。疫情与第四次工业革命的叠加,使得全球供应链数字化转型加速。在人员难以流动的情况下,“让数字流动”进程加快并逐步成为新常态,全球供应链上企业从线下走向线上的速度不断加快。

三、疫情深刻影响世界经济格局

由于抗疫效果而导致的经济复苏进程差异,疫情后全球经济重心向亚洲转移的趋势更加明显,区域经济一体化在经济全球化进程中的地位明显提升。全球共同应对新冠肺炎疫情,使得全球治理体系变革处在一个新的十字路口。

1.疫情将加速世界经济重心向亚太转移

(1)国际经济重心东移趋势。与疫情在欧美愈演愈烈相比,以中国为代表的亚洲国家在应对疫情和经济复苏上普遍好于欧美国家。

(2)亚洲区域合作在引领全球自由贸易进程中的地位作用凸显。2020年底,区域全面经济伙伴关系协定签署,标志着全球参与人口最多、成员结构最多元、发展潜力最大的自贸区开始兴起。预计亚太区域内贸易总额占全球比重在2025年将突破60%。

① 疫情如何重塑全球产业链?报告:产业链弹性化比搬家重要[EB/OL].第一财经,2020-08-24.

2. 疫情加剧全球经济治理碎片化

2001 年 11 月，世界贸易组织第四次部长级会议在卡塔尔首都多哈举行，开启新一轮多边贸易谈判。然而，截至目前这场谈判还未能达成协议，美国甚至公开呼吁放弃多哈回合贸易谈判。此外，国际货币基金组织(IMF)和世界银行(WB)需要进行调整和改革，世界贸易组织面临停摆。在这种情况下，区域性自由贸易协定逐步增多，并成为一种新趋势。积极参与区域贸易协定，是疫情下各国扩大对外经贸合作的重要载体。据世界贸易组织统计数据，截至 2020 年 12 月 23 日，已送达世界贸易组织的区域贸易协定通知累计达 713 个，正在生效实施的区域贸易协定有 305 个。① 在全球性经贸合作受阻的背景下，很多国家和地区开始转向区域治理合作，以补充原有多边机制治理乏力的困境，全球治理体系面临的碎片化风险进一步上升。

3. 全球经济治理体系改革和完善的迫切性全面增强

一方面，疫情后无论是各国政府还是企业，都将改变以往基于低成本、零库存导向的全球产业链布局，而更加重视供应链安全与可控，加快构建更加安全、更有弹性的产业链供应链，由此使得加大各国宏观经济政策协调变得更为困难。另一方面，在新冠肺炎疫情、经济衰退、贸易摩擦等全球外部环境剧烈变动的情况下，新规则新方略的构建需求更为紧迫。

第三节　走向高水平开放的主动选择

中国的发展离不开世界，世界的繁荣也更需要中国。面对国内外环境深刻变化带来的新机遇、新挑战，应客观把握我国社会主要矛盾变化带来

① 区域经济一体化在曲折中前行[EB/OL]. 中国经济网，2020-12-30.

的新特征、新要求,坚持把高水平开放作为应对变局、开拓新局的重大举措,形成改革发展新局面,赢得国际合作竞争新优势。

一、开放的大门越开越大

改革开放40多年来,我国顺应经济全球化的历史潮流,坚持对外开放的基本国策,从"引进来"到"走出去",从加入世界贸易组织到提出共建"一带一路"倡议,成功实现了从封闭、半封闭到全方位开放的伟大历史转折。

1. 从封闭、半封闭到打开国门

改革开放是决定当代中国命运的关键之举。1978年12月,党的十一届三中全会确立以经济建设为中心的思想,从此拉开了改革开放的大幕。经过探索和试点,1984年党的十二届三中全会通过的《中共中央关于经济体制改革的决定》明确提出:"我们把对外开放作为长期的基本国策,作为加快社会主义现代化建设的战略措施。"习近平总书记在庆祝改革开放40周年大会的讲话中指出:"1978年12月18日,在中华民族历史上,在中国共产党历史上,在中华人民共和国历史上,都必将是载入史册的重要日子。这一天,我们党召开十一届三中全会,实现新中国成立以来党的历史上具有深远意义的伟大转折,开启了改革开放和社会主义现代化的伟大征程。"①

2. 从设立经济特区到全方位开放

(1)以设立经济特区破冰。1979年初,国务院决定设立蛇口工业区。同年7月,中央批准广东、福建两省对外经济活动实行特殊政策和灵活措施,并决定先在深圳、珠海两市划出部分地区试办出口特区。此后,中共中央、国务院批准在广东省的深圳、珠海、汕头三市和福建省的厦门市试办出

---

① 习近平.在庆祝改革开放40周年大会上的讲话[N].人民日报,2018-12-19.

口特区。1988 年 4 月 13 日，七届全国人大一次会议决定建立海南省并设立中国最大的经济特区。

(2)推动沿海沿边及内陆开放。在经济特区实现突破后，中央决定在北京、天津、上海等 3 个城市开展扩大对外贸易自主权的试点，开始了我国开放沿海城市的初步探索。1984 年 4 月，中央决定开放大连、秦皇岛、天津、烟台、青岛、连云港、南通、上海、宁波、温州、福州、广州、湛江、北海等 14 个沿海城市。1985 年 5 月，中央将长江三角洲、珠江三角洲和闽南厦漳泉三角地区开辟为沿海经济开放区，包括 13 个市、46 个县和 2 个大镇。① 1988 年、1992 年，国务院又陆续将辽东半岛、胶东半岛，以及广东韶关、河源、梅州等市列入沿海经济开放区。至此，沿海经济开放区囊括 41 个省辖市、218 个县(市)②，从南到北连接成一条线，不仅包括城镇，也包括农村，由此形成沿海沿边开放的新格局。1990 年 4 月，国务院批复同意开发开放浦东。1992 年，中央决定在全国范围内推进对外开放，开放 6 个长江沿线港口城市和长江三峡经济开放区；开放 14 个陆地边境城市，举办边境经济合作区；开放 18 个内陆省会和自治区首府。至此，我国基本形成从经济特区到沿海开放城市、沿海经济开放区、内陆地区的全方位对外开放格局。

(3)设立自由贸易试验区。2013 年 9 月，中国(上海)自由贸易试验区正式挂牌运作。作为新形势下我国推进改革开放的重大举措，自贸试验区在加快政府职能转变、管理模式创新、促进贸易和投资便利化等方面积极探索新途径、积累新经验。经过 7 年多的实践，我国自由贸易试验区已经增至 21 个，基本形成涵盖东中西的区域布局。

(4)建设海南自由贸易港。党的十九大报告明确指出："赋予自由贸易试验区更大改革自主权，探索建设自由贸易港。"2018 年 4 月 13 日，在庆祝海南建省办经济特区 30 周年的大会上，习近平总书记郑重宣布："党中

① 国务院办公厅秘书局. 中国经济改革开放试验区[M]. 北京：中国青年出版社，1992.
② 国务院办公厅秘书局. 中国经济改革开放试验区[M]. 北京：中国青年出版社，1992.

央决定支持海南全岛建设自由贸易试验区，支持海南逐步探索、稳步推进中国特色自由贸易港建设，分步骤、分阶段建立自由贸易港政策和制度体系。”[①]在当前单边主义、贸易保护主义抬头、经济全球化面对严峻挑战的背景下，加快建设海南自由贸易港进程是彰显我国扩大对外开放决心、积极推动经济全球化的重大举措。

3. 从加入世贸组织到推动共建“一带一路”

2001 年 12 月 11 日，经过长达 15 年艰难而曲折的历程，我国正式成为世界贸易组织成员。[②] 2013 年 9 月 7 日，习近平主席在哈萨克斯坦纳扎尔巴耶夫大学的演讲中提出了共同建设“丝绸之路经济带”。同年 10 月，习近平主席出访东盟，提出共同建设“21 世纪海上丝绸之路”。“丝绸之路经济带”和“21 世纪海上丝绸之路”共同构成了“一带一路”倡议。截至 2020 年 11 月，我国已与 138 个国家、31 个国际组织签署 201 份共建“一带一路”合作文件[③]，已由亚欧延伸至非洲、拉美、南太等区域。“一带一路”倡议已成为反对贸易保护主义，推动世界经济再平衡的重要举措。

二、成长为新型开放大国

回顾 40 多年的改革开放史，既是中国不断发展壮大之路，也是中国从封闭、半封闭走向新型开放大国之路，是新型开放大国的成长之路，有着自身的突出特点。

1. 以和平发展方式成为一个全球大国

新中国成立以来，尤其是改革开放以来，我国的发展成就是在致力于

---

① 习近平. 在庆祝海南建省办经济特区 30 周年大会上的讲话[N]. 人民日报，2018-04-14.

② 1986 年中国开始恢复关贸总协定(GATT)缔约方的谈判，1995 年世界贸易组织取代关贸总协定，中国的“复关”谈判转为“入世”谈判。

③ 中国已与 138 个国家、31 个国际组织签署 201 份共建“一带一路”合作文件[EB/OL]. 商务部网站，2020-11-18.

维护世界和平与发展中取得的，是在以更大的开放拥抱发展机遇、以更好的合作谋求互利共赢中取得的，是在平等协商、求同存异、管控分歧、扩大共识中取得的。英国汉学家马丁·雅克指出，“中国发展和崛起的过程平和得令人惊讶，这与之前美国、英国、法国、德国和日本的崛起之路截然不同”，“中国有一套自己的思维方式，而这源于非常不同的历史文化”。[①]

2. 主张共同发展、共同责任

一方面，全球经济跌宕起伏，全球经济增长动能不足，全球发展仍不均衡；另一方面，单边主义、贸易保护主义持续蔓延，不确定不稳定性因素增多。例如，一些国家经济发展的潜力未得到充分释放，全球范围内的发展不平衡问题更加突出等。面对全球经济复苏乏力，新型开放大国主张各国通过加强合作的途径来释放各自的比较优势，寻找符合自身实际情况的发展道路，以经济增长奠定解决问题的重要基础，实现各国互利共赢。

3. 主张维护全球自由贸易体系

从40多年的发展看，我国积极融入全球化，没有走一两百年前西方列强搞殖民地的血腥之路，而是依托自身大市场，本着共商共建共享的原则推进全球自由贸易进程，从而实现互利共赢。以共建“一带一路”为例，“一带一路”倡议坚持共商共建共享，坚持相互尊重、互利共赢，绝不是有些人所称的当代马歇尔计划。“一带一路”倡议也并非所谓中国的“殖民计划”。我国将坚定地做好自己的事情，并继续通过共建“一带一路”，为构建人类命运共同体做出努力。[②]

4. 主张相互尊重、互利共赢的大国关系

人类历史表明，只有自由贸易、经济全球化才能推进全球市场不断扩大，促进全球分工的不断深化，实现全球经济的不断增长。当前，经济全球

① 马丁·雅克：中国有耐心，这是其最大优势之一[EB/OL]. 中国日报网，2019-06-27.

② 习近平出席第二十三届圣彼得堡国际经济论坛全会并致辞[N]. 人民日报，2019-06-08.

化面临一系列挑战,新型开放大国坚定维护自由贸易体系,旗帜鲜明地反对贸易保护主义,主张构建相互尊重、互利共赢的大国关系。作为新型开放大国,坚持从长期视角、战略思维理性处理大国关系,主张通过平等交流协商来解决分歧,实现互利共赢。尤其是对牵动影响全球的中美经贸关系,始终以理性的态度对待纷争,始终以开放的态度沟通交流。

5.倡导推动共建人类命运共同体

党的十八大以来,我国提出"构建人类命运共同体"的倡议,集中体现了我国作为新型开放大国的全球观、开放观。在全球人员流动、经济流动频繁的时代,世界已连成一个整体,面对危机挑战,没有任何一个国家、任何一个人能独善其身。正如习近平主席2020年3月12日同联合国秘书长古特雷斯通电话时所强调的:"疫情的发生再次表明,人类是一个休戚与共的命运共同体。在经济全球化时代,这样的重大突发事件不会是最后一次,各种传统安全和非传统安全问题还会不断带来新的考验。国际社会应该秉持人类命运共同体理念,守望相助,携手应对风险挑战,共建美好地球家园。"

构建人类命运共同体,对推进高水平开放提出了迫切需求。进入新发展阶段,我国推动全方位高水平开放,打造更高水平开放型经济新体制,开放的深度、广度、内涵、特点等都有明显改变。可以说,我国已经从"一次开放"进入"二次开放"新阶段(见表1.1)。

表1.1 从"一次开放"到"二次开放"

项　目	"一次开放"	"二次开放"
起　点	低收入水平 工业化初期(国内) 制造业全球化(国际)	中等偏上收入水平 工业化后期(国内) 服务业全球化(国际)
外部环境	全球化的制度安排比较稳定	保护主义、单边主义抬头 国际经济、科技、文化、安全、政治等格局深刻调整 全球经济规则加速重构 世界进入动荡变革期

续　表

项　目	"一次开放"	"二次开放"
内部禀赋	劳动力无限供给，资本短缺	劳动力供给下降，资本剩余
开放重点	货物贸易 制造业市场开放 出口导向	服务贸易 服务业市场开放 主动扩大进口
开放途径	融入既有的国际市场	通过"一带一路"主动开辟新市场
资本流向	"引进来"为主，净流入	"引进来"和"走出去"并重
开放路径	加入 WTO	全面实施自由贸易战略
开放体制	构建外向型经济体制：围绕出口导向战略形成一系列鼓励和扶持出口型工业发展的体制机制	构建开放型经济新体制：以自由贸易为导向构建对外开放的体制机制
突出特点	商品和要素流动型开放	规则、规制、管理、标准等制度型开放
国际角色	国际规则的接受者、参与者、跟随者	国际规则的推动者、促进者、重要贡献者

资料来源：迟福林. 二次开放：全球化十字路口的中国选择[M]. 北京：中国工人出版社，2017.

三、新时期高水平开放呈现鲜明特征

立足新发展阶段，服务构建国内国际双循环相互促进的新发展格局，有效应对经济全球化新变局的风险和挑战，需要把握我国高水平开放的鲜明特征，尽快形成全面开放新格局。

1. 以扩大内需为基本导向

推进高水平开放，要立足新发展阶段，服务构建新发展格局。一方面，充分发挥我国超大规模市场优势，在推进高水平开放中积极吸引全球优质商品和生产要素，破解国内大循环中面临的"有需求、缺供给"的突出矛盾，提升国内大循环的效率和水平。另一方面，强化开放合作，积极参与国际分工,优化全球供应链、产业链布局,积极参与世界经贸规则重构,在为我国经济发展营造安全外部环境的同时,为世界各国提供更加广阔的市场机会。

2. 以推动自由贸易进程为战略目标

推进合作共赢、合作共担、合作共治的共同开放,建设开放型世界经济,是各国的共同责任。经济全球化的大势没有改变,各国走向开放、走向合作的大势没有改变。我国坚持高水平开放,主动推进双边、多边自由贸易进程,推动中欧、中日韩及亚太区域贸易投资自由化、便利化,以此维护多边贸易体制与经济全球化大局,并进一步提升我国在全球经济治理的影响力和制度性话语权。

3. 以服务贸易发展为重大任务

服务贸易不仅是全球自由贸易的重点,也是全球经贸规则重构的焦点。2010—2019 年,全球服务贸易额由 7.8 万亿美元增长至 11.9 万亿美元,年均名义增长 4.8%,是同期货物贸易增速的 2 倍;占世界贸易的比重由 20.3%提高至 23.8%,提升了 2.5 个百分点。[①] WTO 预测,到 2040 年,服务贸易在贸易中的占比将提升到 50%。2019 年,我国服务贸易占外贸总额的比重为 14.6%,不仅低于世界平均水平,更远低于发达国家 30%左右的水平。为此,推进高水平开放要以服务贸易为重点,加快补齐我国服务贸易发展的突出短板。

4. 以打造高水平对外开放新高地为重要突破

经济特区、粤港澳大湾区、自由贸易试验区、海南自由贸易港等,是我国建设更高水平开放型经济新体制的“试验田”。适应我国高水平开放的现实需求,要做到:一是对标世界最高水平开放形态,加快海南自由贸易港

---

① 根据世界银行数据库测算,https://unctadstat.unctad.org/EN/。

建设。二是以服务贸易一体化为重点加快粤港澳大湾区建设。三是以服务贸易为重点分步推进自贸试验区转型发展。同时，在部分区域加大在数字贸易等新兴贸易领域的规则探索，为我国积极参与全球经贸规则制定开展“压力测试”。

5. 以制度型开放为突出特点

改革开放以来，我国加快推进商品和要素等流动型开放，并推动我国成为全球第一大货物贸易国、第一大外资流入国、第二大对外投资国。面对经济全球化新形势与高质量发展新要求，我国深化商品、服务、资金、人才等要素流动型开放的同时，更加强调规则等制度型开放。当前，我国扩大开放的重点是制度型开放，扩大开放的重要标志是制度型开放，意味着对外开放的重点向国内制度层面延伸，不仅涉及市场准入制度，更涉及公平竞争制度、市场监管制度及服务贸易领域的规则、规制、标准等方面的制度性、结构性安排。

6. 以构建高水平社会主义市场经济体制为重要保障

党的十九届五中全会提出的构建高水平社会主义市场经济体制，是推进高水平开放的根本保障。要坚持扩大高水平开放和深化市场化改革互促共进，建设更高水平开放型经济新体制，以开放促改革促发展。一是以制度型开放推动高标准市场体系建设，倒逼深层次市场化改革，进一步形成以开放促改革促发展的新格局。二是适应高水平开放要求推动要素市场化改革，发挥市场在资源配置中的决定性作用。三是推进服务业市场开放进程，实质性地打破服务业领域的各类市场垄断与行政垄断，加快建设更高水平开放型经济新体制。四是以推进市场监管改革为突破口，带动政府治理变革，有效发挥政府作用。

四、以高水平开放形成改革发展新布局

高水平开放是我国积极应对世界百年未有之大变局的战略举措,不仅有利于我国加快走向高质量发展,也有利于推动经济全球化的健康发展。

1. 推动经济高质量发展的战略选择

(1)高水平开放与高质量发展相互融合。我国作为新型开放大国,国内市场与国际市场已经高度融合,实现高质量发展离不开高水平开放的突破。

(2)高水平开放是推动形成双循环新发展格局的战略选择。我国拥有超大规模的市场优势和内需潜力,推进高水平开放有利于我国放大内需市场优势参与国际大循环,加快形成以国内大循环为主体、国内国际双循环相互促进的新发展格局。

(3)高水平开放是形成创新发展新格局的战略选择。全球新科技革命与经济转型升级的相互融合,正在深刻改变我国经济结构,并形成强大的增长动力。以高水平开放推动开放创新,有利于我国加快新旧动能转换,推进产业迈向全球价值链中高端,开辟巨大市场空间。

2. 以高水平开放倒逼改革全面深化

在内外环境发生深刻复杂变化的背景下,开放成为牵动影响全局的关键因素,开放与改革直接融合、开放倒逼改革、开放是最大改革的时代特征日益突出。“十四五”期间,适应经济全球化大趋势和我国全方位开放新要求,需要把握推进高水平开放的重要机遇期,以制度型开放加快破题市场化改革的“硬骨头”,并在国内国际基本经贸规则对接融合中加强制度性、结构性安排。由此释放全面深化改革的新动力,推进深层次的体制机制变革,建立高标准的市场经济体制,进一步提升我国经济国际竞争力。

3. 以高水平开放有效应对单边主义、贸易保护主义

(1)以高水平开放维护经济全球化大局。当前,我国在全球贸易投资

格局中的地位和作用明显提升。2019 年我国货物和服务出口、进口额分别占全球的 10.58%和 10.21%。[①] 我国对外直接投资流量 1369.1 亿美元，继续保持全球第二位，连续 8 年居全球前三。目前，我国已成为 120 多个国家和地区的最大贸易伙伴。作为新型开放大国，我国的高水平开放对维护经济全球化大局、维护多边贸易体制、推进世界经济增长都将产生重大影响。

(2)以高水平开放促进和引领全球自由贸易进程。自"一带一路"倡议提出以来，160 多个国家(地区)和国际组织积极响应[②]，"一带一路"倡议成为推动全球自由贸易进程的重要动力，成为包括发达国家与发展中国家在内的共商共建共享全球治理的重要平台。未来几年，适应服务贸易快速发展的大趋势，依托我国巨大市场规模优势，加快推动以服务贸易为重点的开放转型，将发挥新型开放大国在促进和引领全球自由贸易中的重要作用。

(3)以高水平开放进一步提升我国在世界经济治理中的地位与作用。近年来，世界经济对我国依赖性明显提升。例如，2013 年以来，我国对全球经济增长的贡献率位居世界第一。2018 年，我国 GDP 净增量为 1.46 万亿美元，比美国的 1.01 万亿美元高出 0.45 万亿美元，占全球净增量(4.9 万亿美元)比重的 29.8%。[③] 未来 5 年，我国在对接国际经贸规则中促进高水平开放进程，将明显提升我国在全球经贸规则重构中的话语权与影响力。

4. 赢得中国与世界共同发展的未来

当前，我国经济快速复苏已成为世界经济的突出亮点。2020 年，我国

---

① 根据世界银行数据库测算，https://unctadstat.unctad.org/EN/。

② 新中国成立 70 周年"成绩单"：经济总量占世界经济比重近 16%外汇储备连续 13 年稳居世界第一[EB/OL]. 中国网，2019-08-19.

③ 根据世界银行数据库测算，https://unctadstat.unctad.org/EN/。

经济同比增长 2.3%。未来 15 年,我国将保持 5%左右的经济增长,在推进世界经济增长中发挥重要作用。世界经合组织的预测报告指出,2021 年,中国经济增长对世界经济增长的贡献率将超过三分之一。预计未来 5—10 年,我国对全球经济增长的贡献率仍有望保持在 25%—30%。[①]

① 未来 5—10 年中国对全球经济增长贡献率仍有望保持在 25%—30%[EB/OL]. 中国新闻网, 2020-11-29.

第二章　以扩大内需为基本导向

与改革开放之初有所不同，新发展阶段我国推进高水平开放，既要充分利用国际市场和全球需求，更要把释放14亿人口的内需潜力作为基本导向，在高水平开放中更好地满足人民对美好生活的向往。无论是内外市场的联通，国际国内要素资源的高效便捷流动，还是双边、多边自由贸易进程的推进，都需要以扩大内需为基本导向。

第一节　经济转型升级蕴藏巨大内需潜力

当前,我国经济转型升级正处于关键时期。经济转型升级蕴藏着巨大的内需潜力,构成了"以国内大循环为主体、国内国际双循环相互促进的新发展格局"最重要的基础,这个潜力的释放将激发源源不断的创新潜能,并将继续支撑中长期可持续的经济增长。

一、立足新发展阶段的基本国情

新发展阶段是我国社会主义发展进程中的一个重要阶段。我国进入新发展阶段,需求结构和供给结构发生重大变化,国民经济呈现出一系列新特征,也对我国高水平开放与经济社会发展提出新要求。

1. 人均 GDP 达到中等偏上收入国家水平

根据平均汇率计算,2020 年我国人均 GDP 达到 10504 美元,比中等偏上收入国家的平均水平(9040 美元)高出 16.2%,接近高收入国家分组的下限水平(12235 美元)。与改革开放之初相比,人均 GDP 增长了约 27

倍(见表 2.1),虽然仍略低于全球人均水平,但已达到发展中国家人均 GDP 的 2 倍。未来 15 年,我国人均 GDP 仍有条件保持 5%左右的增速,并有望在“十四五”末达到现行的高收入国家标准,为我国在 2035 年如期基本实现社会主义现代化以及人均 GDP 达到中等发达国家水平奠定坚实基础。

表 2.1 1978—2020 年我国 GDP 与人均 GDP

年份	GDP/亿元	人均 GDP/元	人均 GDP/现价美元
1978	3678.7	385	—
1985	9098.9	866	294.8
1990	18872.9	1663	347.6
1995	61339.9	5091	609.6
2000	100280.1	7942	959.4
2005	187318.9	14368	1754.0
2010	412119.3	30808	4551.0
2015	688858.2	50237	8065.8
2016	746395.1	54139	8150.6
2017	832035.9	60014	8888.6
2018	919281.1	66006	9974.6
2019	990865.1	70892	10276.4
2020	1015986.0	72447	10504.0

数据来源:国家统计局数据库。

2. 消费成为拉动经济增长的第一动力

自 2011 年以来,最终消费支出对我国经济增长的贡献率始终高于资本形成总额与货物和服务净出口(见表 2.2)。2011—2019 年,我国消费率平均为53.4%。2020 年,尽管受到新冠肺炎疫情的冲击,但最终消费支出占 GDP 的比重仍然达到 54.3%,高于资本形成总额 11.2 个百分点。

表 2.2　2011—2019 年三大需求对国内生产总值增长的贡献率和拉动

年份	最终消费支出		资本形成总额		货物和服务净出口	
	贡献率/%	拉动/百分点	贡献率/%	拉动/百分点	贡献率/%	拉动/百分点
2001	50.0	4.2	63.5	5.3	−13.5	−1.1
2002	58.1	5.3	40.0	3.7	1.9	0.2
2003	36.1	3.6	68.8	6.9	−4.9	−0.5
2004	42.9	4.3	62.0	6.3	−4.9	−0.5
2005	56.8	6.5	33.1	3.8	10.1	1.1
2006	43.2	5.5	42.5	5.4	14.3	1.8
2007	47.9	6.8	44.2	6.3	7.8	1.1
2008	44.0	4.2	53.3	5.1	2.7	0.3
2009	57.6	5.4	85.3	8.0	−42.8	−4.0
2010	47.4	5.0	63.4	6.7	−10.8	−1.1
2011	65.7	6.3	41.1	3.9	−6.8	−0.6
2012	55.4	4.4	42.1	3.3	2.5	0.2
2013	50.2	3.9	53.1	4.1	−3.3	−0.3
2014	56.3	4.2	45.0	3.3	−1.3	−0.1
2015	69.0	4.9	22.6	1.6	8.4	0.6
2016	66.5	4.6	45.0	3.1	−11.6	−0.8
2017	57.5	4.0	37.7	2.6	4.8	0.3
2018	65.9	4.4	41.5	2.8	−7.4	−0.5
2019	57.8	3.5	31.2	1.9	11.0	0.7

数据来源：国家统计局数据库。

从经济发展的经验看，当一国经济发展由高速增长阶段转向高质量发展阶段，投资对经济增长的贡献作用将明显下降，与之相对应，消费的贡献作用则明显上升。例如，日本在人均 GDP 超过 1 万美元后，投资对经济增长贡献率由 40%左右下降至目前的 18.9%。[①] 未来，消费仍然是我国经济

① 世界银行数据库，https://data.worldbank.org/。

平稳增长的第一动力。更重要的是,随着我国居民消费结构升级进程加速,服务型消费、新型消费的快速增长,不仅将引领我国经济结构变革,更对有效需求不足的世界经济带来重大利好。

3.服务业成为国民经济的第一大产业

近年来,我国服务业快速发展成为产业结构变革的突出特点。2012年,服务业占比和第二产业持平,均为45.3%。2015年,服务业占比首次超过50%。2020年,服务业增加值为553977亿元,同比增长2.1%,服务业增加值占国内生产总值比重为54.5%,较上年提高0.6个百分点,比第二产业占比高出16.7个百分点,稳居国民经济的第一大产业(见表2.3)。从结构看,以信息为重点的现代服务业成为服务业较快增长的重要动力。2020年,信息传输、软件和信息技术服务业,金融业,房地产业增加值比上年分别增长16.9%、7.0%和2.9%,合计拉动服务业增加值增长2.7个百分点。[①] 在线办公、在线教育、远程问诊等新消费需求持续旺盛,带动相关服务业快速增长。

表2.3　2015—2020年国内生产总值构成

年份	国内生产/%	三大产业占比/%		
		第一产业	第二产业	第三产业
2015	100.0	8.4	40.8	50.8
2016	100.0	8.1	39.6	52.4
2017	100.0	7.5	39.9	52.7
2018	100.0	7.0	39.7	53.3
2019	100.0	7.1	39.0	53.9
2020	100.0	7.7	37.8	54.5

数据来源:国家统计局数据库。

① 国家统计局.中华人民共和国2020年国民经济和社会发展统计公报[R].国家统计局网站,2021-02-28.

4.创新在经济发展中的战略作用全面提升

科技创新拉动的经济增长,已成为全球经济竞争的突出特征。从我国消费转型升级的内在需求看,创新已成为经济增长的第一推动力。2018年,全社会研究与试验发展经费支出19657.00亿元,比1995年增长55.4倍(见表2.4),超过欧盟15国平均水平。2018年末,全国有效专利达838万件,其中境内有效发明专利160万件,每万人口发明专利拥有量11.5件。我国自2013年起成为世界第二大研发经费投入国,研发人员总量、发明专利申请量分别连续6年和8年居世界首位。党的十八大以来,我国在载人航天、探月工程、量子科学、深海探测、超级计算、卫星导航等诸多领域取得重大成果,创新驱动发展战略的成效不断显现。

表2.4 1999—2018年中国科技资源配置情况

年份	研究与试验发展人员全时当量/万人				研究与试验发展经费支出/亿元			
	总量	基础研究	应用研究	试验发展	总额	基础研究	应用研究	试验发展
1999	82.17	7.60	24.15	50.42	678.91	33.90	151.55	493.46
2000	92.20	7.95	21.97	62.30	896.00	46.73	151.90	697.03
2001	95.65	7.88	22.60	65.17	1042.49	55.60	184.85	802.03
2002	103.51	8.40	24.73	70.39	1287.64	73.77	246.68	967.20
2003	109.48	8.97	26.03	74.49	1539.63	87.65	311.45	1140.52
2004	115.26	11.07	27.86	76.33	1966.33	117.18	400.49	1448.67
2005	136.48	11.54	29.71	95.23	2449.97	131.21	433.53	1885.24
2006	150.25	13.13	29.97	107.14	3003.10	155.76	488.97	2358.37
2007	173.62	13.81	28.60	131.21	3710.24	174.52	492.94	3042.78
2008	196.54	15.40	28.94	152.20	4616.02	220.82	575.16	3820.04
2009	229.13	16.46	31.53	181.14	5802.11	270.29	730.79	4801.03
2010	255.40	17.37	33.56	204.46	7063.00	324.49	893.79	5844.30
2011	288.30	19.32	35.28	233.73	8687.00	411.81	1028.40	7246.80

续　表

年份	研究与试验发展人员全时当量/万人				研究与试验发展经费支出/亿元			
	总量	基础研究	应用研究	试验发展	总额	基础研究	应用研究	试验发展
2012	324.70	21.22	38.38	265.09	10298.41	498.81	1161.97	8637.63
2013	353.30	22.32	39.56	291.40	11846.60	554.95	1269.12	10022.50
2014	371.06	23.54	40.70	306.82	13015.63	613.54	1398.53	11003.56
2015	375.88	25.32	43.04	307.53	14169.88	716.12	1528.64	11925.13
2016	387.81	27.47	43.89	316.44	15676.75	822.89	1610.49	13243.36
2017	403.36	29.01	48.96	325.39	17606.13	975.49	1849.21	14781.43
2018	419.00	—	—	—	19657.00	—	—	—

数据来源:国家统计局数据库。

5. 总体进入工业化后期

经过 40 多年的发展,我国产业结构发生了历史性变化。根据人均 GDP、产业结构、城镇化率、第一产业就业比重等指标判断,我国总体上进入工业化后期,这是发展进入新时代的重要标志之一(见表 2.5)。

表 2.5　我国进入工业化后期的判断指标

基本指标	工业化初期(1978)	工业化中期(2004)	工业化后期(2019)
人均 GDP /美元	228.7 (低于 496 美元进入工业化初期的标准)(1978 年美元)	3957 (符合 2880—5760 美元的标准)(2004 年美元)	9771 (符合 7112—13910 美元的标准)(2017 年美元)
产业结构 /%	27.7∶47.7∶24.6(符合第一产业占比＞20%,第一产业占比低于工业占比的标准)	12.9∶45.9∶41.2(符合第一产业占比＜20%,且第二产业占比超过第三产业占比的标准)	7.1∶39∶53.9(符合第一产业占比＜10%,且第三产业占比超过第二产业占比的标准)
城镇化率 /%	17.92 (符合低于 30%的标准)	41.76 (符合 30%—50%的标准)	60.60 (符合 50%—70%的标准)

续　表

基本指标	工业化初期(1978)	工业化中期(2004)	工业化后期(2019)
第一产业就业占比/%	70.53 (符合超过50%的标准)	46.90 (符合30%—50%的标准)	25.1 (符合低于30%的标准)

指标来源:黄群慧.中国的工业化进程:阶段、特征与前景[J].经济与管理,2013(7):5—11.

数据来源:人均GDP数据来源于世界银行数据库,其他数据来源于国家统计局数据库。

二、适应经济转型升级历史性趋势

经过40多年的改革发展,我国总体上进入工业化后期,消费结构、产业结构、城乡结构都呈现出历史性的新特点。

1.消费结构升级处在关键期

(1)进入消费新时代,服务型消费开始成为消费重点。一方面,改革开放以来,我国恩格尔系数明显下降。1978年,我国城乡居民恩格尔系数分别为57.5%和67.7%;到2000年分别下降至39.4%和49.1%,城镇居民恩格尔系数首次低于40%;2017年居民恩格尔系数为29.3%,首次低于30%;①2019年,居民恩格尔系数进一步下降到28.2%,连续8年下降,已经达到联合国20%—30%的富足标准。② 另一方面,我国服务型消费比重持续提升。我国进入消费新时代,消费升级的趋势明显,服务型消费逐步成为全社会消费的重点。据统计,2013—2019年,我国居民服务性消费占消费支出的比重由39.7%上升至45.9%。其中,城镇居民服务性消费支出占比由41.7%上升至48.2%;农村居民服务性消费支出占比由34.3%上升至39.7%(见表2.6)。

---

① 改革开放40年居民消费:恩格尔系数比1978年降一半[EB/OL].每日经济新闻,2018-12-05.

② 2019年全国居民恩格尔系数28.2%连续8年下降[EB/OL].中国新闻网,2020-01-21.

表 2.6　2013—2019 年我国城乡居民服务性消费支出占比情况

单位:%

地区	2013 年	2014 年	2015 年	2016 年	2017 年	2018 年	2019 年
全国	39.7	40.3	41.1	41.8	42.6	44.2	45.9
城镇	41.7	42.3	43.0	43.6	44.4	46.5	48.2
农村	34.3	35.1	36.2	37.0	37.7	38.3	39.7

数据来源:国家统计局数据库。

(2)消费结构还有 15—20 个百分点的提升空间。服务型消费占比在一定发展阶段实现较快增长是个客观规律。以美国为例,其服务型消费需求在提高到 60%以后,比重的增速开始放缓,在 70%左右达到一个稳定状态。再以日本为例,从 1994 年开始,日本个人服务型消费支出增长平稳,相比于耐用品、非耐用品等商品消费支出,服务型消费支出成为日本消费者的主要支出项。2007 年以后,日本的服务型消费占个人消费支出的比重趋于平稳,保持在 58%左右。[①] 通过对城乡居民服务型消费需求稳态预测进行研究,综合考虑城镇化率等因素影响,预测城乡居民服务型消费在 65%左右将趋于稳定。

(3)"十四五"期间基本形成服务型消费主导的消费结构。综合考虑 2018—2020 年服务型消费比重提升速度(年均提升 1.5 个百分点)以及我国城乡居民收入增速快于 GDP 增速等因素,服务型消费占比年均有望提高 1—1.5 个百分点。预计到 2025 年,我国居民服务型消费将由 2019 年的 45.9%提高至 54.7%(见图 2.1),基本形成服务型消费主导的新特征。

---

① 三浦展.第 4 消费时代[M].马奈,译.北京:东方出版社,2014.

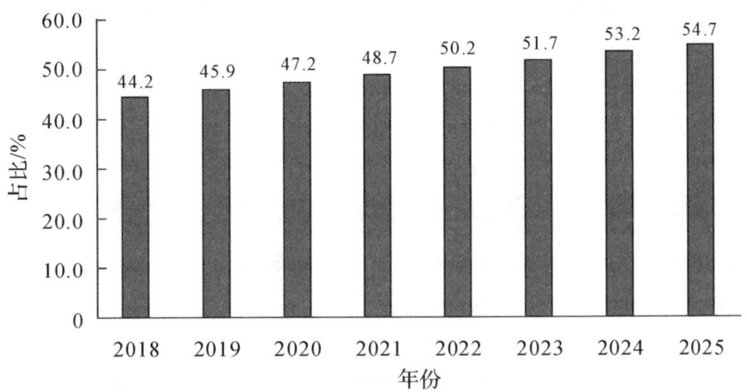

图 2.1　“十四五”我国居民服务型消费占比预测

数据来源：课题组分析预测。

2. 产业结构升级处在关键期

(1)进入工业化后期，服务业成为主导产业。从全球范围来看，由生产型制造转向服务型制造是一个大趋势。尤其是第四次工业革命背景下，制造业服务化、智能化的趋势更加明显。发达国家有“两个 70%”的经济现象：服务业增加值占 GDP 的 70%，生产性服务业占服务业增加值的 70%。从我国情况来看，近年来生产性服务业快速发展的趋势明显。有研究显示，2005—2018 年，我国生产性服务业增加值占服务业比重由36.12%上升到 49.90%[①]，但与发达国家“两个 70%”仍有较大差距，制造业转型升级仍有很大空间。

(2)产业结构还有 10 个百分点左右的提升空间。2020 年，我国第三产业占比提升至 54.5%，与 2018 年全球第三产业平均水平(71.1%)相差 16.6 个百分点，还有巨大的发展空间(见表 2.7)[②]。预计未来 5—10 年，我国服务业仍有 10 个百分点左右的提升空间，即在 65%左右的水平上保持相对稳定。

① 宣烨，杨青龙. 生产性服务业助推制造强国建设[N]. 中国社会科学报，2020-11-04.

② 2020 年国民经济稳定恢复主要目标完成好于预期[EB/OL]. 国家统计局网站，2021-01-18.

表 2.7　第三产业增加值占国内生产总值比重

单位:%

地区	2017 年	2018 年	2019 年
世界	71.2	71.1	—
高收入国家	75.9	75.8	—
中等收入国家	59.9	59.9	60.5
低收入国家	54.3	56.9	57.6
中国	52.7	53.3	53.9

数据来源:世界银行数据库。

(3)"十四五"期间形成服务业主导的产业结构。随着我国进入工业化后期,服务业较快发展成为一个基本趋势。考虑过去 5 年我国服务业占比提升速度(年均提升 1 个百分点)及服务业市场开放加速等因素,服务型业占比年均提高拟按 1 个百分点估算,预计到 2025 年,我国服务业占比将由 2020 的 54.5%提高至 59.6%(见图 2.2),形成服务业主导的产业结构。

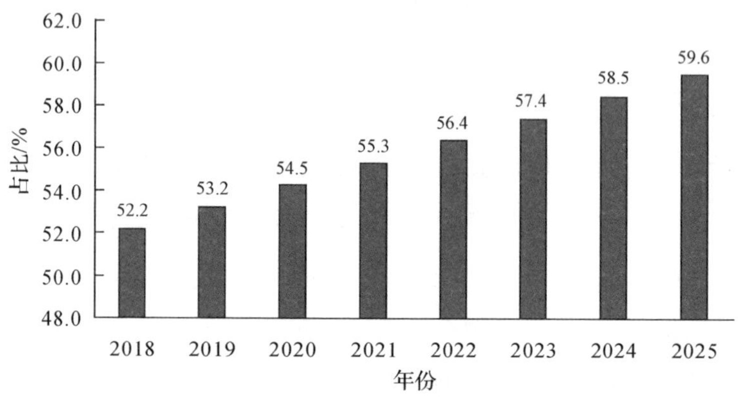

图 2.2　"十四五"我国服务业占比预测

数据来源:课题组分析预测。

3. 城乡结构变化处在关键期

(1)进入城镇化中后期,城乡融合与协调发展是个大趋势。2019 年,我国常住人口城镇化率达到60.31%，较2018年(59.58%)上升0.73个百分点，超过世界平均水平(55.71%)4.60个百分点，超过中等收入国家水平(52.88%)7.43个百分点。[①] 过去几年，我国常住人口城镇化率为60.31，我国户籍人口城镇化率明显提升。数据显示，2012年，我国常住人口城镇化率为52.57%，户籍人口城镇化率为35.30%，两者缺口为17.27个百分点。到2019年，我国户籍人口城镇化率为44.38%，与常住人口城镇化率的缺口缩小到15.93个百分点(见表2.8)。

表2.8　2012—2019年我国城镇化率

单位：%

年份	常住人口城镇化率	户籍人口城镇化率
2012	52.57	35.30
2013	53.73	35.90
2014	54.77	36.30
2015	56.10	39.90
2016	57.35	41.20
2017	58.52	42.35
2018	59.58	43.37
2019	60.31	44.38

数据来源：国家统计局数据库。

(2)户籍人口城镇化率还有15—20个百分点左右的提升空间。世界银行统计数据显示，2019年，我国常住人口城镇化率(60.31%)不仅低于高收入国家水平(81.05%)，而且低于巴西(86.82%)、南非(66.86%)、俄罗斯(74.59%)的城镇化水平(见表2.9)。[②] 若从户籍人口城镇化率的角度来看，我国的差距更大。考虑到城市化和城市群的发展，以及城乡二元

① 世界银行数据库，https://data.worldbank.org/。
② 世界银行数据库，https://data.worldbank.org/。

户籍制度改革,我国常住人口城镇化率有可能保持年均1个百分点的增速,预计到2030年,常住人口城镇化率将达到70%—75%,户籍人口城镇化率将达到60%左右。这意味着常住人口城镇化率还有10个百分点的提升空间;户籍人口城镇化率还有15—20个百分点的提升空间。

表2.9 1978—2019年世界及主要经济体城镇化水平

单位:%

年份	世界	高收入国家	中等收入国家	中国	印度	巴西	南非	俄罗斯
1978	38.53	70.47	30.18	17.90	22.38	63.63	48.29	68.70
1980	39.35	71.06	31.31	19.36	23.10	65.47	48.43	69.75
1990	43.03	73.75	36.43	26.44	25.55	73.92	52.04	73.39
2000	46.69	76.15	41.33	35.88	27.67	81.19	56.89	73.35
2010	51.65	79.43	47.53	49.23	30.93	84.34	62.22	73.69
2011	52.10	79.64	48.14	50.51	31.28	84.63	62.75	73.73
2012	52.56	79.81	48.74	52.57	31.63	84.92	63.27	73.79
2013	53.01	79.98	49.34	53.73	32.00	85.21	63.79	73.86
2014	53.46	80.15	49.94	54.77	32.38	85.49	64.31	73.95
2015	53.91	80.32	50.54	56.10	32.78	85.77	64.83	74.05
2016	54.37	80.50	51.13	57.35	33.18	86.04	65.34	74.16
2017	54.82	80.68	51.72	58.52	33.60	86.31	65.85	74.29
2018	55.27	80.86	52.31	59.58	34.03	86.57	66.36	74.43
2019	55.71	81.05	52.88	60.31	34.47	86.82	66.86	74.59

数据来源:世界银行数据库。

(3)"十四五"基本形成户籍人口城镇化的新格局。"十四五",我国人口城镇化与户籍城镇化将加快推进。预计到2025年,我国常住人口城镇化率将由2019年的60.31%提升到67%—70%,户籍人口城镇化率由2019年的44.38%提高到53%—55%。

三、释放经济转型升级的巨大内需潜力

我国经济转型升级蕴藏着国内巨大的内需潜力，这个内需潜力释放将为我国构建双循环新发展格局奠定重要基础，并将为全球的企业提供发展机遇。

1. 消费结构升级蕴藏着巨大内需潜力

自 2015 年以来，我国社会消费品零售以年均 10%左右的速度增长（见表 2.10）。2019 年我国社会消费品零售总额达到 408017.2 亿元，同比增长 8%。受新冠肺炎疫情影响，2020 年，我国社会消费品零售总额为 391981.0 万亿元，比上年下降 3.9%。[①] 但是随着疫情防控常态化以及居民消费率和服务型消费的快速增长，未来 5—10 年，我国消费市场规模将呈现持续扩大的态势。到 2030 年，有望达到 60 万亿—70 万亿元。

表 2.10　2010—2020 年我国社会消费品零售总额及增速

年份	零售总额/亿元	增速/%
2010	158008.0	18.8
2011	187205.8	18.5
2012	214432.7	14.5
2013	242842.8	13.2
2014	271896.1	12.0
2015	300930.8	10.7
2016	332316.3	10.4
2017	366261.6	10.2
2018	380986.9	9.0

① 国家统计局. 中华人民共和国 2020 年国民经济和社会发展统计公报[R]. 国家统计局网站，2021-02-28.

续 表

年份	零售总额/亿元	增速/%
2019	408017.2	8.0
2020	391981.0	−3.9

数据来源:国家统计局数据库。

2. 产业结构升级蕴藏着巨大内需潜力

(1)服务业快速发展蕴藏着巨大的内需潜力。2020 年,我国服务业占 GDP 的比重为 54.5%[①],低于 2019 年中等收入国家水平(60.5%)和 2018 年世界平均水平(71.1%)[②]。如果到 2025 年,我国服务业占比达到中等收入国家的平均水平(60.5%),服务业规模有望达到 70 万亿元左右,市场增量将达到 10 万亿元左右。

(2)制造业升级蕴藏着巨大的投资潜力。2019 年,我国制造业的数字转型支出占十大行业之首,其数字转型支出高达 2205 亿元。阿里研究院预测,到 2025 年企业应用云化率和人工智能利用率均将达到 90%,数据、智能与制造业的深度融合将催生数个十万亿级产业。[③]

3. 人口城镇化和乡村振兴蕴藏着巨大内需潜力

(1)农村的内需潜力巨大。随着农村市场环境持续改善,以及电商等新兴业态向乡村地区加快下沉,农村消费潜力将持续释放。2019 年,我国第一产业固定资产投资 12633 亿元,同比增长 0.6%;我国乡村消费品零售额 60332 亿元,增长 9.0%,增速高出城镇(7.9%)1.1 个百分点,乡村消费品零售额占社会消费品零售总额的比重为 14.66%。[④] 2020 年,我国第一产业固定资产投资增长 19.5%,远高于第二产业(0.1%)和第三产业

---

① 2020 年国民经济稳定恢复主要目标完成好于预期[EB/OL]. 国家统计局网站, 2021-01-18.

② 世界银行数据库,https://data.worldbank.org/。

③ 业内预计 2025 年企业人工智能利用率达 90%[EB/OL]. 中国贸促会网站,2019-01-17.

④ 国家统计局. 中华人民共和国 2019 年国民经济和社会发展统计公报[R]. 国家统计局网站,2020-02-28.

(3.6%)投资增长率;受疫情影响,2020 年,我国农村消费品零售额 52862 亿元,下降 3.2%,但仍高于城镇消费品零售额增速(4.0%)。[①]

(2)新型城镇化的内需潜力巨大。以消费为例,户籍人口城镇化最重要的标志之一就是城乡居民消费水平的趋同和消费公平程度的不断提升。2019 年,我国城镇居民人均消费支出(28063.4 元)约是农村居民人均消费支出(13327.7 元)的 2.11 倍。[②] 如果户籍人口城镇化进程加快,进城农民工能享受到城镇人口的公共服务和公共设施水平,其消费水平接近或达到城镇居民的平均水平,那么一年至少有 5 万亿元左右的新增消费需求。未来 5—10 年,城乡一体化和城乡融合发展,将形成近百万亿元的投资与消费需求,成为中长期发展的"最大红利"。

四、推动形成强大国内市场

经济转型升级蕴藏着的巨大内需潜力,是我国发展最大的战略优势。依托这个优势,我国完全有条件在未来 10 年实现 5%左右的增长,并推动实现产业基础高级化、产业链现代化的重要突破。

1.内需潜力释放是应对外部新变局的"压舱石"

"十四五"时期,我国仍需要面对更加不确定的世界,释放巨大内需潜力是我国应对变局的最大底气。我国是世界上唯一拥有全部工业门类的国家,有着 14 亿人口、4 亿中等收入群体、快速升级中的内需大市场。这个大市场不仅是我国推进经济持续中速增长的基础性条件,也将使我国成为推动全球自由贸易进程的重要力量。未来,关键是要把释放内需潜力这个优势充分利用好、发挥好。

---

① 2020 年国民经济稳定恢复主要目标完成好于预期[EB/OL]. 国家统计局网站, 2021-01-18.

② 国家统计局. 中国统计年鉴 2020[M]. 北京:中国统计出版社,2020.

2. 内需潜力释放为未来 15 年 5%左右的经济增速提供重要支撑

14 亿人口的内需大市场充分释放,确保我国未来 15 年按照年均 5% 的增速,到 2035 年我国将基本实现社会主义现代化,全体人民共同富裕迈出坚实步伐。按照年均 5%的增长速度,我国人均 GDP 将在 2035 年达到 22432 美元;按照年均 6%的增长速度,到 2035 年,我国人均 GDP 将达到 26106 美元,进入高收入国家中等水平(见表 2.11)。

表 2.11　我国人均 GDP 增长预测

年份	GDP 保持 5.0%增长 人均 GDP/美元	GDP 保持 5.5%增长 人均 GDP/美元	GDP 保持 6.0%增长 人均 GDP/美元
2021	11330	11438	11547
2022	11896	12067	12239
2023	12491	12731	12974
2024	13116	13431	13752
2025	13771	14170	14577
2026	14460	14949	15452
2027	15183	15771	16379
2028	15942	16639	17362
2029	16739	17554	18404
2030	17576	18519	19508
2031	18455	19538	20678
2032	19378	20612	21919
2033	20347	21746	23234
2034	21364	22942	24628
2035	22432	24204	26106

数据来源:课题组分析预测。

3. 在推动世界经济增长与全球自由贸易进程中做出更大贡献

(1)保持全球第一大货物出口国地位，占全球出口市场比重达到15%左右。2019—2025年全球货物出口增速按3%计算，我国出口增速分别按5%、6%、7%计算(2018年我国货物出口增速7.1%)，估计到2025年，我国货物出口额将分别达到35.0万亿、37.4万亿、39.9万亿美元(按2018年不变价美元)，仍将是全球第一大货物出口国，占全球出口市场的比重将由2018年的12.8%提高到15%左右。

(2)成为全球第一大货物进口国。2019—2025年美国货物进口增速按4%计算，预计2025年美国货物进口额将达到34.7万亿美元。随着我国实施扩大进口政策，未来几年我国货物进口有望保持两位数增长。即便以7.2%估算(2017年、2018年我国货物进口额分别增长18.9%、12.9%)，到2025年我国货物贸易进口额将超过美国。

(3)成为全球第一大服务进口国。2013—2018年，我国服务进口年均增长9.7%，美国年均增长3.9%。按此增速预测，到2025年，我国服务进口将达到1万亿美元左右，将成为全球第一大服务进口国(见图2.3)。

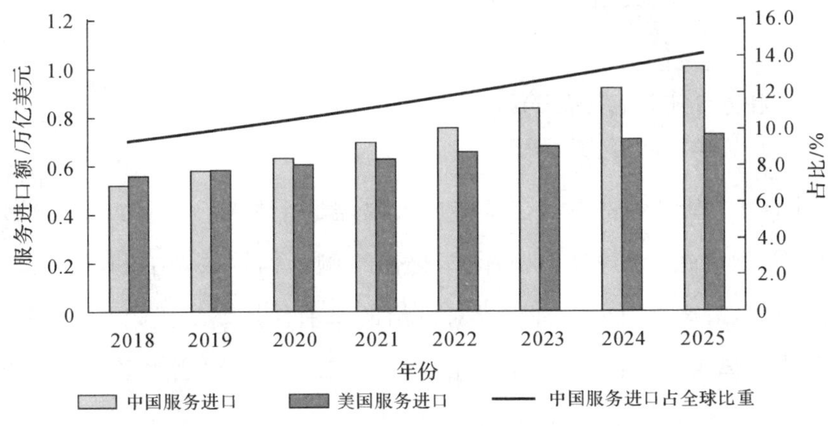

图2.3　“十四五”期间中国与美国服务进口额预测对比

数据来源：课题组分析预测。

(4)主动参与全球经贸规则重构并在某些领域发挥主导作用。从过去几年实践看,我国在RCEP、中日韩自贸协定谈判等领域的地位与主导作用不断提升。预计在"十四五"期间,"中国方案""中国规则"将明显增多,并在积极推动WTO改革方面更多体现"中国主张"。

(5)对世界经济增长贡献稳定在30%左右。据世界经合组织2020年12月的预测显示,2021年中国对全球经济增长贡献率将超过三分之一。"十四五"期间,我国经济若保持年均6%左右的增速,对全球的贡献率仍将保持在30%左右的水平,依然是世界经济增长的"主引擎"。

第二节 以扩大内需为基本导向推进高水平开放

与改革开放初期以出口导向为主要特点的市场开放不同,进入新发展阶段,扩大开放需要立足国内超大规模市场优势,以内需为导向推进高水平开放,逐步形成与经济转型升级需求相适应的供给体系,由此形成高水平开放与高质量发展相互促进新格局。

一、服务于扩大内需的战略基点

"十四五"规划纲要提出,"坚持扩大内需这个战略基点,加快培育完整内需体系,把实施扩大内需战略同深化供给侧结构性改革有机结合起来"。新发展阶段,需要在有效发挥需求对供给的牵引作用基础上,以高水平开放中优化供给体系,形成需求牵引供给、供给创造需求的更高水平动态平衡。

1.适应社会主要矛盾变化

我国进入新发展阶段,社会主要矛盾已经转化为人民日益增长的美好生活需要和不平衡不充分的发展之间的矛盾。以内需为导向推进高水平开放，就是要把握社会主要矛盾变化的时代特征，使对外开放的进程充分体现满足人民对美好生活的向往和追求。例如，到 2030 年，我国教育市场规模将超过 16 万亿元，到 2050 年，教育市场规模有望超过 50 万亿元；到 2030 年，我国医疗卫生市场需求将达到 15 万亿元，2040 年达到 29 万亿元，2050 年达到 37 万亿元。[①] 未来几年，大教育与大医疗产业将成为企业投资的“热土”，尤其是民营企业的投资热土。适应服务型消费需求增长的趋势，要进一步加大服务业开放力度，吸引更多的社会资本进入社会服务领域，形成有效的供给，满足不断增长的服务型消费需求。

2. 适应国内经济转型升级的现实需求

我国服务型消费与全球服务贸易快速发展同步，为双循环新发展格局的形成提供了重要历史机遇。以内需为导向推进高水平开放，就是要把国内产业变革、消费结构升级和推动新一轮全球自由贸易进程有机结合，通过主动参与全球服务贸易形成现代产业体系。此外，伴随着新一轮科技革命与产业变革的到来，全球以数字经济为代表的新经济蓬勃发展。以内需为导向推进高水平开放，就是要充分利用国内超大规模市场优势，推进人工智能、大数据、物联网等新技术、新应用、新业态的快速发展，在新的国际赛道上占据领先地位。

3. 体现更高质量参与国际经济大循环的基本要求

一方面，服务贸易不仅已成为全球自由贸易的重点、焦点，而且是国内循环与国际循环的连接点。由于服务业对内对外开放水平低成为服务贸易创新发展的突出掣肘，我国服务贸易的开放水平远低于欧盟、美国、英国等发达国家和地区。另一方面，全球经贸规则加速重构，且向“边境后、广覆盖、强排他”等更深层次延伸。我国服务领域在规则、规制、标准以及管理能力建设方面，还有巨大的提升空间。无论是以内需为导向推进高水平

① 匡贤明. 前瞻“十四五”：以消费提质升级助推高质量发展[EB/OL]. 中国报道，2020-11-28.

开放,还是更深程度融入世界经济体系,其重点都在服务贸易,突破口也在服务贸易。

二、依托超大规模市场优势

14亿人口的消费大市场,有着巨大的增长潜力。如果扩大内需相关政策调整与制度安排能够有效推进,"十四五"期间消费市场的巨大潜力将得到有效释放,我国超大规模经济体优势将进一步凸显。

1. 不断扩大的国内超大规模市场优势

(1)2021年底消费市场有望恢复常态。2020年初,受疫情影响,社会消费品零售总额速度出现大幅下降,此后逐步反弹,到8月实现正增长。但由于2020年上半年社会消费品零售总额下降幅度过大,到2020年底,累计同比仍然下降3.9%。预计2021年底,社会消费品零售总额增长将恢复常态。

(2)"十四五"期间社会消费品零售年均增速将达到8%左右。我国社会消费品零售总额的常态增速可以参照2015—2019年的平均增速(6.5%),考虑到2021—2023年我国居民每年有1000亿美元左右的海外消费回流,提振国内消费1—2个百分点,加上国内消费升级等因素,未来5年我国社会消费品零售总额年均增速达到8%左右是有条件的。

(3)"十四五"末社会消费品零售总额有望达到55万亿—60万亿元。2020年全年社会消费品零售总额为391981亿元。通过构建模型进行定量分析可得,到2025年,我国社会消费品零售总额将接近60万亿元。如果2025年人民币汇率达到6∶1,则我国消费市场规模相当于10万亿美元。

2. 全球最完整、规模最大的工业体系优势

经过 40 多年的改革开放，我国已经建立起世界最庞大、最健全的产业链，成为全球唯一拥有联合国产业分类中全部工业门类的国家。现代工业体系可以分为 39 个工业大类、191 个中类、525 个小类。在世界 500 多种主要工业产品当中，我国有 220 多种工业产品的产量居全球第一。2016—2019 年，我国制造业增加值年均增长 8.7%，由 20.95 万亿元增长至 26.92 万亿元，占全球比重达到 28.1%以上。[①] 此外，1.7 亿多受过高等教育或拥有各种专业技能的人才，占就业人员总量的 20%以上，成为推动我国工业高质量发展的重要资源。

3. 创新要素的规模优势

(1)研发人员总量稳居世界首位。2019 年，按折合全时工作量计算的全国研发人员总量为 480 万人年，是 1991 年的 7.1 倍。我国研发人员总量在 2013 年超过美国，已连续 7 年稳居世界第一位。世界银行数据库数据显示，2018 年我国研发人员数量约为 182.05 万人，是 2017 年美国的 1.3 倍、德国的 4.2 倍、法国的 5.8 倍、日本的 2.7 倍。

(2)成为世界第二大研发投入国。2012 年以来，我国研发经费投入快速增长。1992—2018 年年均增长 20.0%，远超同时期按现价计算的 GDP 年均增速。2019 年，我国全社会研发经费投入达到 2.2 万亿元，是 2012 年的 2.15 倍，成为仅次于美国的世界第二大研发经费投入国；全社会研发经费投入占 GDP 比重由 2012 年的 1.91%提高到 2019 年的 2.23%(见图 2.4)，超过欧盟 15 国 2017 年 2.1%的平均水平。

① 工信部：中国制造业占全球比重约三成[EB/OL]. 中国新闻网，2020-12-30.

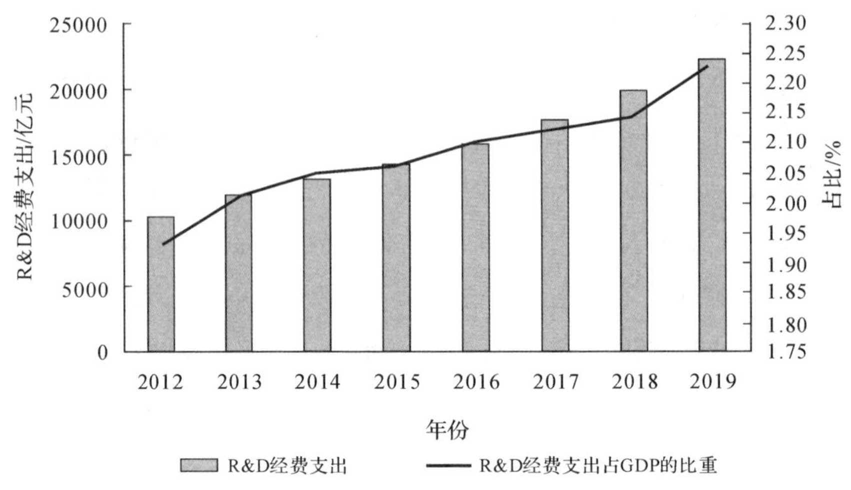

图 2.4　2012—2019 年研发经费及占 GDP 的比重情况

数据来源:国家统计局数据库。

(3)成为世界第二大知识产出国。2019 年,我国发表科技论文总量 195 万篇,专利申请数量 438.0 万件,专利授权数量 259.2 万件,发明专利申请量和授权量居世界第一。《2020 年全球创新指数》报告显示,我国今年以 53.28 的全球创新指数得分,在全球参与排名的 131 个经济体中位列第 14 名,与 2019 年位次持平,是唯一进入全球创新指数前 30 名的中等收入经济体。①

三、形成国际经济合作竞争新优势

"十四五"规划纲要提出,坚持引进来和走出去并重,以高水平双向投资高效利用全球资源要素和市场空间,完善产业链供应链保障机制,推动产业竞争力提升。"十四五"期间推进高水平开放,需要从我国经济高质量发展的全局出发,着眼于推进产业基础高级化,提升产业链现代化水平,并

① 全球创新指数 2020 出炉! 中国排名保持第 14 位[N]. 科技日报,2020-09-04.

以此形成更高层次参与国际合作竞争的重要基础。

1. 提升对产业链和供应链管理配置能力

（1）我国产业链迈向中高端的大趋势。改革开放以来，我国以“世界工厂”的形式嵌入以发达国家为主导的全球价值链条当中。尽管我国已经深度融入国际产业链和供应链，但与发达国家相比，产业链和供应链仍处在“微笑曲线”的中低端。“十四五”时期，要在实现国内产业链安全可控的基础上，利用世界通用技术，实现关键核心技术突破创新，推动我国制造业在全球价值链上不断攀升，建设制造业强国。

（2）积极打造世界级产业集群。从美国、德国、日本等国家的历史经验看，产业链迈向中高端，很大程度上在于这些国家抓住了全球分工格局调整的历史机遇，形成了一批世界级的产业集群。

（3）加快构建国家价值链和区域价值链体系。“十四五”时期，在我国的长三角、珠三角等地区积极布局一批世界级产业集群。以打造世界级产业集群为重点，促进国内产业融入全球产业链，使我国成为经济全球化的“主战场”，推动基于内需的经济全球化。

2. 积极推动产业链国际合作

（1）加强与“一带一路”沿线国家和地区之间的产业链合作。积极通过“一带一路”加快西部地区“向西开放”步伐，借助中欧班列“内外联通”枢纽作用推动西北地区特色优势产业融入国际产业链；东北和东部沿海地区加强与日本、韩国区域链的构建，积极打造环渤海经济圈，打造“中蒙俄经济走廊”，构建北亚新型区域经济板块。

（2）借助区域全面经济伙伴关系协定强化产业链合作。例如：以海南自由贸易港为中心打造“泛南海经济合作圈”；加快推进中日韩自贸谈判，强化与日韩的产业链合作；在粤港澳大湾区打造世界级产业集群，增进与东盟国家经济的深度合作等。

3. 推动全球经济治理变革

(1)我国走近世界舞台中央,需要形成与国际规则引领者相适应的大国开放体系。作为新型开放大国,无论是支持多边贸易体制、捍卫世贸组织核心价值和基本原则,还是实现“一带一路”高质量发展、构建高标准自贸区网络,都对高水平开放提出新的要求。

(2)高水平开放是促进新型经济全球化的战略选择。我国提出的“一带一路”倡议,是新型经济全球化下的“中国方案”,不仅包容发达国家,也包容广大发展中国家。推进高水平开放,将为“一带一路”的高质量发展提供新机制,注入新动力。

(3)高水平开放是推动形成新型全球治理的战略选择。疫情冲击下,单边主义、保护主义和极端民族主义思潮蔓延,全球范围内的“治理赤字”“信任赤字”“和平赤字”“发展赤字”进一步扩大。推进更高水平对外开放有助于我国同各国加强防疫合作,促进世界经济稳定,推进全球治理,维护以联合国为核心的国际体系和以国际法为基础的国际秩序,推动构建人类命运共同体。

第三节　以高水平开放释放内需潜力

当前,经济转型升级与扩大开放直接融合,经济转型升级的双向影响显著增强。“十四五”时期,以高水平开放促进经济转型升级,释放巨大内需潜力,是我国社会矛盾变化的客观要求,是构建国内国际双循环新发展格局的迫切要求。

一、加快破解“有需求、缺供给”的突出矛盾

释放经济转型升级蕴藏着的巨大内需潜力，面临的突出挑战在于“有需求、缺供给”。尤其是在服务业领域，供给短缺不仅表现在总量上，而且表现在质量、标准、结构等方面。

1. 抓住供求结构失衡的突出矛盾

(1)宏观层面的失衡。进入21世纪以来，我国消费结构升级态势明显，但是供给结构调整相对滞后。与国际相比，2018年，我国投资率为44.1%，分别比韩国(30.2%)、新加坡(26.6%)、日本(24.4%)、俄罗斯(22.7%)、德国(21.8%)、美国(21.0%)、巴西(15.4%)高13.9个百分点、17.5个百分点、19.7个百分点、21.4个百分点、22.3个百分点、23.1个百分点、28.7个百分点；而我国居民消费率为38.7%，则分别比美国(68.1%)、巴西(64.3%)、日本(55.6%)、德国(52.1%)、俄罗斯(49.4%)、韩国(48.6%)低29.4个百分点、25.6个百分点、16.9个百分点、13.4个百分点、10.7个百分点、9.9个百分点。[①] 这就需要加快供给结构调整，以适应消费结构升级的态势，形成供求的动态平衡。

(2)微观层面的失衡。随着我国城乡居民服务型消费需求的快速增长，服务型消费供给短缺的问题不断凸显(见表2.12)。例如，进入人口老龄化社会，老年健康管理服务业、老年康复护理业、老年家政服务业等需求全面快速增长。目前，我国老年用品市场需求达1.6万亿元，但市场供给规模仅为4000亿元[②]，存在1.2万亿元的供需缺口。服务型消费供给不足导致消费外流。以教育为例，送子女出国读书越来越成为中高收入家庭的

---

① 国家统计局. 中国统计年鉴2019[M]. 北京：中国统计出版社，2019.

② 迟福林. 发挥内需潜力优势形成全面开放新格局[EB/OL]. 新华网，2018-08-16.

普遍现象。我国自费出国留学人数由2011年的31.48万人增长到2018年的59.63万人,年均增长9.6%,而且留学人员逐步呈现低龄化趋势。[①]如果按人均留学支出10万美元估算,需要支出近600亿美元。

表2.12 2018年我国与发达国家服务型消费比重对比

指标	中国	发达国家
最终消费支出占GDP比重	54.3%	80%左右(美国83%、英国85%)
服务型消费支出占消费总支出比重	45.5%(城镇居民)	67.9%(美国)
健康产业占GDP比重	4%—5%	10%以上(美国17.8%)

数据来源:最终消费支出占GDP的比重来源于世界银行统计数据库;服务型消费支出占消费总支出比重来源于课题组测算;健康产业占GDP的比重来源于《人民政协报》。

2.加快优化供给体系

(1)不断提高供给水平。我国拥有全球门类最齐全的产业体系和配套网络,但不少领域仍处于价值链中低端,部分关键技术环节仍然受制于人。高质量的供给体系,就是要提高商品和服务的供给质量,更好满足日益提升、日益丰富的需求,跟上城乡居民消费升级步伐。

(2)不断改善供给结构。由资源密集型、劳动密集型产业为主向技术密集型、知识密集型产业为主转变。比如,生产性服务业占比的逐步提高,将对国民经济运行及产业结构升级带来深刻影响。推动制造业逐步从“微笑曲线”的底端向两端升级,增加我国在全球生产价值链中的重要性。从这个角度看,我国不是不要制造业,而是要以生产性服务业带动制造业转型升级。

(3)不断改进供给质量。在产品结构上,主要以由低技术含量、低附加值产品向高技术含量、高附加值产品转变。比如,在产品质量上,国产工业产品要加快摆脱“山寨货”的标签,成为具有自主国际知名品牌的“大国工匠”之作。

① 根据教育部历年公开数据整理。

(4)不断增长供给效益。在经济效益上,由高成本、低效益向低成本、高效益的方向转变。创新成为我国发展的主要动力,并且在某些领域从模仿性、跟随型技术创新走向原发性技术创新。科技创新的不断突破,使得我国将加快改变要素投入型的增长,更多地转向效率型增长,经济效益将有明显改善。

3.推动扩大内需与供给侧结构性改革有机结合

(1)以深化供给侧结构性改革为主线。面对我国社会主要矛盾的历史性变化,要找准问题的关键点。我国主要不是需求不足,而是需求发生了变化,但是供给结构和质量却不适应。有效供给能力不足带来大量"需求外溢",消费能力严重外流。要解决这些结构性问题,必须推进供给侧结构性改革。[①] 走向高质量发展,关键在于构建高水平供求动态平衡的供给体系。这就需要深化供给侧结构性改革,破解"有需求、缺供给"的矛盾,满足人民对美好生活的需要,不断提升产品与服务的供给水平,持续释放巨大内需增长潜力。

(2)妥善处理好需求侧管理和需求侧改革的关系。2020 年中央经济工作会议明确提出,"紧紧扭住供给侧结构性改革这条主线,注重需求侧管理",是适应消费结构升级、释放消费潜力的重大改革部署。要加快形成需求牵引供给、供给创造需求的更高水平动态平衡。需求侧管理是宏观经济调控的手段,重点是通过财政货币政策调控需求,熨平经济周期,这是一个短期相机抉择的政策工具。需求侧改革则是全面深化改革的重要内容,重点是通过收入分配改革、公共服务体制建设等体制机制改革与完善,打破抑制消费潜力释放的政策与制度障碍。[②]

(3)更加重视需求侧管理。一是有序取消一些行政性限制消费的规

① 深入理解新发展理念——习近平在省部级主要领导干部学习贯彻党的十八届五中全会精神专题研讨班上讲话[N].人民日报,2016-01-18.

② 迟福林.以消费结构升级推动构建新发展格局[N].光明日报,2020-12-23.

定。二是合理增加公共消费,提高教育、医疗、养老、育幼等公共服务支出效率。三是以激发中小企业活力为重点加快形成扩大就业的体制机制。四是加快收入分配改革,力争未来15年国民收入实现倍增、中等收入群体实现倍增,收入分配差距明显缩小。五是加快农村土地制度改革,真正赋予农民长期而有保障的土地财产权,提升农民收入水平。

二、推动供给与需求更高水平动态平衡

一方面,充分发挥消费结构升级对国内经济的拉动作用和对供给体系的牵引作用;另一方面,以供给侧结构性改革为主线解决供给侧与需求侧不匹配的问题,全面提升供给体系质量和有效性。

1.发挥需求对供给的牵引作用

(1)适应消费升级趋势形成新的投资热点。消费是引领投资的最终力量,中高端消费会引导新的经济增长点,巨大的市场需求会吸引企业自发进入。消费升级也将引导企业进行技术创新、产业升级,从高度同质化的低端市场转向差异化明显的中高端市场,并且最终形成具有国际竞争力的一流产业和一流企业。同时,消费升级会推动传统产业改造转型,许多传统行业在中高端消费的引导下也可以焕发出新的生机。例如,在新思维、新业态、新模式的助推下,传统行业也能成为新的经济增长点。

(2)以消费升级引领投资结构方向。适应公共需求不断升级的趋势,需要加大公共投资力度。目前,在教育、卫生、文化、社会保障等社会领域的公共性投资不断加大,但尚不到位。未来几年的投资需要适应需求结构变化的趋势,加大以教育、医疗、保障性住房等为重点的公共性投资。如果单靠政府投资,不通过市场化改革启动社会和民间投资,很难实现中高速增长的目标。因此,面对欧美市场的萎缩,要有效地保增长,财政投资要优先考虑能够拉动社会投资的项目,发挥财政资金在拉动社会投资中的杠杆

作用，尤其要避免出现财政投资对民间投资的挤出效应。

（3）明显提升投资效率。当前消费的个性化、定制化特征明显，传统大规模的投资方式面临挑战。这就需要适应消费需求升级的趋势，优化投资方式，促进投资与消费的动态平衡。在公益性领域中，注重政府投资的撬动作用，更加注重发挥市场作用，采取合同外包、政府采购、公共服务券、特许经营等方式鼓励社会力量参与，明显提升投资效率。

2. 发挥投资对优化供给结构的关键作用

（1）优化投资结构。对中长期消费需求增长明显放缓的中低端制造业和服务业，加快产能转移和产能退出。对改善性住房需求明显上升的地区，加快低端房地产去库存进程，促进房地产行业优化升级。对消费需求面临趋势性停滞或滑落的部门，降低国企债务率，加速去杠杆。适应城乡居民在健康、医疗、教育、养老等服务业领域快速上升的需求，降低现代服务业的成本尤其是制度性交易成本，加快补齐服务消费供给不足的短板。

（2）拓展投资空间。从现实情况看，政府主导的投资模式越来越难以持续，容易造成产能过剩加剧、投资边际效益递减、金融风险增大等问题；而且政府主导的投资对社会投资产生一定的“挤出效应”，导致社会力量参与不足。为此，不能再继续把政府投资作为继续扩大投资的主渠道。政府投资主要应集中在保基本、社会效益回报率高的领域，把竞争性领域更多让给社会投资，发挥政府投资的“四两拨千斤”作用。一方面，调整政府投资的存量，重点是调整国有资本战略配置，以公益性为导向加大对社会领域的投入，加快补齐基础设施、市政工程、农业农村、公共安全、生态环保、公共卫生、物资储备、防灾减灾、民生保障等领域的短板。另一方面，重点释放社会资本活力，激发民间投资活力，形成市场主导的投资内生增长机制。

（3）推进投资主体多元化。近年来，老百姓抱怨较多的主要是教育、医疗、电信等服务行业的垄断和由此形成的高价格、低品质服务。在服务业领域尤其要打破行政垄断,引入政府采购、PPP模式,通过竞争提高质量、降低价格,形成有效供给。

3.以高水平开放实现供给与需求相互促进

高水平开放有助于进一步释放国内国际两个市场、两种资源的增长动力,通过扩大生产要素配置规模和效益来拉动经济增长。以旅游为例,2019年全年国内游客60.1亿人次,比上年增长8.4%;其中国内旅游收入57251亿元,增长11.7%,人均旅游花费976.14元。① 如果“十四五”期间全国城乡居民人均旅游消费支出提高到1100元左右,城乡居民旅游人次达到60亿人次,居民的国内旅游消费规模将达到6.6万亿元,带来1.5万亿元的市场增量。这一市场潜力的释放,取决于国内供给结构的调整与供给质量的优化。这就需要通过进一步扩大高水平开放,建设国际一流营商环境,实行全国统一的市场准入负面清单制度,促进资源要素自由流动和高效配置,加大国内国际市场生产、流通、分配、消费各环节的改革力度,加快破除体制机制障碍,形成强大的国内市场。

三、关键是形成与扩大内需相适应的产业结构

适应我国消费结构升级与产业结构变化,加快形成服务业主导的产业结构。以服务业为主导,不是说不要制造业,而是要加快形成与消费结构升级和制造业升级相适应的生活性、生产性服务的有效供给。

1.消费结构升级是产业结构升级的重要导向

没有消费需求释放,产业结构调整将成为无源之水。只有围绕消费升级的方向进行投资、创新和生产,才能最大限度地提高投资和创新的有效

① 国家统计局.中华人民共和国2019年国民经济和社会发展统计公报[R].国家统计局网站,2020-02-28.

性，提升产业竞争力，进而实现经济提质增效。未来，需要加大消费对产业升级的引领作用，以消费升级带动产业升级，引导相关领域的科技创新，引领基础设施建设和公共服务等领域的新投资，促进产业结构升级和创新消费供给，进而加快形成经济发展的新动力。

2. 以高水平开放加快服务业高质量发展

目前，我国工业领域尤其是制造业领域95%已经实现开放，而服务业领域仍面临着市场垄断与行政垄断，由此导致服务供给总量不足、质量不高、效率不优的矛盾问题比较突出，某些方面社会反映强烈。从我国经济生活的现实需求来看，要将服务业市场开放作为完善社会主义市场经济体制和深化供给侧结构性改革的重大任务，尽快出台新的服务业市场开放行动计划，实质性打破服务业市场开放的政策体制壁垒。

3. 形成服务业主导的产业结构

(1)以扩大服务业市场开放提升服务业占比。如果“十四五”时期我国能在服务业市场开放上取得重大突破，就能为走向服务业大国创造良好的制度环境，就有条件实现服务业占比提高到60%的目标。

(2)以扩大服务业市场开放实现服务业规模再倍增。2008—2013年，我国服务业增加值规模从13.9万亿元增长到27.8万亿元，实现了规模的倍增；2013—2020年，我国服务业增加值进一步上升至55万亿元，再次实现倍增。如果未来几年服务业市场开放有重大突破，就能扩大服务业的市场空间，服务业规模有望在2020年的基础上扩大到2030年的100万亿—110万亿元，实现新的倍增。

(3)以扩大服务业市场开放优化服务业结构，促进生产性服务业发展。加快生产性服务业领域的开放，包括研发、金融、商务等，推动生产性服务业的快速发展。争取到2025年生产性服务业占GDP的比重达到50%左右，由此推进我国制造业的转型升级。

第四节 以高水平开放促进国内国际双循环

加快构建国内国际双循环新发展格局,必须坚持实施更大范围、更宽领域、更深层次对外开放。以高水平开放更好联通国内市场和国际市场,更好利用国内国际两个市场、两种资源,在更高层次参与国际合作和竞争,以此提升国内大循环的效率和水平。

一、开放创新有效释放巨大创新潜力

全球新一轮科技革命下的创新跨越国界,成为一个全球现象,并呈现出开放创新的时代特征。在这个特定背景下,以服务于建设创新型国家为目标,加快构建开放创新网络体系,集聚全球创新资源,在以科技创新畅通国内大循环的同时,塑造我国在国际大循环中的主动地位。

1. 在扩大开放中创新

(1)第四次工业革命伴随着创新范式的变化。过去的创新时代是创新1.0时代;第四次工业革命正在开启一个创新2.0时代,主要特征是开放式创新(open innovation)。[①] 所谓开放式创新,就是一个国家和一个企业不仅利用内部组织资源,而且充分利用外部组织资源实现创新。

(2)大数据技术为所有人参与创新提供了便捷。进入大数据时代,创新不仅仅是厂商内部的创新,越来越多的消费者也参与到创新中。iPhone

① “开放式创新”一词最初进入公众视野,源自美国加州大学伯克利分校哈斯商学院加伍德公司创新中心主任亨利·切萨布鲁夫(Henry Chesbrough)教授于2003年出版的专著《开放式创新》。“开放式创新”是指:为了促进组织内部的创新,有意图且积极地活用内部和外部的技术及创意等资源的流动,其结果是增加将组织内创新扩展至组织外的市场机会。

手机的生产，容纳了许多消费者的创意，无论这些创意来自哪个国家，一旦有价值，就会为公司所采纳。

(3)开放创新能够获得巨大成功。以美国电视剧《纸牌屋》为例，《纸牌屋》不仅是 Netflix 网站上有史以来观看量最高的剧集，也在美国及 40 多个国家热播。《纸牌屋》的编剧所使用的数据库包含了 3000 万用户的收视选择、400 万条评论、300 万次主题搜索等[①]，并且在播放进程中按照用户的偏好设计剧情。

2. 处理好开放创新与自主创新之间的关系

(1)处理好开放创新与自主创新之间的关系。当今世界的科技强国之所以能够成为科技强国，很大程度上在于它们在科技追赶过程中，都比较好地处理了开放创新与自主创新之间的关系，在科技强国的路径选择上确立了全球视野。

(2)开放创新服务于提升自主创新能力。大国创新必须立足于自主创新，既需要加强原始创新，要在各个生产领域内努力获得更多的科学发现和重大的技术发明，又需要突出加强集成创新，使各相关技术成果融合汇聚，形成具有市场竞争力的产品和产业。广泛吸收全球科学成果，积极引进国外先进技术，必须立足于充分消化吸收和再创新。

(3)关键核心技术要立足自主创新。大国创新必须有原创性的关键核心技术，当今世界上的创新大国，都以掌握关键核心技术而称雄于世。不掌握关键核心技术，我国很难改变“八亿件衬衫换一架飞机”，很难改变制造业的大而不强。正如习近平总书记所强调的：“核心技术受制于人是我们最大的隐患。如果核心元器件严重依赖外国，供应链的‘命门’掌握在别人手里，那就好比在别人的墙基上砌房子，再大再漂亮也可能经不起风雨，甚至会不堪一击。最关键最核心的技术要立足自主创新、自立自强。市场

① 王磊. 用“大数据”算出的“纸牌屋”[N]. 文汇报，2013-05-17.

换不来核心技术,有钱也买不来核心技术,必须靠自己研发、自己发展。”[①]

3. 形成科技领域开放创新的新格局

(1)推进部分科技计划对外开放。根据科技发展水平和需要有选择地开放科技计划,是发达的科技大国的通行做法。以美国为例,除涉及军事和敏感技术的计划外,其科技计划大部分对外开放,可以开展国际合作,邀请外国专家到其实验室工作。欧盟先后制定了多项跨国的高技术研究与发展计划,这些计划的实施以欧洲国家为主,但也通过采取招标或签订双边协议的方式向其他国家开放。

(2)创新国际科技合作机制。要以更加开放的思维和举措推进国际科技交流合作,分类制定国别战略,丰富新型大国关系的科技内涵,推进与科技发达国家建立创新战略伙伴关系,与周边国家打造互利合作的创新共同体,拓展对发展中国家科技伙伴计划框架。

(3)充分利用并整合全球科技资源来促进本国发展。以开放基础研究和重大全球化问题研究为主,开放应用研究为辅,允许拥有外国国籍的科学家、非本国独立法人或外资研究机构及企业参与本国的主体科技计划项目工作。

(4)推进国内产学研相互开放融合。围绕国家重大科技计划,推动产学研协同创新,实现产学研基础设施互联互通、信息共享、资源共享。打通军民融合的科技成果转化通道,加快国内高科技成果在应用领域的转化进程。

4. 建设区域性创新高地

(1)注重区域开放创新中心建设。以美国的硅谷为例,区域创新中心对一个国家的开放创新影响巨大。2017 年,硅谷(包括旧金山)的专利申

---

① 习近平. 在网络安全和信息化工作座谈会上的讲话(2016 年 4 月 19 日)[M]. 北京:人民出版社,2016.

请数占了全加州的53.7%，全美的14.9%。科技创新的兴盛吸引了各类资本，2018年，硅谷初创企业获得的风险投资额占全加州的79%，占全美的45%。这也是硅谷能够涌现出苹果、惠普、谷歌、英特尔、思科、甲骨文等著名企业的原因。

(2)国内多个区域有望建成国际科技创新中心。2017年3月毕马威公布的调查报告显示，上海被认为是排名第一的科技创新中心。[①] 2019年，深圳全市专利申请量、授权量、授权量增速、有效发明专利5年以上维持率、PCT国际专利申请量等五项核心指标位居全国第一；截至2019年底，深圳累计有效发明专利量达138534件，每万人口发明专利拥有量达106.3件，为全国平均水平的8倍。[②] 未来几年，我国的北京、上海、粤港澳大湾区等地在创新上与美国硅谷的差距将逐步缩小，并有望成为国际科技创新中心。

(3)布局建设全球一流的区域性创新高地。近年来，部分发达地区在打造区域创新高地上进行了前瞻性的布局。例如，上海张江打造世界级科技创新中心，粤港澳打造世界级科技湾区，中关村打造具有全球影响力的科技创新中心、杭州国家自主创新示范区打造全球有影响力的“互联网+”科技创新中心。加大对这些创新中心的支持力度，这些地区有望率先达到或接近美国硅谷的水平。

二、主动扩大优质产品与服务进口

我国城乡居民对美好生活的向往，将对来自世界各地更加多样化高品质的产品、技术、服务产生更多需求。未来几年，把培育建设国际消费中心城市作为重要抓手，持续有效降低产品和服务进口的关税及非关税壁垒，实现我国与世界经济的互利共赢。

---

① 毕马威：上海将成为仅次于硅谷的全球科技创新中心[EB/OL].新浪科技，2017-03-06.

② 李晨.2019年深圳市多项专利指标居全国第一[EB/OL].中国科学报网站，2020-04-25.

1. 以主动扩大进口扩大提升供给有效性

(1)适应消费升级趋势的迫切需求。从历史经验来看,消费升级与扩大进口关系紧密。消费升级包括规模的扩大与结构的变化,与国民生活质量息息相关。习近平总书记在首届中国国际进口博览会开幕式上的主旨演讲中提出:"预计未来15年,我国进口商品和服务将分别超过30万亿美元和10万亿美元。"①当前,在消费结构快速升级趋势下,需要扩大服务进口,在缓解"有需求、缺供给"突出矛盾的同时,倒逼国内服务业企业转型升级。

(2)优质商品进口仍有较大空间。2000—2018年,我国消费品进口额由210亿美元增长至2807亿美元,年均增长15.5%;占进口商品的比重由9.4%上升至13%(见图2.5)。从横向对比来看,我国消费品进口占比不仅远低于美国(36.80%)、英国(40.39%)等国家,与世界平均水平(30.92%)也有较大差距,这意味着我国有巨大提升空间和增长潜力。

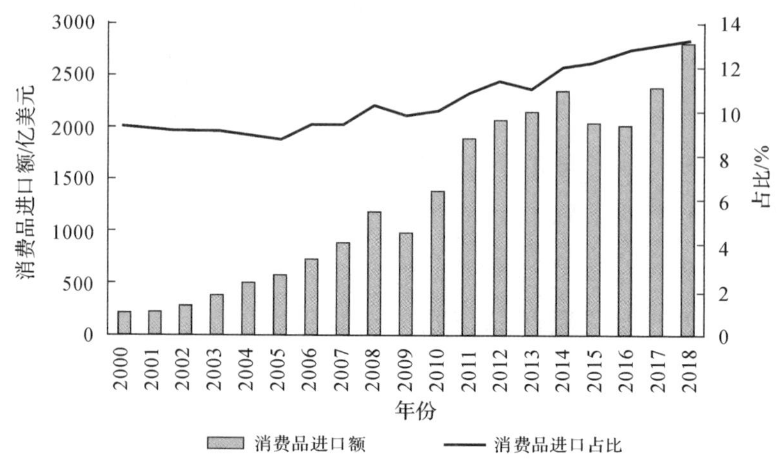

图2.5　2000—2018年中国消费品进口额及占比

数据来源:The World Integrated Trade Solution (WITS)网站,https://wits.worldbank.org/Default.aspx?lang=en.

① 习近平.共建创新包容的开放型世界经济——在首届中国国际进口博览会开幕式上的主旨演讲[N].人民日报,2018-11-06.

(3)优质服务进口仍有较大空间。服务进口是我国外贸最具提升空间的领域,是促进国内国际双循环最具发展潜力的领域。“十四五”时期,扩大服务贸易进口,既有利于满足国内消费需求,又有利于我国改善同发达国家之间的经贸关系。预计未来 5 年,我国服务进口增速将高于全球平均水平,服务进口规模累计有望达到 2.5 万亿美元,占全球比重将超过 10%;其中,旅行进口有望突破 1 万亿美元;知识产权使用费、电信计算机和信息服务、金融服务、保险服务、其他商业服务等数字服务进口累计将超过 1.3 万亿美元。①

2.拓宽优质产品与服务进口渠道

(1)扩大面向“一带一路”沿线国家和地区的进口。“一带一路”沿线国家和地区是我国进口增长的重要来源。2019 年,我国从“一带一路”沿线国家和地区的进口总额增长至 9173.9 亿美元,是 2013 年的 1.35 倍,占中国当年进口总额的比重约为 44.18%。② 以农产品为例,根据农业农村部的统计,2019 年,除新加坡、文莱、巴林、马尔代夫、巴勒斯坦以及波黑等 6 个国家以外,其余 57 个“一带一路”沿线国家和地区农产品进口额 2372.22 亿元(折合 343.87 亿美元)③,约占农产品进口总额(1509.7 亿美元)的 22.78%④。“十四五”时期,应适应国内消费需求升级,充分发挥进口博览会作用,扩大面向“一带一路”沿线国家和地区的品质生活消费品进口,形成进口贸易增长点。

(2)扩大面向发达国家的进口。进入 21 世纪以来,我国面向发达国家的高技术产品进口快速增长。高技术产品进口规模从 2001 年的 736 亿美

① 商务部:未来五年中国服务进口规模累计有望达 2.5 万亿美元[EB/OL]. 中国新闻网,2020-11-06.

② 姚进. 7 年来中国与“一带一路”沿线国家货物贸易进出口总额增至 1.34 万亿美元[N]. 经济日报,2020-09-07.

③ 中国与“一带一路”沿线国家农产品贸易:与 57 个国家的贸易总额超 4200 亿,印度增幅最大[EB/OL]. 亚布力中国企业家论坛,2020-04-25.

④ 农业农村部农业贸易促进中心. 2019 年我国农产品进出口情况[N]. 农民日报,2020-02-27.

元增长到2019年的6370.92亿美元。[①] 但从进口结构上看,我国高技术产品进口一直以中间品和资本品为主,两者之和占高技术产品进口规模的95%以上,高技术消费品进口所占份额不足5%。[②] "十四五"时期,要大幅度降低高技术消费品进口关税,切实降低国内企业的进口成本;同时,大幅度降低对欧美发达国家高科技外资企业投资限制,形成以投资促进进口的新局面。

(3)更加注重跨境电商发展。近年来,我国跨境电商交易规模迅速扩大。2000—2018年,我国跨境电商交易规模从500亿元上升到了9万亿元,占总贸易额的比重从1.27%上升至29.5%。[③] 但由于我国物流成本占跨境电商总交易成本的比例过高,同时跨境物流运输时间过长,制约了国内消费者的跨境购买体验。2018年,我国的跨境电商交易中,出口占比78.9%,进口占比21.1%。2019年,我国进口跨境电商市场交易规模为2.74万亿元,同比增长30%。[④] "十四五"时期,要把促进进口作为发展跨境电商的重要任务,要加大跨境电商信息化基础设施建设,为跨境进口电商的发展提供良好的软硬件设施,切实降低跨境电商物流成本和交易成本,使跨境电商能够有效满足国内消费者需求。

3. 完善扩大进口的政策促进体系

(1)进一步降低高端消费品关税水平。加入WTO以来,我国积极履行承诺,实现了关税水平的大幅下降。2019年,我国平均关税由加入世贸组织时的15.3%降为7.6%,加权平均税率为4.4%,不仅低于其他发展中国家,而且接近发达国家。[⑤] 例如,美国贸易加权的实际进口关税是

① 2019年12月中国高新技术产品进口金额同比增长16.7%[EB/OL]. 中商情报网, 2020-01-15.

② 张胜.《2019中国进口发展报告》发布,七大亮点为世界经济注入中国动力[N]. 光明日报, 2019-11-12.

③ 胡晓炼. 支持扩大进口贸易是使命所在[N]. 人民日报, 2020-11-06.

④ 胡晓炼. 支持扩大进口贸易是使命所在[N]. 人民日报, 2020-11-06.

⑤ WTO数据库, https://data.wto.org/。

2.4%,欧盟是3%,澳大利亚是4%。[①] 但总的来看,消费品进口零关税商品覆盖面仍然较小的问题突出。为适应我国签订高水平自贸协定及扩大进口的现实需求,应进一步扩大对最惠国及欧日等优质消费品进口零关税覆盖范围。

(2)推进服务进口海关监管便利化进程。与商品进口不同,服务进口涉及面更广、对经济的冲击更大,需要根据不同服务形成相应的海关监管模式。从现实情况看,我国对服务进口的监管主要集中在市场准入环节,在跨境服务及人员自由流动等方面仍然滞后。为此建议:一是加快向全国推广跨境服务贸易负面清单,逐步缩减负面清单数量。二是简化服务进口项下的货物通关手续,如对会展、拍卖、快递等服务业企业所需通关的国际照片、艺术品等特殊品简化通关监管或免除监管。三是在医疗、健康、体育等重点领域实现服务贸易项下货物免检测政策,将监管措施后移至市场监管领域。

(3)推进商品和服务进口交易全环节便利化进程。例如:对国内紧缺的健康、养老等服务进口实行退税政策;加强金融基础设施建设,逐步放开服务进口项下的人民币自由兑换,鼓励境内银行机构和支付机构扩大跨境支付服务范围;加强同欧盟、日本、韩国等发达国家和地区专业技术人员的资格互认,允许签订互认协议的国家或地区在我国境内经备案后开展相关技术执业;加快同发达国家签订标准互认协定,除涉及意识形态的服务外,签订协定的境外服务企业经备案后直接在国内开展相关业务。进一步简化旅游、商务、留学、就医、工作等签证申请程序,缩短签证审发时间。探索发放电子签证,增加有效期年限和多次入境签证的发放,延长签证的停留期。

(4)建立与扩大进口相适应的贸易调整救援机制。我国已连续多年成为全球最大的贸易限制措施对象国,在单边主义与贸易保护主义势头增强

---

① 任泽平,贺晨,甘源.中国对外开放的进展评估与变革展望——中美贸易战系列研究[R].2018-05-29.

背景下,这一趋势在短期内仍难以改变。一方面,随着我国服务业市场加速对外开放及积极主动扩大进口等政策的实施,国内受影响的产业、企业与个人将会明显增多。因此,需要加快建立适应我国开放的贸易调整救援机制。从现实情况看,我国贸易调整救援机制仍处于探索阶段。借鉴美国、韩国、欧盟等经验,加快在试验基础上形成我国贸易调整救援机制,以应对贸易保护及贸易自由化便利化的冲击。为此建议:一是尽快在国家层面形成贸易调整救援制度,明确援助对象和标准。二是在全国自贸试验区内全面推广贸易救援制度,并尽快使其上升为全国政策。三是确定差异化援助方式,并确保支持方式与内容符合 WTO 的例外条款。

三、促进引进外资和对外投资协调发展

利用外资和对外投资都是对外开放的重要内容,是沟通和连接国内外两个市场的重要桥梁。当前,适应外部形势变化与我国新发展阶段的现实需求,更好统筹“引进来”和“走出去”,在更高层次、更多领域更好地利用两种资源和两个市场。

1. 客观把握利用外资与对外投资面临新形势新挑战

(1)全球资本有效供给明显不足。《世界投资报告 2020》显示,作为对外投资的主体,发达国家对外投资额虽然略有上升,但仍不能满足世界经济增长需要。此外,疫情全球大流行进一步加剧全球资本有效供给不足的现状。联合国贸易和发展会议预测,2020 年全球外国直接投资流量在 2019 年 1.54 万亿美元的基础上下降近 40%,达到近 20 年来的最低水平,2021 年可能会再降 5%—10%,直至 2022 年才有可能呈恢复性增长。①

---

① 中国信息通信研究院. 全球数字经济新图景(2020 年)——大变局下的可持续发展新动能[R]. 2020.

(2)各国吸引外资的竞争日趋激烈。为了尽快将经济推入复苏轨道，世界各国围绕吸引外资展开了激烈竞争。例如，美国联邦政府推出大规模减税方案，美国各州也纷纷在融资、公用设施使用、培训、商业技术资源提供、税收减免等方面出台一系列优惠政策。英国、德国、法国等欧洲国家也纷纷实施“再工业化”和“重振制造业”等战略，吸引中高端制造业的回流，进一步增大了引资难度。以东南亚为重点的发展中国家，依托自身要素成本优势，纷纷制定出台特殊政策，并进一步优化引资环境，从而实现外资结构的升级，成为我国吸引外资的重要竞争者。

2. 以实行高水平投资自由化便利化政策为重点有效利用外资

(1)实行高水平投资自由化便利化政策。过去很长一段时间，我国吸引外资主要靠优惠政策，现在更多要靠改善投资环境。这不仅依赖于高水平投资自由化便利化政策的实施，而且也需要实施更宽领域的市场开放；不仅要推进制造业领域的开放，而且也要高度重视提升服务业和农业领域的市场开放度，使三次产业都能够形成国际竞争力。现时，要实施更深层次的市场开放，重点是推进规则等制度型开放，与国际通行的经贸规则对接，形成制度性、结构性安排，反映权利与责任的对等性、国际规则的透明性、全球治理的公平性。

(2)在制度型开放中优化营商环境。法治化、国际化、便利化的营商环境是高水平开放型经济新体制的重要特征，也是高水平社会主义市场经济体制的重要标志；是吸引全球高质量要素的重大举措，也是激发市场活力、稳定各方预期的重大任务。“十四五”时期，要把打造国际一流营商环境摆在突出位置，按照竞争中性原则的要求，大幅缩减边境内壁垒与制度性交易成本，切实加强知识产权保护和企业财产权保护，对在我国境内注册的各类企业一视同仁、平等对待。

(3)加快服务业市场高水平开放进程。总的来看，服务业既是我国引进外资增速最快的领域，也是最具潜力的领域。2005—2020 年，我国服务业实际使用外资规模由149.1亿美元增长到1121.45亿美元,年均增速达到14.4%。[①] 从发展趋势看,随着我国服务业主导的产业结构形成,我国将释放巨大的外资引进空间。

3.推动企业更高质量"走出去"

(1)在统筹产能合作与服务贸易中促进企业更好地"走出去"。引导有实力、有条件的工程设计咨询机构开展国际化经营,积极参与境外项目的勘察、规划、设计、咨询、造价、监理、项目管理等,加快与国际接轨步伐,不断提升国际竞争力,推动对外承包工程发展向产业链高端延伸。发挥工程设计、全过程工程咨询"走出去"对我国技术和标准以及建设施工"走出去"的引领带动作用,增添对外承包工程发展新动力。

(2)支持具备条件的生活性服务业企业"走出去"。引导支持一批有实力的生活性服务业企业"走出去",鼓励中华老字号服务业企业利用品牌效应,带动中医药、中餐等产业开拓国际市场。积极支持有条件的"走出去",扩大文化产品和服务出口。鼓励有条件的文化企业,通过独资、合资、并购等多种方式在国外兴办经营实体;围绕创意设计、影视制作、数字动漫、网络游戏等重点产业领域,培育一批拥有自主知识产权的文化创意产品和服务项目,参与国际文化市场竞争,扩大出口贸易;促进文化出口企业建立健全生产经营体制和分配制度,提高企业国际竞争力。

(3)扩大以金融为重点的生产性服务业双向开放。依托我国巨大内需市场的突出优势,参照发达国家和国际上高水平自贸区的服务开放模式和标准,以"负面清单"管理模式推进服务业开放;通过放宽准入门槛和经营范围限制、拓展开放领域等,吸引境外服务业投资者进入国内市场,有效促进服务业竞争、提升服务水平。同时,鼓励支持具备条件的金融机构到境外开展业务。

---

① 2020年我国利用外资增长6.2%规模创历史新高[EB/OL].商务部网站,2021-01-20.

(4)增强境外投资环境、投资项目评估等方面的服务功能。鼓励设立境外投资贸易服务机构，做好境外投资需求的规模、领域和国别研究，提供对外投资准确信息，为境外投资企业提供法律、会计、税务、信息、金融、管理等专业化服务。

四、以国内大循环吸引全球资源要素集聚

提升全球资源的吸引、集聚、配置、运用能力，是以高水平开放构建双循环新发展格局的重中之重。在经济全球化新形势下，吸引优质生产要素的难度更大。为此，要充分发挥我国超大规模的市场优势，调动各方面的积极性和创造性，集聚全球优质生产要素。

1. 世界经济格局中的中国角色逐步变化

(1)我国外贸依存度呈现下降趋势。2006 年，我国外贸依存度达到峰值(64.2%)，2008 年的国际金融危机后，下降到 2020 年的 31.6%(见图 2.6)。过去出口导向的发展模式，已经转变为内需导向的发展模式。

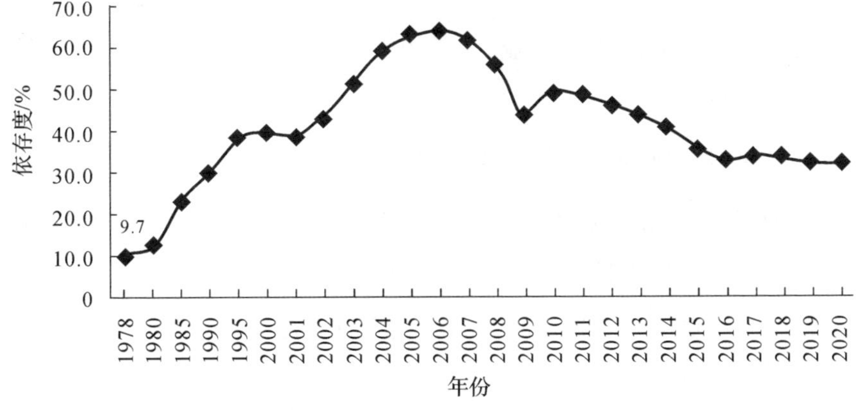

图 2.6　1978—2020 年我国对外贸易依存度

数据来源：国家统计局数据库。

(2)我国已经成为全球第二大进口国。2019 年,美国进口总额为 2.5 万亿美元,我国进口总额为 2.0 万亿美元。根据 2018 年数据,我国对 202 件商品的进口量排名全球第一。我国的十大进口商品为电子集成电路、原油、铁矿石、石油气和其他气态烃、大豆、铜矿石、半导体制造机器、光学器材、飞机、未锻轧的精炼铜及铜合金;其中铁矿石和大豆的进口占全球进口总量超过 50%。①

(3)全球对我国经济的依赖性逐步增强。麦肯锡"MGI 中国—世界经济依存度指数"显示,世界对中国经济依存度相对上升,依存指数从 2000 年的 0.4 增至 2017 年的 1.2,而中国对世界经济的依存度则相对下降,依存度指数在 2007 年达到最大值 0.9,到 2017 年下滑至 0.6。②

2. 国内大循环为全球化的企业提供巨大机会

以苹果公司为例,2019 年的销售总收入为 5190 亿美元,中国地区以 2460 亿美元占比 47.4%,在所有市场中位列第一,美国、欧洲和日本分别以 1380 亿美元、510 亿美元、370 亿美元依次排列。③ 我国拥有全球规模最大的移动互联网用户群体,为大数据、人工智能、云计算、移动互联网、物联网、区块链等数字技术提供了巨大应用市场。例如,机器人、新能源汽车、移动支付以及一些高科技产业,尽管其核心技术不在我国,但最大的应用市场仍在我国。

3. 更大力度吸引全球优质生产要素

(1)吸引更多优质资本进入服务业领域。从国际经验看,先进的信息基础设施是提升生产性服务业国际竞争力的一个重要条件。生产性服务业已成为国际直接投资的重点领域。近年来,我国的生产性服务业越来越

① 张茉楠."双循环"是高质量高水平的开放大战略[N]. 华夏时报,2020-11-07.

② 麦肯锡:中国对世界经济依存度相对下降,世界对中国依存度相对上升[EB/OL]. 界面新闻,2019-07-03.

③ 苹果首次披露 AppStore 商业生态:2019 年全球创收 5190 亿美元,中国地区占比最高[EB/OL]. 界面新闻,2020-06-16.

成为发达国家的投资重点。据商务部统计，2019年，我国高技术产业新设外商投资企业数量为10311家，实际使用外资390.6亿美元，占比达到27.7%。其中，高技术服务业实际使用外资256.9亿美元，占实际使用外资总额的比重为18.2%，高于高技术制造业8.7个百分点（见表2.13）。[①]为此，建议以生产性服务业为重点积极引导外商直接投资转向高端生产性服务业领域；积极发挥外商直接投资对我国生产性服务业的带动作用，推动传统服务业的转型升级。

（2）形成“聚天下英才而用之”新格局。从美国的经验看，硅谷之所以能成为全球科技创新的发动机，一个重要原因就在于美国对高科技人才实行移民优惠政策，吸引全球高科技人才到美国工作。2018年，我国组建国家移民管理局，为下一步开展移民工作奠定了重要基础。为此，建议在国内自由贸易试验区率先探索技术移民试点，为吸引海外高技术人才探路。

（3）吸引更多创新要素提升制造业竞争力。围绕工业转型升级的目标，坚持引资、引技、引智相结合，支持跨国公司在华设立研发中心、增加研发投入，积极引进高科技人才在华创办企业或从事科研工作，发挥“外脑”在促进“中国制造”向“中国创造”转变中的作用。大力推动传统产业转型升级，促进加工贸易从组装加工向研发、设计、核心零部件制造等环节延伸，着力提高我国制造业的附加值。在推动东部沿海地区在更高层次上参与国际竞争的同时，重视建立国内地区间产业转移统筹协调机制，引导和鼓励东部沿海地区产业向中西部有序转移。合理引导外资投向，提高中西部地区利用外资的水平和能力，使开放发展成果更多惠及中西部地区。

① 商务部.中国外资统计公报2020[R].2020.

表 2.13　2019 年外商直接投资高技术产业情况

行业	企业数		实际使用外资金额	
	数量/家	比重/%	金额/亿美元	比重/%
总计	40910	100	1412.3	100
其中:高技术产业	10311	25.2	390.6	27.7
高技术制造业	1266	3.1	133.7	9.5
高技术服务业	9045	22.1	256.9	18.2

数据来源:商务部.中国外资统计公报 2020[R].2020.

五、以国内市场支撑并带动双循环

实现国内国际双循环相互促进,必须确保我国产业链与供应链稳定,这就需要适应产业链与供应链调整的新形势,以产业项下的自由贸易等方式加快构建更安全、更可持续、更具弹性的产业链与供应链,并推动产业链与供应链在全球价值链中不断向上攀升。

1.推进制造业项下的自由贸易进程

(1)以制造业项下的自由贸易与投资便利化逐步形成区域产业链与供应链。总的来看,我国制造业在全球价值链上仍处于中低端。要实现价值链升级,现实的路径是推进与德国、日本等国家制造业项下的自由贸易与投资便利化,引导制造业向周边和沿线发展中国家转移,打造由我国主导的区域产业链与供应链,实现价值链的整体升级。

(2)通过共建合作区模式加快推进制造业项下的自由贸易。利用我国在高端装备制造领域的优势,积极参与境外产业集聚区、经贸合作区、工业园区、工业港区、经济特区等合作园区建设,在合作区内实行自由贸易政策和相关制度安排,实现制造业项下的人员、技术装备设备等领域自由化便利化,实现制造业的全球布局和资源配置的全球化,并带动其他国家产业升级和工业化进程。

(3)适应数字经济引领产业变革大趋势，开展智能制造产业项下的深度合作。推动以研发为重点开展国家层面的战略合作，借鉴中德合作经验，推动中日在国家层面签署战略合作协议，在智能制造领域合作开展相关课题研究和战略研究。率先在东北、山东等地建立自贸区性质的中日韩智能制造合作示范园区，在研发、人员培训、标准化合作等领域实现突破。建立中日韩智能制造企业合作网络，在大数据、云计算、机器人等新领域加强合作，以新经济领域合作引领东亚经济发展。

2. 推进服务业项下自由贸易进程

(1)开展重点领域的服务贸易。适应我国城乡居民对高水平服务型消费需求全面快速增长的趋势，与“一带一路”沿线国家和地区开展以教育、健康、医疗、旅游、文化、金融、免税购物、会展为重点的服务业项下的自由贸易试点。

(2)建立与国际接轨的服务业管理标准体系。服务业行业管理标准差异成为市场开放后制约服务贸易发展的最大障碍。建议在全面引进欧美日医疗药品管理标准基础上，对标发达国家在旅游、教育、金融及商务服务业行业管理标准，逐步形成与国际接轨的服务业管理标准体系。

(3)推进服务贸易项下货物进出口自由化便利化水平。进一步简化对医疗健康、文化娱乐、旅游、教育、科技研发等服务业发展所需原材料、基础设施配套的用品设备的进口通关手续，并进一步降低进口环节增值税；在海关特殊监管区域内，对旅游、健康、文化娱乐、研发设计等服务贸易项下的自用商品与相关设备采取豁免查验政策。

(4)全面实行服务贸易项下人员自由流动政策。在严控风险的前提下，同发达国家签订人才互认清单制度，进一步降低专业服务贸易人才执业壁垒。适时逐步放宽免签政策；降低“绿卡”申请门槛，修订并细化工作签证分类管理；建立高效灵活的用人机制，全面打破体制内外人才流动壁垒,以专业性、开放型为重点重构人才管理体制。

3.推进数字产业项下的自由贸易进程

抓住我国跨境电子商务大发展的机遇,积极开展电子商务领域的贸易投资自由化便利化规则制度设计。同时,对有条件的“一带一路”沿线国家和地区,实施数字旅游、数字医疗、数字健康、数字教育、数字基础设施等项下的自由贸易政策;对相关的数据流动、数据处理以及相关的设备、基础设施等实施更加便利的贸易政策。

近期尤其要打好跨境电子商务综合试验区这张牌。“十四五”期间,要在跨境电子商务交易、支付、物流、通关、退税、结汇等环节的技术标准、业务流程、监管模式和信息化建设等方面先行先试,逐步形成一套适应和引领全球跨境电子商务发展的管理制度和规则。

第三章　以推动自由贸易进程为战略目标

自由贸易是全球经济持续增长的重要动力。面对经济全球化的新变局，以促进自由贸易进程为战略目标实行高水平开放，构建高水平双边、多边自贸区网络，不仅将提升我国参与全球经济治理的影响力和制度性话语权，也将为我国经济转型升级与结构性改革营造有利的外部环境。

多边贸易体制和区域贸易安排是推动经济全球化的两个轮子。在单边主义、贸易保护主义势头增强，并对全球多边贸易体系形成重大冲击的特定背景下，要把握发展大势，尽快实现双边、多边自由贸易进程的重要突破。这是我国维护全球自由贸易大局的重大使命，是实现由贸易大国向贸易强国转变的重大任务。

第一节 高举多边主义旗帜

习近平主席在2021年初召开的世界经济论坛"达沃斯议程"对话会上的特别致辞中强调，"世界上的问题错综复杂，解决问题的出路是维护和践行多边主义，推动构建人类命运共同体"。高举多边主义旗帜，不仅对14亿人口的大国创造良好外部发展环境极为重要，而且对改革和完善全球治理体系有重要影响。与某些国家在多边主义和孤立主义间摇摆不同，我国坚持多边主义，坚持全球化的方向不动摇，彰显了我国作为新型开放大国的全球责任。

一、维护经济全球化大局

从经济发展史看,经济全球化虽然不是十全十美,但客观上推动了全球生产体系的形成和发展,带来了全球经济繁荣和民众生活的普遍改善,是不可逆转的历史大势。

1. 经济全球化促进国际分工和资源优化配置

二战以来,经济全球化的快速发展推动资本、技术、人员和信息等生产要素在世界范围内加速流动,推动国际分工不断深化。第一,各国具有比较优势的产业得到长足发展,形成了有效的国际分工体系。第二,在跨国公司的主导下,实现了产业链的国际化、专业化,资源要素流向成本更低、回报更高的国家,实现了全球资源的优化配置。第三,借助经济全球化,新一轮科技革命和产业变革在全球范围内兴起,数字经济、人工智能等快速发展,新产业、新业态、新动能不断涌现,有力推动了世界经济繁荣发展。第四,借助经济全球化释放的生产力,全球减贫事业取得重要进展。

2. 经济全球化是世界经济增长的重要动力

(1)经济全球化推动世界经济持续增长。1990—2010 年,经济全球化蓬勃发展,在此期间世界经济的年均增速达 5.51%。[①] 而受贸易保护主义抬头的影响,近几年世界经济增速明显放缓,2016—2018 年分别为 2.57%、3.16%、3.03%[②];2019 年,全球经济增速降至 2.52%[③],为近 10 年来的最低水平。

(2)经济全球化提高世界全要素生产率。生产的专业化程度越高,全

① 任理轩. 逆全球化违背时代潮流[N]. 人民日报,2018-10-17.

② 世界银行数据库,https://data.worldbank.org/。

③ 根据 UNCTAD 数据计算得出,https://unctadstat.unctad.org/EN/。

要素生产率则越高，这是经济增长的客观规律。世界银行《全球价值链发展报告2017》估算，价值链贸易占全球服务贸易的70%、货物贸易的三分之二。在经济全球化的驱动下，伴随着全球产业链、供应链、价值链的形成，专业化分工更细、更有效率，从而推动世界全要素生产率不断提高。有研究表明，1999—2007年，全球全要素生产率年均增长0.9%；而2008年国际金融危机以来逆全球化的冲击，使全球全要素生产率出现负增长。2008—2016年，全球全要素生产率年均增长为−0.4%。①

(3)经济全球化促进创新成果向全球传播。以蒸汽机为标志的第一次工业革命，以电气时代为标志的第二次工业革命，以信息技术革命为核心的第三次工业革命，以人工智能为核心的第四次工业革命，其创新成果都通过经济全球化向全球传播，从而形成全球经济增长的重要驱动力。

3.疫情难改经济全球化大势

疫情虽然会改变经济全球化范式，但难改经济全球化大势。一方面，疫情全球蔓延导致的全球经济衰退使得全球宏观政策协调的需求显著增强。2020年3月26日，G20领导人应对新冠肺炎疫情特别峰会召开，并充分强调国际政策协调的重要性。另一方面，疫情冲击下世界各国普遍期望获得更多发展资源和空间，致力于开辟更大的外部市场实现本国经济尽快复苏，RCEP等超大规模的自由贸易协定正式签署。此外，随着全球化的深入发展，贸易与投资相互交织，生产要素大规模跨境流动，形成了环环相扣、不可分割的全球供应链、产业链。尽管疫情冲击下全球产业链、供应链深度调整，但国际经济联通和交往是世界经济发展的客观要求，在发展是各国首要选项的背景下，开放合作仍是世界经济的主流。

---

① 陈长缨.全要素生产率减速或拖累全球经济复苏步伐[N].上海证券报，2019-03-19.

4. 推动开放、包容、普惠、平衡、共赢的经济全球化

(1)创造市场而非分割市场。推进开放、包容的自由贸易战略,目的不在进一步分割既有市场,而是通过推进非排他的自由贸易和市场一体化进程,推进我国14亿人口的大市场与世界市场深度融合,创造新的市场和新的需求,引导资源在更大范围内优化配置,进一步做大全球市场蛋糕。

(2)双向开放而非对等开放。为了保护本国产业,一些国家提出以"公平贸易"原则取代自由贸易原则,即主张一旦双边贸易失衡,盈余方应节制出口,赤字方可采取保护主义措施直至恢复贸易平衡。发达国家同新兴经济体、发展中国家不在同一起跑线上,后者应对外部冲击和抗风险的能力比前者弱,对等开放意味着更多的风险及不确定性。在市场双向开放的前提下,需要给发展水平低于本国的国家和地区更多自主开放的时间和空间。

(3)构建包容性产业链、供应价值链而非排他性产业链、供应链。推进开放、包容、共享的自由贸易战略,目的在于推动包容性增长和包容性全球化。通过带动和支持广大新兴经济体和发展中国家的更多人口进入全球产业链、供应链,使发展中国家和最不发达国家能平等参与和分享经济全球化的红利,在这一过程中促进全球价值链调整升级,并不断提升本国产业的地位和作用。

二、维护全球自由贸易体系

自由贸易是世界经济增长与经济全球化的重要动力。当今世界的发达国家和发展中国家的经济发展,无一例外得益于自由贸易。维护经济全球化,在于坚定推进全球自由贸易进程。

1. 新科技革命推动全球自由贸易发展

(1)全球自由贸易发展很大程度源于科技革命。科技革命使人类的活动能力不断增强，要求跨越国界形成国际分工体系，在全球范围内配置资源，由此推动了全球自由贸易进程。2009—2018 年，全球数据跨境流动对全球经济增长贡献度高达 10.1%。预计到 2025 年，数据跨境流动对全球经济增长的价值贡献有望突破 11 万亿美元。数据跨境流动支撑了商品、服务、资本、物流等其他几乎所有类型的全球化活动，成为推动经济全球化的重要力量。

(2)信息科技的发展有效降低了全球贸易的交易成本。由于信息化降低了贸易的交易成本，半个世纪以来，全球自由贸易快速发展，1960—2017 年全球商品与服务进口占 GDP 的比重由 12.3%提升至 28.5%。①

(3)数字革命将进一步推动全球自由贸易进程。进入 5G 时代，全球贸易的成本将大大降低。数字革命的新突破将纵深推动人类社会的联系和互动，由此推动打破自由贸易进程中某些人为的限制和壁垒，让更多国家享受到科技革命和国际分工的好处。同时，数字革命创新自由贸易方式。2019 年，全球跨境电商 B2C 市场规模从 2014 年的 2360 亿美元上升到 8260 亿美元，年均增速高达 27%。②

2. 经济全球化和新科技革命打造“地球村”

经济全球化与新科技革命，使世界各国的利益和命运紧密联系在一起，越来越成为一个地球村，没有人能只享其利而不担其责。尽管经济全球化面临诸多严峻挑战，但仍然是全球发展的重要驱动力：它推动国际分工体系兴起，推动人类生产生活突破地域和国别等界限。当前，经济全球化的重要特征是形成了各国共同参与的供应链、产业链，为推动世界经济

① 根据 UNCTAD 数据计算得出，https://unctadstat.unctad.org/EN/。

② 中国信息通信研究院. 全球数字经济新图景(2020 年)——大变局下的可持续发展新动能[R]. 2020.

繁荣和提升人类共同福祉做出不可否认的巨大贡献。例如,按现价美元计算,1960—2018年全球GDP总量从不足1.4万亿美元提升至85.8万亿美元,人均GDP从451.1美元提升至11296.8美元。[①] 人类社会越来越成为一个相互依存的共同体。任何一个国家在追求本国利益时,都应当兼顾其他国家的利益,在谋求本国发展中促进各国共同发展。人类社会应当有共同的目标追求,应当由此树立共同的利益观和可持续发展观。世界经济出了问题,各国都难以独善其身。从资源问题看,当今世界的资源输出国已经融入全球产业链,本国的资源问题成了世界问题。

3. 自由贸易推动产业链全球布局

自由贸易推动各国成为全球合作链条中的一环,由此形成货物贸易新的格局。目前,全球货物贸易总额中,70%是中间产品而不是制成品。随着自由贸易的发展,国际分工格局开始由产业间分布加快向产业内分布转化。全球产业链的产品及服务的价值创造活动分布在不同国家和地区,从而为这些国家和地区嵌入全球产业链、推动产业调整和增强自主创新能力提供了机遇。

在自由贸易的大趋势下,任何一个经济体,如果自我封闭,"不合群"甚至"退群",人为设置贸易壁垒,加大与国际市场的联系成本与难度,是违背经济规律的,不仅难以把握新科技革命的历史潮流,而且难以利用国际市场保持经济可持续发展。

4. 在推进自由贸易进程中解决利益失衡问题

尽管经济全球化和自由贸易体制存在这样那样的问题,特别是当前世界经济增长乏力,增长与分配、资本与劳动、效率与公平的矛盾凸显,但这些都不应当成为实施单边主义和贸易保护主义的理由与借口。在经济全球化、产业供应链国际化和价值链一体化的背景下,单边主义、贸易保护主

---

① 世界银行数据库,https://data.worldbank.org/。

义不仅不利于自身发展，更对全球经济复苏带来阻力。实践证明，贸易保护主义将使得世界经济“蛋糕”变小，由此使得解决利益问题的空间更小，回旋余地更小。创造利益再平衡的重要条件，要在推进以自由贸易为主线的经济全球化中做大世界经济“蛋糕”。共同维护全球自由贸易体制，加快形成自由、开放、公正的国际贸易环境，促进国际贸易增长和世界经济可持续性复苏，有利于在互利共赢中加快实现国内利益平衡。

三、维护以世界贸易组织为核心的多边贸易体制

以世界贸易组织为核心、以规则为基础的多边贸易体制是国际自由贸易的基石，是全球贸易健康有序发展的支柱。坚定维护以规则为基础的多边贸易体制，是我国实现经济高质量发展的现实需求，也是作为大国的全球责任。

1. 自由贸易进程中多边的重要性大于双边

（1）多边贸易体制的全局性意义凸显。从全球角度看，双边、多边自由贸易安排都是推动经济全球化的重要形式，但多边的重要性大于双边，双边贸易谈判要以维护多边贸易体系为基本前提。要旗帜鲜明地捍卫和发展基于规则的多边贸易体系，坚持多边主义和自由贸易。在这个前提下，才能找到处理好各类双边经贸合作问题的有效路径。

（2）防止以双边取代多边，从而阻碍全球自由贸易进程。坚定维护以世贸组织为核心的多边贸易体制在全球贸易自由化、便利化进程中的主渠道，把开放包容的区域自贸协定作为世贸组织多边自贸体系的有益补充，由此推进包容、共享的经济一体化进程。例如，通过双边、多边贸易投资协定对世贸组织谈判中难以突破的领域进行先行试验，对自由贸易进程中的新议题进行先行探索，为推进包容共享的经济一体化奠定基础。

（3）双边自由贸易谈判要着眼于维护多边自由贸易的基本原则、促进

多边自由贸易进程。例如,在考虑中日和中韩自贸区的同时,要加快推进中日韩自贸区建设进程,以推动形成东北亚经济一体化的新格局。同时,立足世界格局变化与世界多极化发展现状,支持灵活多样、差别待遇、标准适度的市场开放,使得发达国家、新兴经济体、发展中国家参与经济全球化和全球竞争,共同应对市场风险和各类冲击。

2. 维护以世界贸易组织为核心的多边贸易体制

(1)世贸组织是当今世界处理贸易问题最重要的国际组织。世贸组织的基本原则贯穿于世贸组织的各个协定和协议中,构成了多边贸易体制的基础。这些基本原则包括非歧视原则、透明度原则、自由贸易原则和公平竞争原则。其中,非歧视原则包括最惠国待遇原则和国民待遇原则。当前,世贸组织涵盖了全球逾98%的贸易额,调解着164个成员间争端,为协商更低的贸易壁垒提供国际平台。①

(2)尽快解决危及世贸组织的紧迫性问题。争端解决机制是世贸组织的核心支柱,在为多边贸易体制提供可靠性和可预测性方面发挥了关键作用。维护以规则为基础的多边贸易体制,需要把世贸组织争端解决机制的有效运行摆在突出位置,尽早启动上诉机构遴选程序并填补空缺。同时,还应加强对滥用国家安全例外的措施的纪律,对以国家安全为由加征进口关税等做法进行通报,并对措施开展多边审议,减少不符合世贸组织规则的单边措施的纪律,对单边主义做法加以有效的监督和约束等。

3. 推进世界贸易组织改革

(1)尽快取得世贸组织改革共识。世贸组织改革的方向应当是开放包容发展中国家,而不是简单地用统一尺度来衡量发达国家与发展中国家;世贸组织改革的高标准,关键是实现高标准的互利共赢,而不是排斥发展中国家;应在维护发展中成员享受特殊与差别待遇的权利的前提下,致力

① 中国关于世贸组织改革的建议文件[EB/OL]. 商务部网站,2019-05-14.

于改进相关条款的准确性、有效性和可操作性。

(3)发挥G20在完善多边贸易体制中的重要作用。由于G20成员在全球贸易中的份额占绝大多数，在G20范围内达成的共识，更容易成为全球共识。为此，发挥G20在世贸组织改革中的引领作用，对维护多边贸易体制具有重要意义。未来几年，G20应作为加强各国贸易协商的重要平台，更多关注全球贸易便利化和自由化，通过贸易协商更好地推动世贸组织改革。

四、推动构建人类命运共同体

尽管经济全球化在逆流涌动，但经济全球化仍然是经济持续增长的内在要求和推动力，也是加快构建人类命运共同体的重要载体。

1. 以邻为壑的政策加大全球经济危机的风险

全球经济高度融合，产业链和供应链已经具备了相互连接、多国交叉、多次跨境的特点。全球价值链使分散在不同国家的中间品生产更加依赖贸易政策与贸易体系。任何一个国家采取贸易保护主义与单边主义举措，不仅直接影响双边经贸，而且对相关产业链与供应链的国家或地区产生冲击。例如，韩国国际贸易研究院预测，因美国相继对中国产品提高关税，韩国出口每年约减少8.7亿美元以上。[①]

2. 疫情凸显共建人类命运共同体的现实意义

疫情持续蔓延且经济持续衰退，越来越多的国家认识到只有国际合作才能彻底控制住疫情和实现经济复苏，支持国际合作和全球化的力量可能会得到强化。此外，粮食安全、资源短缺、气候变化、环境污染、疾病流行、跨国犯罪等全球性挑战明显增多，需要加快构建人类命运共同体，以开放

① 张文晖. 中美贸易战，韩国很受伤[EB/OL]. 国是直通车，2019-06-04.

合作共赢应对共同挑战。习近平总书记在党的十九大报告中指出:“我们生活的世界充满希望,也充满挑战。我们不能因现实复杂而放弃梦想,不能因理想遥远而放弃追求。没有哪个国家能够独自应对人类面临的各种挑战,也没有哪个国家能够退回到自我封闭的孤岛。”①

3. 以共同发展推动普惠平衡

(1)收入不平等加剧已成为发达经济体的焦点问题。根据世界银行统计:美国收入最高 10%的群体,其收入占总收入的份额,从 1979 年的 25.3%提高到 2016 年的 30.6%;收入最低 10%的群体,其收入占总收入的份额,则从 1979 年的 2.3%降低到 2016 年的 1.7%。② 从 1971 年到 2015 年,美国中产阶层占比由 61%下降到了 50%。③ 只有发达国家积极解决自身面临的贫富分化等问题,才能从根本上消除本国民粹主义、单边主义和贸易保护主义产生的土壤。

(2)欠发达国家的可持续发展问题严峻。当前,欠发达国家的经济发展徘徊不前。联合国贸易和发展会议的报告显示,全球 47 个最不发达国家中绝大多数国家经济发展停滞不前,2017 年其平均增长率仅为 5%,低于全球可持续发展目标中关于促进持续、包容和可持续的经济增长子目标所预定的 7%增长目标。④ 此外,这些最不发达国家在获得能源方面远远落后于其他发展中国家,62%的人口仍过着没有电的生活。⑤

(3)在发展中解决收入不平等的问题。经济全球化和自由贸易并不必然导致收入不平等。关键在于,在经济全球化和自由贸易进程中要形成普惠平衡的规则和制度安排,使各个群体共享经济全球化的红利。当前,全

---

① 中国共产党第十九次全国代表大会文件汇编[M]. 北京:人民出版社,2017.

② 世界银行数据库,https://data.worldbank.org/。

③ 边卫红.中等收入阶层“空洞化”,美国梦何去何从[J]. 新华金融评论,2018(2).

④ 朱旌.最不发达国家经济发展不平等加剧[N]. 经济日报,2018-02-08.

⑤ 联合国报告:最不发达国家能源转型对实现可持续发展目标至关重要[EB/OL]. 人民网,2017-11-23.

球基尼系数已经达到0.7左右，超过了0.6这一公认的“危险线”。[①] 全球范围内民粹主义兴起、单边主义与贸易保护主义抬头，重要原因之一在于贫富差距扩大以及经济全球化普惠性不足。无论是发达国家还是发展中国家，都需要在发展中解决贫富差距扩大等问题。

4.以推进自由贸易进程实现合作共赢

(1)以更大开放推动全球贸易投资自由化和便利化。目前，我国已经成为全球第一大货物贸易国，第二大服务贸易国，也是世界多数国家的主要贸易和投资伙伴。我国不仅是经济全球化的受益者，也是全球贸易投资自由化的坚定推动者。在全球化逆潮涌动的背景下，作为一个负责任的大国，我国倡导开放、包容、普惠、平衡、共赢的自由贸易战略，着力形成双边、多边、区域性、全球性自由贸易的制度安排，推动全球贸易投资自由化、便利化，将为全球自由贸易发展做出重要贡献。

(2)以更大开放为全球经济增长注入动力。目前，我国已经成为仅次于美国的全球第二大消费市场，对全球经济增长做出了重大贡献。我国推动形成全面开放新格局，重在为全球提供有效供给，催生新的需求，实现世界经济再平衡。未来5—10年，如果我国通过服务业市场开放，推动自身从生产大国走向消费大国，将改变“生产—消费—能源”的传统世界格局，为全球提供巨大的市场，成为促进全球经济再平衡的重要动力。

(3)以更大开放促进经济平衡增长。从短期看，国际竞争有可能引起结构性失业，但贸易保护阻碍了产业结构调整，更不利于中长期的就业增长和就业结构调整。我国通过更大开放，积极引领推动全球自由贸易，将为全球市场贡献更大增长动力与就业机会。

---

① 温源.重视基尼系数“危险线”:促进包容性发展[N].光明日报,2016-09-05.

第二节 推进双边、多边自由贸易进程

推动双边、多边自由贸易进程既是我国维护经济全球化大局的重大任务,也是我国由贸易大国向贸易强国转变的必由之路。未来,需要立足国内大循环,协同推进强大国内市场和贸易强国建设,提升我国参与全球经济治理的制度性话语权,并为我国经济转型升级与全面深化改革营造良好的外部环境。

一、推进双边、多边自由贸易进程的迫切性、重要性明显提升

当前,世界经济仍处于深刻调整期,以自由贸易为特征的经济全球化遭遇严峻挑战,多边主义和自由贸易体制受到严重冲击。作为全球自由贸易与经济全球化的坚定参与者与重要推动者,推进双边、多边自由贸易进程、维护经济全球化,成为新兴开放大国的重大使命。

1. 双边、多边自贸进程取得重要进展

自2007年我国明确将自由贸易区建设上升为国家战略以来,我国双边区域自由贸易区建设取得了积极进展。2013年,我国与欧洲国家自贸区建设取得零的突破,分别签订了中国—瑞士自贸协定、中国—冰岛自贸协定;2018年9月,我国与毛里求斯自由贸易协定谈判结束,与非洲国家自贸区谈判实现零的突破。2021年1月1日,中国—毛里求斯自贸协定正式生效。截至2020年底,我国已与26个国家和地区签署了19个自贸协定,自贸伙伴遍及亚洲、欧洲、拉丁美洲、大洋洲和非洲,初步形成了面向全球的自贸区网络。其中,2020年11月签署的《区域全面经济伙伴关系协定》是当前人口最多、经贸规模最大、最具发展潜力的自贸区,涵盖我国

每年 1.4 万亿美元以上的进出口贸易额，约占我国外贸总额的三分之一。

2. 应对单边主义、保护主义挑战的需求日益增强

(1)有效应对外部挑战的需求增强。例如，中韩自贸协定中规定韩国和中国将在 20 年内分别取消中国输韩 92%的产品和韩国输中 91%的产品的关税，且有 20 年的过渡期。这一优惠幅度与韩美、韩欧、CPTPP 等高水平自贸协定的 98%左右的水平仍有差距。更重要的是，我国签署的自贸协定中，关于降低非关税壁垒方面涉及较少，非关税壁垒比关税壁垒更为突出。

(2)适应参与全球经贸规则重构的需求增强。当前，服务贸易、金融服务、电子商务等领域成为我国对外自贸协定谈判的重点、难点。例如，中韩自由贸易协定以商品为主，关于服务贸易的谈判仍在进行；中国—东盟自贸协定中，双方承诺的无限制开放比例在 20%以下，部分开放或未承诺开放的比例达到 80%以上[①]；中国—新加坡自贸协定、中国—澳大利亚自贸协定、中国—瑞士自贸协定服务贸易条款中，双边开放水平仍有较大提升空间。

(3)适应提升贸易监管与服务能力的需求增强。根据经济合作与发展组织贸易便利化评价体系，我国在贸易内外边境机构合作、贸易手续、贸易上诉程序、贸易非政府组织的参与等领域与经济合作与发展组织国家平均水平有一定差距。对贸易监管内容仍然以货物贸易为主，信用监管还比较滞后，难以适应服务贸易与数字贸易快速发展的大趋势。

3. 服务构建双循环新发展格局的需求日益增强

(1)带动高水平开放的需求日益增强。与我国签署自贸协定的国家，经济体量大多数较小，对我国双边、多边自由贸易的拉动作用有限。2018 年，我国与签署贸易协定的贸易伙伴实现贸易额 10.6 万亿元，同比增长

① 尹政平，杜国臣，李光辉. 多边贸易体制与区域贸易安排的关系与前景[J]. 国际贸易，2017(7).

8.9%,低于我国9.7%的整体贸易增速,占我国贸易总额的比重仅为34.6%。①

(2)带动国内全面深化改革的需求日益增强。从我国加入世贸组织及推进双边、多边自贸进程的实践看,签署自由贸易投资协定将倒逼深化改革,促进形成开放与改革联动的重要机制。例如,我国全面落实加入世贸组织承诺,全面放开外贸经营权,实现由审批制改为备案制;按照世贸组织承诺全部取消了进口配额、进口许可证和特定招标等非关税措施;我国平均关税水平由加入世贸组织时的15.3%下降至2019年的7.6%;海关进口货物平均通关时间缩短至20小时以内。下一步,需要突出强调高水平、高标准的自由贸易制度安排,实现国内规则与国际规则的对接融合,形成开放倒逼深化改革的硬约束。

(3)带动国内经济转型发展的需求日益增强。目前,我国已签订并实施的自贸协定主要集中在亚洲地区,2021年1月1日正式实施的中国—毛里求斯自贸协定是我国与非洲国家的第一个自贸协定。当前,我国正处于经济转型升级的关键阶段,经济转型升级与扩大开放直接融合。例如,2018年工信部对全国30多家大型企业130多种关键基础材料调研结果显示,32%的关键材料在我国仍为空白,52%依赖进口;绝大多数计算机和服务器通用处理器95%的高端专用芯片,70%以上智能终端处理器以及绝大多数存储芯片依赖进口。②

二、把握以区域合作为重点的自由贸易大趋势

在多边贸易体制改革停滞的背景下,越来越多的国家将发展国际贸易的途径转向区域贸易层面。区域贸易协定获得迅速发展,在全球贸易中的比重

① 根据海关总署相关数据测算。

② 130多种关键基础材料32%在中国为空白,52%靠进口[EB/OL].搜狐网,2018-07-15.

越来越大，逐渐成为国家之间开展经贸合作、参与全球经济治理的重要手段。

1. 区域合作逐步成为全球自由贸易的重要方向

(1)区域自贸协定数量激增。WTO RTA 数据库统计数据显示，1948—2001 年，全球生效的区域自由贸易协定累计数量为 90 个，截至 2021 年 2 月，这一数量已达到 341 个。目前，WTO 所有成员均签订了至少一个 RTA，且发达—发展中成员之间和发展中成员之间的 RTA 发展迅速；在地域范围上，跨区域 RTA 的数量越来越多。

(2)区域合作的自由化便利化水平不断提升。从 CPTPP、EPA、USMCA 等最新签订的自由贸易协定内容看，条款在广度和深度上都超越了 WTO，是高标准的自由贸易协定。

(3)区域合作安排向边境后拓展。制造业关税减让、农业关税减让、贸易便利化、出口税、卫生与植物卫生措施协议(SPS)、技术性贸易壁垒(TBT)、反倾销、反补贴、国家援助、政府采购以及与贸易有关的投资措施协议(TRIMS)、服务贸易总协定(GATS)、知识产权协定(TRIPS)等，特别是发达—发展中成员之间的 RTA 中有关贸易便利化、自由化条款在深度和广度上均达到了空前的水平。

2. 疫情冲击下的区域合作深化趋势进一步明显

在疫情防控常态化的背景下，产业链、供应链的区域化、本土化、数字化是经济全球化的重要趋势。我国作为亚太区域内第一大经济体，有条件以抗疫互动合作为重要契机，以产业链、供应链的调整为抓手，以加强同东北亚、东南亚的区域合作及推进 RCEP、中日韩自贸区作为区域经济一体化的重点，形成合理分工、有竞争力的区域一体化布局。亚太区域经济合作进程的加快，将为疫情后有效应对单边主义、民族主义、贸易保护主义等提供重要条件，将为区域各国的经济复苏奠定重要基础。

3. 以高水平开放加快区域合作进程

(1)进一步提升双边、多边自贸区的贸易投资自由化和便利化水平。

进一步降低关税,在加强开放风险防范中加快与自贸伙伴的双向市场开放。同时,显著提升贸易便利化水平。争取在3—5年内,将货物贸易通关时间和成本降低一半以上;加快与自贸伙伴的电子通关工程建设;实施原产地企业自主申报制,严格事后监管,加快与自贸伙伴建立原产地电子数据交换系统;显著提高与贸易相关尤其是服务贸易的人员往来便利化水平,简化签证程序,减少环节和等待时间。

(2)明确把“准入前国民待遇+负面清单”制度作为对外开展自贸区谈判的基本内容。当前,我国已全面实施“准入前国民待遇+负面清单”的管理模式,以此为基本内容开展对外自贸区谈判。一是将“准入前国民待遇+负面清单”相关规则写入已签订的自贸协定,由此实现自贸协定的实质性升级。二是以“准入前国民待遇+负面清单”为原则开展中国—挪威、中国—以色列、中国—新加坡、中国—秘鲁等正在谈判的双边自贸区谈判,最大限度地减少和取消贸易壁垒。三是在服务业领域,加快贸易开放和降低市场准入,有序推进金融、教育、文化、医疗等重点领域的市场开放。

(3)推进与贸易伙伴的规制合作。更深层次的自由贸易制度在于规制合作,与自贸伙伴间加强贸易规制合作,将进一步提升我国开放水平。加强边境内措施与制度的对接与协调,积极推动与自贸伙伴的贸易投资管理体制和制度的对接与合作,缩小负面清单的限制范围,推进政府监管制度的协同与合作,提出符合我国发展阶段的自由贸易新规则。

三、采取灵活方式深化区域经贸合作进程

加快构建面向全球的多层次自贸网络,既是适应经济全球化与区域经济一体化大趋势的重要行动,也是加快推进全球经贸规则重构的重大战略,更是当前我国以高水平开放倒逼深层次改革的重大举措。要采取灵活多样的方式,加快双边、多边自贸区建设,主动做大自由贸易“朋友圈”。

1. 把握全局，成熟一个推进一个

按照我国“立足周边、辐射‘一带一路’、面向全球的高标准的自贸区网络”的目标要求，把握我国全球自贸网络中的关键国家和地区，由点到线、由线带面，按照自贸区战略布局有序推进。例如，依托我国拥有巨大内需市场的突出优势，可考虑对某些发展中国家实施产业项下自由贸易政策，并在此基础上逐步签订自贸投资协定；对一些发达国家，在坚持底线的前提下，创造条件尽快签订高标准的自贸投资协定，在服务贸易等重点领域实现更大程度开放的制度安排。

2. 优化面向全球的自由贸易区布局

(1) 提升周边和区域经济一体化水平。在继续打造中国—东盟“10＋1”自贸区升级版的基础上，提升我国与东盟等新兴经济体等贸易伙伴之间的自由贸易水平，深化自由贸易伙伴关系。同时，依托亚洲区域经济一体化的良好基础，以中日韩为重点，加强同亚洲各国发展战略对接，强化同亚洲各国贸易投资自由化便利化安排，大幅削减关税及非关税壁垒，提升亚洲区域经济一体化水平。

(2) 与“一带一路”倡议支点国家和地区共建灵活多样的双边、多边自贸区。加快与“一带一路”沿线区域和次区域节点国家建立自由贸易伙伴关系，以自由贸易的制度安排带动“一带一路”建设，尽快形成“陆海内外联动、东西双向开放”的全面开放新格局。

(3) 同发达国家与新兴经济体建设高水平自贸区。当前，除澳大利亚外，我国签订的自贸协定对象国经济体量普遍较小，贸易覆盖率较低，对贸易的带动作用有限。为此，需要尽快与发达国家开展自贸区建设。例如，在亚太区域尽快完成中韩自贸协定第二阶段与中日韩自贸协定谈判。

3. 在构建双边、多边自贸网络中推进开放型世界经济进程

无论从优化资源配置和提高生产效率、推动技术外溢和技术进步看，

还是从创造就业和反贫困看,自由贸易都是经济增长的重要动力。诺贝尔经济学奖获得者迈克尔·斯宾塞(Michael Spence)与罗伯特·索洛(Robert Solow)的研究表明,二战后,年均增长率达到7%或者更高水平并且维持25年或更长时间的经济体,共同特征之一是开放。当前,全球经济增长动能不足,不应以贸易保护再进一步分割既有市场,而是要通过推进非排他的自由贸易安排,构建开放型世界经济,推进全球市场一体化进程。作为新型开放大国,我国重在推进14亿人口的国内大市场与世界大市场深度融合,创造新的市场和新的需求,引导资源在更大范围内优化配置。

从实践看,开放的经济全球化意味着多种区域合作机制的共存。这就需要充分照顾所有国家的实际情况,确保各国都能分享全球化红利,实现共赢。为此,在发挥自身比较优势的基础上,各国需要在合作发展机制建设上做出更大的努力。

第三节 构建面向全球的高标准自由贸易区网络

坚定推进双边、多边自由贸易进程,加快实现面向全球的高标准自由贸易区网络建设的实质性突破,既是我国自身发展的现实需求,也是捍卫多边贸易体制与经济全球化大局的大国责任。

一、推进区域全面经济伙伴协定的落地实施

顺应维护全球多边贸易体制的大趋势,坚持以开放、包容、共享、均衡为导向,以建立区域全面经济伙伴关系协定为突破,推进亚太区域经济一体化进程。

1. 在完成国内协定核准程序的基础上加快落地

将推动RCEP落地生效作为我国扩大高水平开放的重大任务,加强

国内相关部门间协同配合，在完成国内核准程序的基础上，推进货物贸易、服务贸易、投资、自然人移动等领域开放，推进在贸易投资自由化便利化、知识产权保护、贸易救济、电子商务、政府采购、中小企业和经济技术合作等方面实行更高标准规则。一是加快推进关税税则转版以及原产地实施细则出台，确保协定生效后我国降税义务的有效履行。二是加快完善与协定实施相关的规章制度，确保协定规定的约束性义务执行到位，确保国内行政措施和程序合规，确保协定中的各项开放承诺能够得到有效履行。三是加强协定实施内容的普及推广，通过宣传推广系统介绍协定相关内容，协助地方、行业组织、市场主体全面了解规则。

2.尽快出台配套措施

(1)加快出台实施货物贸易零关税的举措。在货物贸易方面，RCEP正式生效后区域内90%以上的货物贸易将实现零关税，这使得RCEP成员国间有望在最短时间兑现所有货物贸易自由化承诺。为此，加快在国内关税减让、海关程序简化、原产地规则技术准备、产品标准统一和互认等方面，出台实施协定的具体措施。例如，继续降低关税壁垒，扩大市场开放，进一步降低进口关税总水平，明显削减进口环节制度性成本；对快运、易腐等货物争取实现6小时内放行。

(2)切实推进服务贸易开放承诺的高效落地。RCEP对服务贸易总体开放承诺要显著高于成员国间现有自贸协定水平。例如，日本、韩国、澳大利亚、新加坡、文莱、马来西亚、印度尼西亚等7个成员国采取负面清单方式承诺，中国等其余8个成员国采取正面清单承诺，并承诺在协定生效后6年内转化为负面清单。这就需要按照我国对研发、管理咨询、制造业相关服务、养老服务、专业设计、建筑等诸多服务部门做出的新开放承诺，以及对知识产权全面保护的承诺，将著作权、商标、地理标志、专利、遗传资源等全部纳入保护范围。

(3)实行投资自由化便利化的政策举措。严格落实投资负面清单承诺，清单之外不得新增外商投资限制。加快扩大农业、采矿业、制造业、服务业等行业开放,稳妥有序推进资本项目开放。落实直接投资领域准入前国民待遇加负面清单管理,完善合格境外机构投资者制度;持续改善营商环境,实施新的外商投资法律制度,引入侵权惩罚性赔偿制度,提高知识产权保护水平。

3. 积极推进亚太自贸进程

(1)形成多层次贸易自由化便利化安排。考虑到发达国家与发展中国家开放水平差异较大,亚太自贸区可考虑建立一个多层次的自贸协定,不同层次对应不同开放标准,发展水平不同的经济体可以在其中选择适合自己的层级加入,并明确过渡期,以加快协商进程。

——高标准:除深化货物贸易、服务贸易、投资和知识产权等传统议题之外,在海关监管与贸易便利化、政府采购、透明度与反腐败等新兴议题方面实现与高水平自贸协定大致相同标准的制度安排。

——中标准:进一步深化货物贸易、服务贸易、知识产权保护等传统议题,提升货物贸易中零关税商品覆盖率,以区域内规则对接为重点提升服务贸易自由化便利化水平。

——低标准:在区域全面经济伙伴关系协定谈判基础上,实行制造业、服务业及能源、基础设施、旅游、环保等项下的自由贸易政策,在不要求全面降低关税、全面市场开放基础上,实现在重点领域自由贸易与投资的实质性破题。

(2)力争在服务贸易领域实现进一步突破。2005—2018 年,亚太经合组织国家服务贸易额由 1.9 万亿美元增长至 4.5 万亿美元,年均增长 6.7%,高于全球平均增速 0.5 个百分点,占全球服务贸易额的比重由 36.8%提升至 39.9%(见图 3.1)。从服务贸易自由化便利化的需求来看,目前只有 4 个区域全面经济伙伴关系协定成员加入了世贸组织服务贸易协定。适应全球服务贸易快速发展的大趋势,适应亚太区域大部分经济体工业化进程的现实需求,要力求在服务贸易自由化便利化方面实现重要制度安排,为未来达成亚太自贸区奠定重要基础。

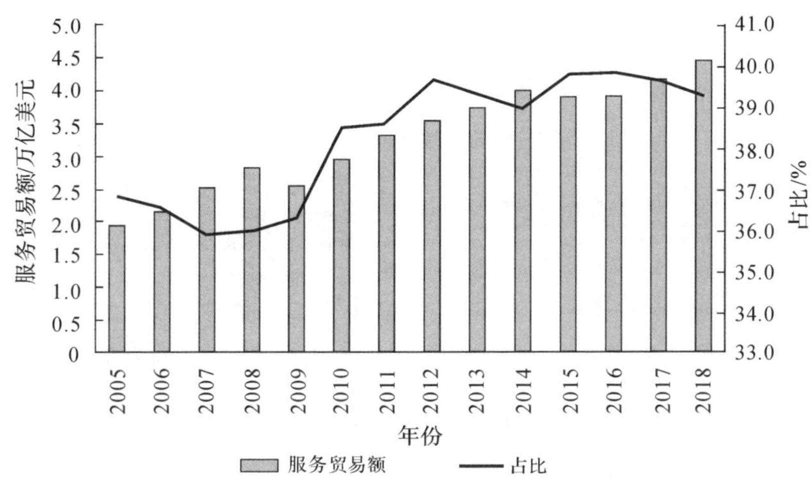

图 3.1　2005—2018 年亚太经合组织成员服务贸易额及占比

数据来源：根据 UNCTAD 数据计算得出，https://unctadstat.unctad.org/EN/。

(3)在数字贸易规则制定方面奠定基础。数字经济与数字贸易的兴起既为亚太地区经济发展提供重大历史机遇，也提出了重大挑战。当前，亚太地区部分国家数字基础设施建设滞后，产业数字化转型仍处于起步阶段，迫切需要以加强数字基础设施和能力建设为重点，在推动亚太数字贸易快速发展的过程中，积极推动亚太欠发达国家和地区融入第四次工业革命浪潮。为此，要在亚太经合组织通过的《互联网和数字经济路线图》框架下，在数字基础设施建设及其产业项下的自由贸易、数据安全规则、数据开放等领域实现重要制度安排。

二、加快中日韩自贸区建设进程

RCEP 签署实现了中日韩自由贸易制度化安排的重要突破。当下，重要的是克服阻力，加快推进中日韩自贸区进程，并在此基础上积极开展“中日韩＋”合作，由此构建中日韩经贸合作的新框架。

1.深化中日韩经贸合作的新形势

(1)中日韩经贸合作不断增强。自1999年中日韩合作20多年来,三国不断深化合作,建立了21个部长级会议和70多个对话机制,成为三国深化经贸合作的主要平台。根据统计,1999—2018年,中日韩三国贸易额从1300亿美元增长至7200多亿美元,经济总量占全球的比重由17%上升到24%。[①] 三国经贸合作对促进世界经济增长和区域经济一体化发挥了重要作用,尤其是在经济全球化面临百年未有之大变局的背景下,深化中日韩经贸合作成为推进区域经济一体化的重要趋势。

(2)日韩对中国市场的需求明显提升。2005—2019年,韩国对中国出口额由619.2亿美元增长到1362.0亿美元,年均增长5.79%,高于其出口整体增速(4.72%)1.07个百分点,占其出口总额的比重由21.8%提升至25.1%,提高了3.3个百分点;日本对中国出口额由799.72亿美元增长到1346.9亿美元,年均增长3.79%,高于其出口整体增速(1.22%)2.57个百分点,占其出口总额的比重由13.4%提升至19.1%,提高了5.7个百分点(见图3.2)。目前,中国为日韩货物第一大出口目的国。

(3)中日韩面临贸易保护主义的共同挑战。有机构分析,在中美贸易摩擦中,除中美两国外,受影响最大的10个国家和地区中,韩国排在第六位,占62.1%。[②] 电子产品、汽车、钢铁、船舶等产品出口都将受到直接威胁。根据相关预测,美国对中国产品加征关税,将导致韩国出口每年减少8.7亿美元以上。[③] 中国和美国是日本的两大贸易伙伴,且由于日本是中国半导体、手机和其他产品制造企业的设备和零

① 中日韩合作未来十年展望[EB/OL]. 新华网,2019-12-24.

② 中美贸易战中受到影响最大的10个国家和地区中韩国排在第六位[EB/OL]. 商务部网站,2018-07-06.

③ 韩国副总理:贸易战可能对韩国经济造成严重影响[EB/OL]. 观察者网,2019-05-22.

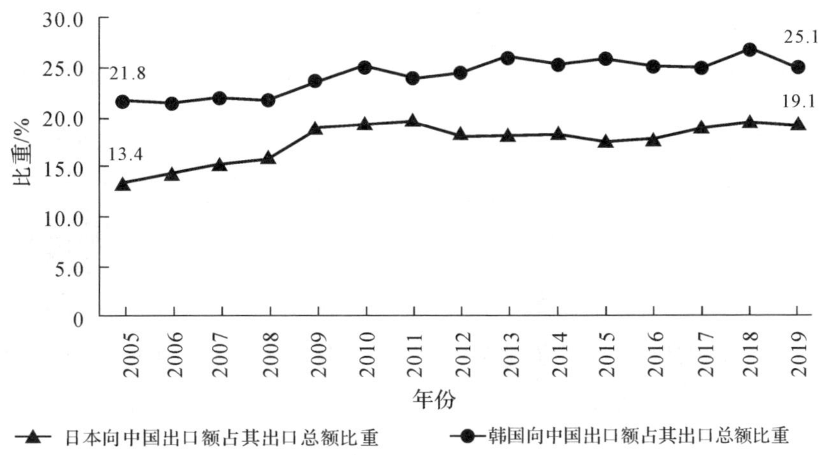

图 3.2　2005—2019 年日韩向中国出口额占其出口总额比重

数据来源:历年商务部《国别贸易报告》。

部件供应商,中美贸易摩擦也将影响日本经济。在《世界经济展望》中,国际货币基金组织将日本 GDP 增长率从 1.0%下调至 0.8%,将韩国 GDP 增长率由 2.6%下调至 2%。①

(4)中国高水平开放将为中日韩经贸合作拓展新的市场空间。党的十九大以来,我国自日本累计服务进口 1052.7 亿美元,年均增长 4.6%,高出我国服务进口整体增速 1.1 个百分点;中国自韩国累计服务进口 485.7 亿美元。2019 年,我国自日本和韩国服务进口 341.5 亿美元和 166.8 亿美元,分别占服务进口的 6.8%和 3.3%②;未来 5—10 年,我国新技术革命与 14 亿人口的消费大市场的结合,将推动健康、文化、旅游、信息等服务型消费需求快速增长。适应服务贸易发展的大趋势,中日韩都应以开放包容和可持续发展为基本原则,加快三国在服务贸易及与此密切相关的投资、知识产权、竞争中性、可持续发展等领域的谈判。

① 沈建光.构建中日韩经贸合作“新三角”[N].证券日报,2020-01-04.

② 商务部.中国服务进口报告 2020[R].2020.

2. 务实推进中日韩自贸进程

(1)深化中日韩服务贸易合作。2018年，中日、中韩双边服务贸易额占我国服务贸易总额的比重分别仅为4.7%、4.6%[①]，以服务贸易为重点的经贸合作潜力远未发挥。有预测表明，中日韩自贸区建成后，中国的GDP获益增长1.1%—2.9%，日本获益增长0.1%—0.5%，韩国获益增长2.5%—3.1%。[②] 在疫情影响下，以共同维护供应链安全稳定为目标，推动形成中日韩服务贸易优势互补的分工合作新机制，其迫切性、现实性全面增强。

(2)以服务贸易为重点率先打造中韩自贸区升级版。一方面，进一步降低货物贸易关税，率先在农产品、电子产品、能源产品等双边贸易额较大或者具有巨大潜力的领域大幅降低双边关税。另一方面，加快以服务贸易为重点打造中韩自贸区升级版，在知识产权、文化旅游、电子商务、金融服务、研发、工业设计和数据处理等领域实现双边开放的重要突破，逐步推进双边服务标准的对接、服务市场的融合，进一步提升中韩自贸区质量，这将对中日韩自贸区谈判及整个东北亚区域经济一体化具有重要的示范作用。

(3)率先实施服务业项下的自由贸易政策。

——积极开展旅游、教育、文化娱乐等产业项下的自由贸易。借鉴APEC商务旅行卡的成熟模式，设立中日韩岛屿旅游卡发展计划，在人员免签、免税购物、景点设计等方面实现更大便利；积极推动建立动漫游戏、影视文学等多个主题的跨境产业园，合作开展文化娱乐产品的研发、设计、推广等；鼓励中日教育合作交流，定期委派教师互相教学，扩大互派留学生规模等，探索中日教育合作新机制、新路径。

---

① 根据OECD统计数据库计算得出，https://stats.oecd.org/。

② 自贸区谈判"多点开花"力促产业升级[N]. 中国证券报，2013-06-20.

——积极推进医疗健康养老产业项下的自由贸易。建立中日大健康产业联盟,依托我国数字经济优势与日本完善的介护服务体系及护理机器人的技术优势,合力发展智慧医疗健康;积极促进与日本医疗健康服务标准、监管规则的对接,提升我国医疗健康产业发展质量。强化中日韩医疗健康职业教育合作。进一步扩大医疗健康职业教育双向市场开放,鼓励有条件的中日科研机构、高校与社会力量合作举办健康服务类职业教育机构;依托日方资金、技术优势,支持日本资本采用公益信托投资、公益教育基金、协议投资等形式参与健康产业的职业教育。

——开展智能制造产业项下的深度合作。推动以研发为重点开展国家层面的战略合作,借鉴中德合作经验,推动中日在国家层面签署战略合作协议,在智能制造领域合作开展相关课题研究和战略研究;率先在东北、山东等地建立自贸区性质的中日韩智能制造合作示范园区,在研发、人员培训、标准化合作等领域实现突破;建立中日韩智能制造企业合作网络,在大数据、云计算、机器人等新领域加强合作,以新经济领域合作引领东亚经济发展。

——深化绿色产业和环境治理领域合作。日韩在环境治理、新能源利用等领域有着丰富的技术和经验,我国则在市场、资金等方面独具优势。中日韩三国若能实现优势互补、深化合作,不仅将加快释放中日经贸合作新红利,也将对国际社会产生巨大的正面效应。例如,共同推进亚洲超级电网项目建设,率先在电动汽车、智能电网等领域开展合作,并在环境治理问题上加强区域合作、城市合作和信息交流,参照《巴黎气候变化协定》,共同推动环境治理。

3."中日韩+"模式拓展三国合作空间

(1)以"中日韩+"推进东北亚区域经济一体化进程。基于东北亚经贸合作的现实情况,中日韩需要在排除外部干扰、增强政治互信的基础上,积极推进"中日韩+"合作,以此务实推进东北亚区域经济一体化进程。从实际情况看，开放市场需要充分考虑各国的实际情况，本着先易后难、循序渐进的原则，采用包括“早期收获计划”、框架协议、多边投资协定等多种合作形式，各方共商共建灵活多样的双边、多边、区域性自贸区，共同推进东北亚区域内部市场开放进程。

(2)务实推进“中日韩＋”合作。

——率先推进“中日韩＋东北亚其他国家”的能源合作。充分依托我国的能源勘探技术与基础设施建设能力、日韩的石油炼化技术与矿产品深加工技术等，推动“中日韩＋俄罗斯”“中日韩＋蒙古”等能源合作，合作共建跨境能源加工园区、能源保税港区、新能源工业园区、能源运输绿色通道、能源储备园区等，深化三国与第三方市场的能源合作，在提升第三国能源开采、加工能力的同时，共同保障能源供应安全。

——推进“中日韩＋东北亚其他国家”的旅游合作。利用我国旅游市场的规模优势、日韩在旅游文化设计和理念创新优势，通过共建跨境旅游合作示范区、跨境旅游产品设备生产加工区、旅游产品设备保税区等多种形式，开展旅游领域的第三方市场合作。同时，利用中日韩数字经济发展优势，积极打造东北亚旅游互联网平台，推动东北亚智慧旅游发展进程。

——推进“中日韩＋东北亚其他国家”绿色领域的合作。在俄罗斯、蒙古等探索设立生态环保合作中心，以生态环保、污染防治、环保技术与产业、人员培训与交流等为重点领域，联合开展节能减排、生态环保等基础设施及能力建设项目；制定东北亚绿色发展技术标准及动态监测机制，强化企业行为绿色指引；打破因标准差异而造成的贸易壁垒，积极推动东北亚绿色贸易，打造东北亚绿色发展共同体。

4.探索联合抗疫下中日韩经贸合作的新模式

(1)共同抗疫凸显中日韩全方位合作的战略性、全局性。

——充分发挥中日韩产业互补性强，制造业产业内的分工协作紧密的优势。疫情全球大流行很可能改变经济全球化的既有格局，全球供应链、产业链将发生某些重要的变化。适应这种变化，中日韩全方位合作的战略性、全局性凸显。比如，在疫情全球大流行给中日韩制造业供应链带来严重冲击的背景下，中日韩应以共同维护制造业供应链安全稳定为重点，推动形成三国制造业分工合作新机制。

——充分发挥中日韩在维护区域产业供应链安全上的作用。随着疫情在全球的快速扩散，全球性的产业链断裂、供给短缺，很有可能成为现实，并可能引起全球性的经济衰退。应对疫情的严重冲击，中日韩要以维护区域产业供应链安全稳定为重要目标，加强三方产业供应链安全信息沟通与协调、联合评估、风险预警等机制建设。

——共同推动后疫情时代投资贸易自由化和便利化。中日韩应充分利用三国已经建立起来的公共卫生安全合作机制，在联合抗疫的前提下，逐步稳妥畅通信息流、物流、人流，推进投资和贸易自由化、便利化。

(2)推动形成中日韩制造业分工合作新机制。

——在与抗疫直接相关的医药、医疗设备及其他抗疫物资等制造业领域形成分工合作新机制，携手保障抗疫相关产品和物资的供应，共同维护区域抗疫医药医疗产品和其他抗疫物资供应链的安全稳定。

——在汽车制造、电子通信、机械设备、工业机器人等制造业领域形成分工合作新机制，提升三国在这些产业领域的贸易投资自由化和便利化水平，携手维护中日韩关键制造业供应链的安全稳定，推动三国制造业向全球价值链的上游发展。

——在跨境电商、线上零售等领域形成分工合作新机制。支持三国企业共同打造制造业跨境网络销售平台和跨境网络服务平台等，加强三国供应和销售网络安全监管协调机制建设，促进三国制造业产品在彼此市场的流通和消费。

——在保障制造业供应链畅通的跨境运输、物流、通关、检验检疫、商务人员与技术人员出入境等领域及其关键环节加强协作，促进标准对接，加强监管协同,以此提高三国制造业货物进出口和人员流动的便利性。

——推动后疫情时代自贸进程。疫情全球大流行很可能改变经济全球化的既有格局,并将恶化中日韩外部贸易环境。应对经济全球化新变局,务实推进中日韩自贸进程,是东亚区域经济一体化进程的重大战略选择。

(3)建立中日韩制造业供应链安全稳定三方协调、联合评估及风险预警等机制。

——建立中日韩制造业供应链安全三方信息沟通和协调机制。中日韩政府相关部门或相关行业协会牵头,建立防范中日韩制造业供应链中断的三方信息沟通与协调机制,促进三国制造业供应链上的上下游企业之间、相关企业与政府部门之间的复工复产信息和数据及时分享,建立支持三国企业采取合理防疫措施加快复工复产的协调机制。

——建立中日韩制造业供应链安全三方联合评估机制和风险预警机制。建议中日韩政府相关部门或相关行业协会牵头,对中日韩制造业供应链安全稳定进行定期联合评估,形成供应链安全报告,及时向政府、企业发出供应链中断风险预警,并及时向政府提出防范供应链安全危机的建议报告,为政府出台针对中日韩制造业供应链上的中小企业援助决策提供参考。

(4)根据疫情防控进展及时调整三国间人流、物流等管控措施,促进制造业供应链的畅通运行。

——建立三国卫生、商务、工业管理部门、海关等共同参与的协调机制,确保三国间抗疫医药医疗产品和其他抗疫物资的出入畅通。同时,降低甚至取消抗疫医药产品、医疗救治设备及相关物资的关税,减少阻碍这些产品在三国间流动的边境措施和边境内措施。

——在严防疫情反扑的前提下,推进三国疫情防控指南相互衔接,及时取消因抗疫需要采取的临时性人流物流限制措施。

——共同维护和促进三国间货物和服务贸易自由化和便利化,大力发展零接触式运输、存储和物流配送,以此促进三国间制造业供应链的畅通运行。

(5)以公共卫生为突破务实推进中日韩自贸进程。

——三国加快在服务贸易及投资、知识产权、可持续发展等领域的谈判。推进三边多边自由贸易协定，为维护中日韩制造业供应链安全畅通提供制度性保障。

——务实推进公共卫生、医疗、健康、养老、环保、科技研发等产业合作，大力发展中日韩数字贸易，加快落实“中日韩＋X”早期收获项目清单，逐一把2019年底第八届中日韩领导人会议发表的《中日韩合作未来十年展望》中的合作事项变为现实。

——在中日韩一揽子、高水平贸易投资协议达成之前，建议把中日韩医疗健康、文化娱乐、数字经济、金融保险等重点现代服务业领域的自由贸易政策列入海南自由贸易港的“早期收获”项目清单，率先在海南取得突破。

三、构建中欧一体化大市场

2020年12月30日，中欧领导人共同宣布如期完成中欧投资协定谈判。当前，中欧两大经济体共同面临着单边主义与贸易保护主义的巨大压力。推动构建中欧一体化大市场不仅成为中欧自身发展的重大选项，也成为深化中欧经贸合作的重要目标。

1.深化中欧经贸合作的战略意义

(1)共同应对贸易保护主义的挑战。尽管全球经济格局发生深刻调整，不稳定性不确定性明显增加，但是中欧经贸合作的市场空间不仅没有缩小，反而扩大。这需要中欧双方共同努力，把潜在的市场空间转换为现实的合作动力。当前，中欧同为受贸易保护主义措施影响较大的国家和地区之一。2009年1月至6月，在全球遭受贸易限制措施的前五大国家中，我国高居第一，欧盟成员占据三席，分别为德国、意大利、法国；在前十大国家中,有 6 个是欧盟成员。截至 2019 年 6 月,我国共遭遇贸易干预措施 1370 项,德国为 851 项,意大利、法国、英国超过 700 项,西班牙、荷兰等国家受干预数量超过 600 项。同时,中欧也共同面临着单边主义的挑战。加快深化中欧经贸合作,尽快签署中欧投资协定,进而把中欧自贸区可行性研究提上日程,中欧双方就会在应对单边主义、贸易保护主义挑战中把握主动权。

(2)共同维护多边贸易体制。中欧同为全球多边贸易体制的受益者。例如,在多边贸易体制框架下,中欧贸易均实现了快速增长。2000—2019 年,我国货物和服务出口额由 1900.39 亿美元提高至 26433.77 亿美元,年均增长 14.86%;欧盟货物和服务出口额由 25739.90 亿美元提高至 77279.98 亿美元,年均增长 5.96%。[①] 随着我国改革开放进程的加快,深化中欧经贸合作,达成以世贸组织改革为重点完善多边贸易体制的共识,不仅有利于双方妥善处理与美国的经贸冲突,也有利于在全球自由贸易进程中赢得更大的话语权。此外,加快推动中欧自由贸易与投资进程,率先形成开放包容共享均衡的经贸规则,形成中欧一体化大市场,将成为发达国家与新兴经济体的经贸合作样本。

(3)共同推进中欧经济高质量发展。

——欧盟经济复苏增长面临的挑战增多。尽管欧元区主权债务问题有所缓和,劳动力就业和信贷市场有所改善,但其内部需求不足、青年失业率高、经济复苏乏力等状况尚未得到根本改善。据统计,2008—2019 年,欧盟 GDP 年均增长-0.35%,比全球平均增速(2.96%)低 3.31 个百分点。[②] 此外,欧盟经济复苏还面临难民危机、民粹主义等新矛盾、新问题。

——中欧经贸合作将释放巨大发展红利。一方面,欧盟外贸依存度较高,在内部市场基本饱和的背景下,对外经贸合作对其经济增长的拉动作用日益重要。据统计,2000—2019 年,欧盟货物与服务出口占 GDP 的比

① 世界银行数据库,https://data.worldbank.org/。

② 世界银行数据库,https://data.worldbank.org/。

重由35.9%上升至47.1%(见图3.3),为发达经济体最高;2019年不仅高于世界平均水平(30.5%)16.6个百分点,而且高于美国(11.7%)35.4个百分点。[①] 另一方面,我国经济转型升级,尤其是产业结构、消费结构升级的大趋势,对欧盟的资金、技术、人才、标准产生巨大需求。"十四五"期间,深化中欧经贸合作,发挥中欧经贸之间的互补性,需要充分借鉴欧盟的管理模式与经验,以实现经济转型升级的突破;同时,欧盟可以利用中国巨大的需求市场空间实现经济复苏和可持续增长。

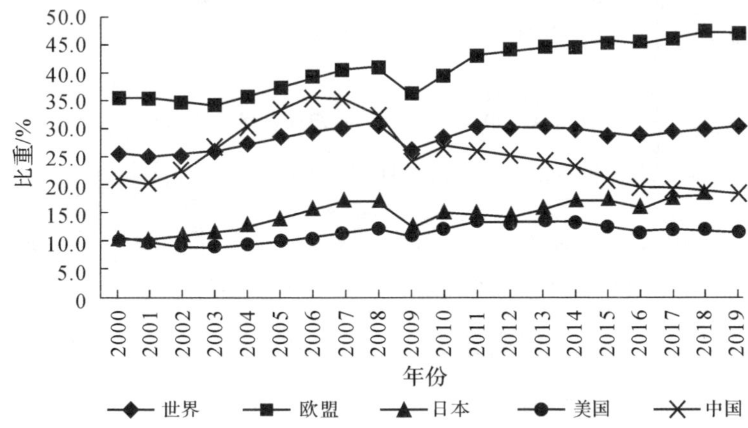

图3.3　2000—2019年世界和各大经济体货物与服务出口额占GDP比重

数据来源:世界银行数据库,https://data.worldbank.org/。

2.深化中欧服务贸易发展的共同需求

(1)服务贸易是欧盟竞争优势所在。服务贸易是欧盟在参与新一轮全球化中发挥自身比较优势的重点所在,是欧盟推动新一轮全球贸易自由化进程的突出优势所在。2010—2019年,欧盟服务出口由1.42万亿美元增长到2.22万亿美元,年均增长5.07%;服务贸易顺差由1017.43亿美元增长到1757.31亿美元(见图3.4)。

① 世界银行数据库,https://data.worldbank.org/。

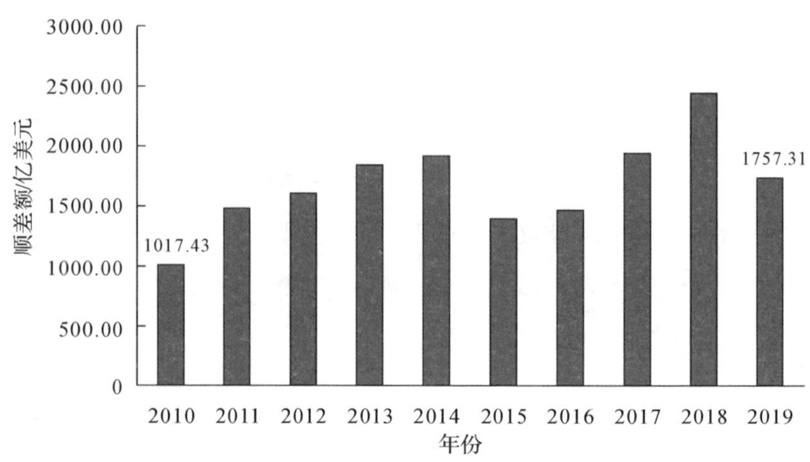

图 3.4　2010—2019 年欧盟服务贸易顺差额

数据来源:世界银行数据库,https://data.worldbank.org/。

(2)我国成为欧盟服务出口潜力最大、增速最快的市场。数据显示,2010—2018 年,欧盟向我国服务出口由 260 亿美元增长到 612 亿美元,年均增长 11.3%,高于欧盟服务出口整体增速 6 个百分点;占欧盟服务出口总额的比重由 1.5%提升至 2.3%(见图 3.5)。

总的来看,中欧服务贸易合作的巨大潜力远未释放。随着我国服务业市场开放进程加快及服务型消费需求快速释放,欧盟出口至我国的服务额有望达到欧盟服务出口总额的 5%,由此将带来近 700 亿美元的新增空间;若达到欧美 2018 年服务贸易合作水平,将带来 2400 亿美元的新增空间。

(3)服务贸易成为中欧经济增长的重要动力。

——欧盟将赢得"先入者"的市场红利。未来几年,如果中欧能在以服务贸易为重点的自由贸易协定上取得重大突破,欧盟将从参与我国经济转型与扩大开放中受益,并率先分享我国服务大市场红利。

——对我国经济转型升级形成推动力。欧盟在电子技术、航空、信息通信技术、生命科学技术、能源环境技术等生产性服务业领域,在健康管理、养老等生活性服务业领域有着先进技术和成熟管理经验等方面的独特

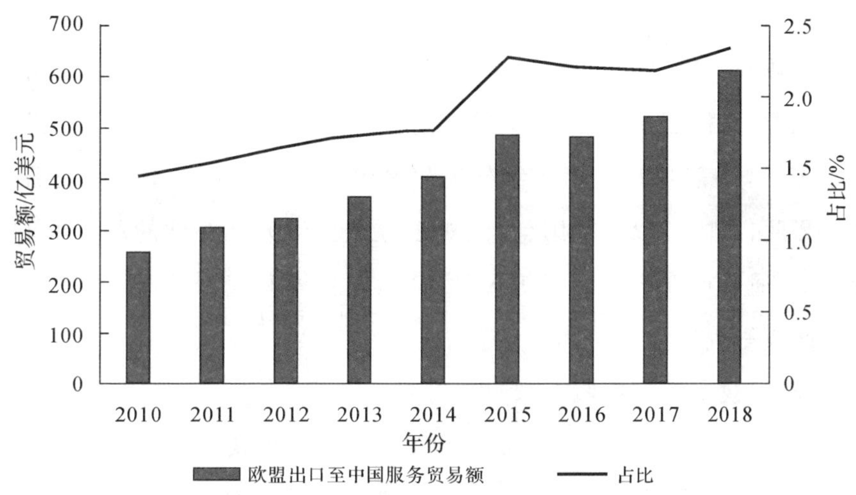

图 3.5　2010—2018 年中国从欧盟进口的服务规模及占比

数据来源：根据 OECD 统计数据库计算得出，https://stats.oecd.org/。

优势，而我国在这些领域有巨大的需求。通过与欧盟在生产性、生活性服务业为重点的合作，我国将有效提升健康、教育、文化、养老等生活性服务业的供给能力和供给水平。

——对维护多边贸易体制产生积极影响。2019 年，中欧服务贸易额合计约 5.01 万亿美元，占全球服务贸易总额的 41.56%。[①] 总的来看，率先实现中欧服务贸易自由化便利化的制度安排，不仅将有助于形成全球服务贸易规则，还将对合力推进世贸组织改革、尽快完成世贸组织的《服务贸易协定》(TiSA)谈判产生积极影响，有利于中欧减少分歧，进一步强化各方对多边贸易体制的信心。

3. 推动中欧经贸合作进程

(1)与德国、法国等在特定服务业项下深化合作。德国和法国是重要的发达经济体，也是欧洲经济一体化的重要推动力量，在推动中欧投资贸

① 世界银行数据库，https://data.worldbank.org/。

易自由化进程中有不可或缺的作用。比如,德国在汽车、机械、装备、化工等制造业和研发、物流、通信、职业教育等生产性服务业上全球领先;法国在新能源、飞机制造、航空航天等制造业和旅游、健康、生物、制药等领域全球领先,这些都是我国消费结构升级和经济转型升级迫切需要发展的领域。为此,我国可以同德国、法国对双方存在巨大互补性的制造业和服务业领域,通过构建产业园区等多种方式,就技术和安全标准、非关税措施、知识产权等领域加强协同合作。

(2)加快实施早期收获项目。

——共同推动实施服务贸易便利化措施。尽快探索与服务贸易特点相适应的通关管理模式,全面加强双方在促进贸易便利化、提高过境效率、知识产权执法、贸易统计等方面的合作;提高人员签证的便利性,提高签证程序的透明度;加强在食品安全、质量标准领域的合作;推动第三方检测和认证服务的检测认证结果互认,加强信息资源共享。

——深化以环保为重点的技术合作。欧盟在绿色能源、低碳技术、环境治理技术等领域走在全球前列,尤其在清洁能源开发使用技术的出口方面有很大优势,而我国拥有全球最大的清洁能源市场和相对较低的制造成本,可以充分借鉴欧盟的先进技术和管理经验。为此,应当以环保技术为重点,率先放宽对欧盟环保企业的市场准入,吸引欧盟企业进入我国环保市场。

——加强中欧基础设施投资合作。欧盟在桥梁、水道、铁路、公路、航空和电力等基础设施的更新、扩容和改造方面存在巨大投资需求,仅实施容克计划就需要不低于3150亿欧元的投资,而我国在高铁、桥梁、机场、电力等方面,有世界一流的技术与设备、建设能力和价格竞争力。双方可以将基础设施项下的自由贸易作为中欧一体化大市场的重要内容。

——扩大中欧政府采购合作。《第二十一次中国一欧盟领导人会晤联合声明》提出,“欧盟支持中国加快加入世贸组织《政府采购协定》进展”。

从发展趋势看，中欧双方扩大政府采购的空间很大，可以考虑以“负面清单”方式明确双方政府采购参与实体，增强中欧在政府采购方面的合作。

(3)探索启动中欧自贸谈判。2016年，中国(海南)改革发展研究院课题组和欧洲政策研究中心就中欧自贸区开展合作研究时，就提出中欧应尽快启动中欧自贸区可行性研究。建议在中欧达到投资协定谈判的基础上，探索启动中欧自贸谈判，至少启动中欧自贸区可行性研究。

四、积极考虑加入全面与进步跨太平洋伙伴关系协定

2020年11月20日，习近平主席在亚太经合组织第二十七次领导人非正式会议上的发言中指出，中国“将积极考虑加入全面与进步跨太平洋伙伴关系协定(CPTPP)”。客观地看，加入CPTPP等高水平国际经贸规则有利于我国把握应对经济全球化和扩大高水平开放的主动权。当前，在推动RCEP落实生效的基础上，需要形成加入CPTPP的相关预案。

1.加入CPTPP是高水平开放的主动选择

从CPTPP协议条款看，CPTPP要求的很多内容与全面深化改革的基本方向相一致。例如，对中小企业参与国际贸易的支持、加强知识产权保护等内容都与近年来的改革方向一致；对国有企业和指定垄断、劳工标准、竞争政策等内容，尽管我国还有一定差距，但近年来也在深化改革，加快建立一个公平竞争的高标准市场体系。从发展趋势看，加入CPTPP，将有利于我国以高水平开放倒逼国内深层次的市场化改革，更好发挥市场在资源配置中的决定性作用，有效激发14亿人口的强大内需潜力，加快形成更加完善的社会主义市场经济体制。

2.加入CPTPP将对全球自由贸易进程产生重要影响

从全球来看，CPTPP 11国经济总量和货物贸易总量分别占全球的

12.8%和15.2%。如果我国加入CPTPP,那么CPTPP国家的经济总量占全球的比重将达到29%,货物贸易量全球占比将达到27.2%。[①] 积极谋划加入CPTPP,不仅有助于我国积极参与全球经济治理,提升我国在国际规则制定中的话语权,而且对于应对贸易保护主义、推动全球自由贸易进程将产生积极影响。同时,我国加入CPTPP也将对国内发展产生重大利好。据彼得森国际经济研究所预测,如果我国加入CPTPP,到2030年国民收入有望增加2980亿美元。[②]

3.以深化市场化改革为重点做好加入CPTPP的充足准备

CPTPP与RCEP、中欧投资谈判一样,不可能一帆风顺,需要提前谋划和准备,要充分估计加入CPTPP的深刻性、复杂性。第一,充分利用好美国尚未重返CPTPP的窗口期,尽快启动加入CPTPP谈判的准备工作。第二,发挥好我国现有双边、多边自由贸易网络的作用,尽早启动与CPTPP成员国的非正式接触,率先获得成员国中与我国有自由贸易协定关系国家的支持。第三,针对CPTPP条款中我国存在的某些差距,加快推进国内改革,对于金融、电信、知识产权保护等敏感领域,率先在国内自由贸易试验区和海南自由贸易港进行压力测试,尽快实现与CPTPP规则的对接,为加入CPTPP做好充足准备。为此,需要尽快形成加入CPTPP整体行动计划。

五、以高水平开放改善中美经贸关系

当前乃至未来相当长一个阶段,如何处理中美关系,成为我国应对百年

① 加入CPTPP等高水平经贸协定有利于深化改革开放,加快形成双循环的新发展格局[EB/OL].中国经济网,2020-10-13.

② 如果中国加入CPTPP将为"双循环"新发展格局提供更广空间[EB/OL].每日经济新闻,2020-11-24.

未有之大变局的关键。中美两国元首在中国春节除夕的重要通话为两国关系指明了大方向，安克雷奇对话开启了疫情背景下两国高层面对面互动。当前，如何聚焦合作、管控分歧、和平共处，成为改善中美经贸关系的重大课题。

1.以长期视角和战略思维改善中美经贸关系

(1)美国的产业结构发生重要变化。近一二十年来，美国的金融业、高科技产业得到快速发展，成为两个全球“强项”。但是美国在产业转型中忽略了制造业的发展，美国中低收入群体在经济全球化进程中没有真正受益，从而成为反全球化和民粹主义的重要群体，成为影响美国政府对华态度变化的一股社会力量。

(2)美国产业结构的变化引发国内群体、阶层利益关系的复杂变化。“弗洛伊德”事件是个表层现象，深层次反映的是美国内部各个阶层之间、政党之间的矛盾，而且这一矛盾将持续较长一个时期。

(3)美国的全球软实力开始下降。为解决利益结构变化下的矛盾和问题，美国采取矛盾转嫁及“美国优先”等策略。客观地看，这非但解决不了问题，相反使得美国在国际上逐步失分，圈子不是在扩大，而是有所缩小。总体上，基于“美国优先”和美国利益至上的盟国关系、美欧关系、日韩关系等，都呈现了二战以后更为复杂的变化。在这一变化中美国影响、主导全球多年的软实力开始有所下降。

2.以高水平开放赢得中美战略竞争的主动

中美经济最大的互补性在于高新技术产业。解决中美双边贸易失衡问题的关键在于放开美国对中国的出口限制，而不是减少中国对美国的出口。事实上，美国对华高科技产品出口限制是造成美国对华贸易逆差的重要原因之一。美国多年来限制高技术产品对华出口，制定了《出口管制法案》以及相关的针对关键技术和产品的出口管制体系框架。在美国商务部2007年公布对华出口管制清单中，禁止对华出口航空器及航空发动机、惯性导航系统、激光器、光学纤维等20类高科技产品。2018年,美国对华高技术产品出口额仅为391亿美元,不到中国对美高技术产品出口总额的四分之一,占美高技术产品出口总额的比重仅为10.6%。[①] 卡内基国际和平基金会报告显示,如果美国将对华出口管制程度降至对巴西的水平,对华贸易逆差可缩减24%;如果降至对法国的水平,对华贸易逆差可缩减34%。[②] 若中美能够通过谈判扩大从美国进口高科技产品,不仅可以使美国高科技产品在中国开辟新的市场,还可以有效扩大美国对中国的出口。

这就需要以结构性改革破解各自面临的结构性矛盾。当前,我国正在加快推进制度性、结构性开放,并以扩大开放倒逼深化改革。从美国层面看,重要的是以结构性改革切实解决本国内部的结构性矛盾,尤其是解决低储蓄、高消费等结构性矛盾,并加快社会层面的结构性改革,化解自身的结构性矛盾。

3.在多边主义框架下促进中美合作

2021年4月15日至17日,美国气候特使克里正式访问中国期间,同中国气候问题特使解振华在上海举行会谈,双方就如何应对气候变化进行交流,随后还发表联合声明。4月22日,习近平主席应美国总统拜登邀请出席领导人气候峰会,并明确提出"中方期待同包括美方在内的国际社会一道,共同为推进全球环境治理而努力"。未来几年,在强化中美应对气候变化、疫情防控等威胁人类生存发展的重大议题合作的同时,建议加强非敏感领域的经贸合作,并尽快重启人文交流。在尊重对方核心利益的同时,尽快在多边主义框架下就相关领域的竞争与合作方面达成原则性共识,这不仅需要积极创造条件,而且需要双方进行务实磋商,不是漫天要价,不是极限施压,而是消除分歧、重建信任、务实合作。

---

① 曾培炎.关于美称对华贸易"吃亏论"的客观分析——在"中美经贸关系:现状和前景"研讨会上的讲话[EB/OL].中国国际经济交流中心网站,2019-07-12.

② 美国对华启动贸易调查弊大于利[N].经济日报,2017-08-14.

第四节　推动共建“一带一路”高质量发展

产能合作与服务贸易合作相结合，是“一带一路”高质量发展的客观趋势。“十四五”，共建“一带一路”，需要在深化国际产能合作的同时，突出服务贸易合作的引领作用。这不仅有利于为推进“一带一路”基础设施互联互通及产能合作提供重要保障，也有助于为发达国家及发展中国家的参与拓展更大的市场空间。

一、统筹产能合作与服务贸易发展

当前，“一带一路”沿线国家和地区产能合作带来巨大的服务贸易增长空间。迫切需要充分发挥发达国家的服务贸易优势与我国产业变革、消费结构变革等优势，统筹国际产能合作与发展服务贸易，并由此探索“一带一路”创新发展的新模式。

1.深化国际产能合作对“一带一路”服务贸易提出新要求

(1)深化国际产能合作带来巨大服务贸易需求。近年来，我国同“一带一路”沿线国家和地区间的产能合作进程不断深化。据统计，2013—2019年，我国企业对“一带一路”沿线国家和地区累计直接投资1173.1亿美元，完成对外承包工程营业额约5000亿美元。[①] 2020年，我国企业对“一带一路”沿线58个国家和地区非金融类直接投资177.9亿美元，同比增长18.3%，占同期总额的16.2%，较上年提升2.6个百分点；我国企业在“一

① 中华人民共和国商务部，国家统计局，国家外汇管理局.2019年度中国对外直接投资统计公报[R].北京：中国商务出版社，2020.

带一路”沿线国家和地区新签承包工程项目合同额 1414.6 亿美元,完成营业额 911.2 亿美元,分别占同期总额的 55.4%和 58.4%(见图 3.6)。基础设施互联互通带来直接投资项目、国际产能合作,不仅将在当地带来大量的工业品和消费品等市场需求,还将带来大量服务贸易需求。

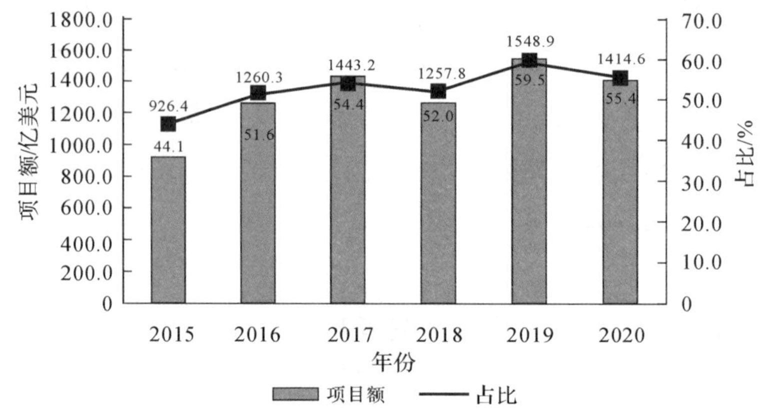

图 3.6　2015—2020 年我国企业在“一带一路”沿线国家和地区新签承包工程情况

数据来源:商务部召开例行新闻发布会(2021 年 1 月 21 日)[EB/OL]. 商务部网站,2021-01-21.

(2)深化国际产能合作要求服务贸易协同发展。随着国际产能合作进程的不断加快,迫切需要围绕产能合作推动研发设计、商务物流、金融保险等服务贸易的协调发展,以提升产能合作的有效性并降低风险。尤其是在以信息技术为重点的高科技迅猛发展的背景下,各国在数字经济、服务贸易、智能制造等新兴产业与技术合作的空间巨大。

(3)服务贸易滞后于产能合作进程。目前,“一带一路”沿线国家和地区间的产能合作与金融合作已经展开。2019 年,我国与“一带一路”沿线国家和地区服务贸易规模达到 1178.8 亿美元,占我国服务贸易总额的

15.0%，比 2015 年提高 2.8 个百分点[①]，但与货物贸易占比近 30%[②]的水平仍有明显差距。2019 年我国与“一带一路”沿线国家和地区服务贸易额占其贸易总额的比重仅为 8.3%。就是说，“一带一路”高质量发展，提升服务贸易领域国际合作的市场潜力巨大。

2.统筹推动“一带一路”产能合作与服务贸易进程

(1)“一带一路”由以产能合作为主逐步向产能合作、服务贸易并重转变。一是大量产能合作项目对研发、物流、金融、设计等服务贸易的需求日益加大。二是吸引更多发达国家参与“一带一路”建设，关键在于充分发挥发达国家的服务贸易优势与我国制造领域优势，共同开发第三方大市场。三是在疫情蔓延的背景下，发展中国家产业链和供应链遭受严重冲击，发展以保险、金融、会计等为重点的商务服务贸易的迫切性明显增强。

(2)以统筹产能合作与服务贸易发展吸引更多发达国家参与。一方面，大多数发展中国家仍处于工业化初期，对基础设施建设和工业发展有较大需求，但缺乏技术和资金。另一方面，发达国家受产业空心化、国内市场需求不足等因素的影响，虽拥有先进的技术和核心装备，但限于国内产能不足及成本过高，无法有效拓展第三方市场，导致经济增长动力不足。如果重产能合作而轻服务贸易，不仅对产能合作产生重要制约，也会降低发达国家参与“一带一路”建设积极性。吸引发达国家参与“一带一路”建设，关键是要把我国发展进口服务贸易与产能合作的优势结合起来，共同开拓第三方市场。

(3)以统筹产能合作与服务贸易构建“一带一路”产业链。通过服务贸易合作带动我国制造业全球布局，进一步建立健全区域合作的供应链、产

① 商务部综合司，国际贸易经济合作研究院. 中国对外贸易形势报告(2020 年秋季)[R]. 2020-11-24.

② 海关总署：去年我国与“一带一路”沿线国家进出口总值达 9.27 万亿元增长 10.8%[EB/OL]. 央广网，2020-01-14.

业链和价值链,有助于我国制造业在全球范围内配置资源,实现转型升级。例如,通过技术服务贸易,促进制造业同信息技术密集型服务业高度融合,以服务型制造为核心的新业态参与全球产业链的结构再调整和价值链重构,把生产要素的国内合理配置提升到全球范围配置,提升我国制造业的国际竞争力。

3.探索疫情下“一带一路”产能合作与服务贸易发展新模式

(1)疫情蔓延对共建“一带一路”高质量发展带来严峻挑战。在疫情影响下,发展中国家产业链和供应链遭受严重冲击,“一带一路”沿线部分国家和地区有可能经受不住疫情的冲击。例如,很多“一带一路”相关国家的商业、工厂和建筑工地的关闭,导致一些投资项目的推迟或搁置;石油等国际大宗商品的市场需求减少、价格大幅度下跌,旅游业和外汇收入减少,国内经济活动放慢,大部分发展中国家将面临财政和国际收支“双赤字”与经济衰退,显著加大了金融危机发生的可能性与社会政治动荡的风险。

(2)推进“一带一路”抗疫合作。一是加大对“一带一路”沿线发展中国家抗疫物资的支持。加大卫生医疗设备、检测试剂、应急物资和人员支持,在更大范围内开展技术合作交流的力度,建立密切的技术沟通机制,分享相关防控和诊疗技术,携手共同应对疫情。二是建立“一带一路”公共卫生全球行动协调机制。将公共卫生安全作为“一带一路”倡议的重要合作内容,各国联合行动以减少突发公共卫生危机对全球经济社会造成的严重冲击。例如,建立由“一带一路”沿线国家和地区政府首脑或卫生部长组成的协调与合作机制,使各国在面对公共卫生危机时共同采取更为及时、有效的措施和行动。

(3)构建自由贸易网络有效应对疫情对共建“一带一路”的冲击。以构建自由贸易网络为重点,在基础设施、产能合作、服务贸易等领域形成一系列制度性、机制性安排,不仅有利于提升疫情冲击下产能合作的稳定性,而且有助于在服务业国际分工中占据主动,并对促进全球经济一体化和改善全球经济治理结构产生重要积极影响。

(4)统筹产能合作与服务贸易，形成“一带一路”产业链与供应链新布局。一是深化国际产能合作与服务贸易协同发展，更加注重推动工程承包、研发设计、相关咨询、第三方认证、金融、保险、物流、采购等服务业企业“走出去”，以服务贸易合作提升产能合作水平，带动关联产业的上、下游国际市场需求。二是进一步建立健全区域合作的供应链、产业链和价值链，通过技术服务贸易，促进制造业同信息技术密集型服务业高度融合，以服务型制造为核心的新业态参与全球产业链的结构再调整和价值链重构。三是促进“一带一路”沿线国家和地区间的优势互补。依托我国的基建技术、工程能力、工业和价格结构等优势，结合西方发达国家企业在国际基建项目可行性论证、规划实施、风险管控、后期整合运营等经验，合作拓展第三方市场。

二、构建灵活多样的自由贸易大网络

推动共建“一带一路”高质量发展，需要以构建多层次自由贸易网络为重要目标，打造包括广大发展中国家在内的全球共商共建共享大平台，为共建开放型世界经济、维护并完善多边贸易体制、推动全球自由贸易进程提供重要动力。

1. 以构建双边、多边自贸网络推动新型经济全球化

(1)双边、多边自由贸易网络是新型经济全球化的重要实现形式。共建“一带一路”高质量发展，重在探索新型经济全球化。这需要加快建立双边自由贸易区，开展多种形式的自由贸易，尽快形成制度安排，在投资贸易便利化上实现重要突破。推进“一带一路”自由贸易网络建设，对促进全球经济一体化和改善全球经济治理结构有重要影响；同时，有利于增强各方对全球经济一体化的信心，共同抵制各种形式的贸易保护主义。

(2)以双边、多边自由贸易网络推动提升共建“一带一路”的包容性。目前,“一带一路”沿线国家和地区大部分都是发展中国家,且经济发展程度、政治体制、文化历史、宗教状况各有不同。为此,需要构建灵活多样的自贸网络以形成制度安排。在此背景下,以构建自贸网络为重点,在基础设施、产能合作、服务贸易等领域形成一系列制度性、机制性安排,在画好“一带一路”“工笔画”的同时,进一步拓展“一带一路”合作网络,吸引更多国家参与建设。

(3)以双边、多边自由贸易网络有效降低“一带一路”贸易成本。世界银行发布的《2019 营商环境报告》显示,受经济基础、市场开放和成熟程度等诸多因素的影响,欧洲与中亚国家、东亚及太平洋地区国家、南亚国家的出口所需费用成本分别是经济合作与发展组织的 1.1、2.7、2.5 倍;进口所需费用成本分别是经济合作与发展组织的 1.6、4.1、5.0 倍。① 贸易成本过高成为制约区域发展的主要障碍之一。与欧盟等区域一体化方面取得实质性进展的地区相比,“一带一路”沿线国家和地区面向区域内国家的出口和进口在对外贸易总额中的比重明显偏低。为此,构建“一带一路”自贸网络是降低参与国贸易成本的一项实质性举措。

2. 推进“一带一路”多边自贸区建设

(1)探索建立上合组织自由贸易区。目前,上合组织成员国合作的领域已经从传统的贸易、投资、能源、交通扩大到金融、科技、农业、环保、旅游等多个领域,但主要是具体项目对接。在这个基础上,应加快推进贸易投资、市场准入、海关监管等方面的规则与机制对接,提升贸易投资自由化、便利化水平。有研究表明,如果将上合组织 8 个成员国间通关时间缩短 25%,GDP 总量将增加 540 亿美元,进出口总额会相应增加 200 亿美元。②

---

① 世界银行. 2019 营商环境报告[R]. 2018.

② 赵静. 区域经济杀出“黑马” 上合组织经贸项目步入落地期[N]. 上海证券报,2016-10-22.

从现实情况看，建立上合组织自由贸易区的一个现实有利条件是多数成员国都是世贸组织成员，可以世贸组织的协定为基础，尽快启动自贸区谈判。

(2)推进中国—海合会自贸区合作进程。2004 年以来，中国—海合会自贸区已经进行了 9 轮谈判，在货物贸易、服务贸易、投资、经济技术合作、海关核查程序、技术性贸易壁垒、卫生和植物卫生措施、贸易救济等领域达成一致。总体上看，建立中国—海合会自贸区的时机条件比较成熟。建议在“一带一路”框架内，推动国际产能合作与海合会的经济结构多元化战略对接，相互借力，加快推动经济结构优化调整，带动我国与海合会经济合作。

(3)适时将中国与欧亚经济联盟经贸合作协定升级为自贸协定。欧亚经济联盟的成员国有俄罗斯、哈萨克斯坦、白俄罗斯、吉尔吉斯斯坦和亚美尼亚，均是“一带一路”倡议的重要合作伙伴。一方面，欧亚经济联盟积极与欧盟合作，主动提出建立自贸区的意愿，而欧盟对此并不积极。另一方面，欧亚经济联盟大力推进与上海合作组织和中国丝绸之路经济带的对接合作，并积极同经济合作与发展组织合作。在此背景下，加快推进中国—欧亚经济联盟自贸合作进程，对推动共建“一带一路”高质量发展具有重要意义。建议以中国—东盟自贸区升级版为参考，启动中国—欧亚联盟自贸协定谈判，并将此作为构建“一带一路”自由贸易网络的重要内容。

3. 加快与“一带一路”重要贸易伙伴的双边自贸进程

(1)升级已有的双边自由贸易区。目前，我国已同 26 个国家和地区签署了 19 个自贸协定[①]，但自贸协定主要集中在传统贸易领域，如人员劳务、商品流通、产业合作、消除贸易壁垒等方面。建议短期内，在条件具备的情况下逐步提升已有自由贸易区的自由化水平；中长期，适应服务贸易

① 我国已与 26 个国家和地区签署 19 个自贸协定——发挥自贸优势便利企业出海[N]. 经济日报，2020-11-19.

加快发展的大趋势,以建立高标准自由贸易区网络为目标,围绕提升贸易便利化水平、服务业市场开放、产能合作、双向投资实现自由化和便利化、规制合作、削减关税和非关税壁垒、保护知识产权、环境保护、电子商务、自然人移动便利化等方面,推进中国—东盟自由贸易区,中国—新西兰、中国—韩国、中国—智利、中国—秘鲁、中国—瑞士等自由贸易区升级进程。

(2)加快推进已取得实质性谈判成果的双边自贸进程。一是加快中国—挪威自贸协定谈判进程。在"一带一路"倡议框架内,加强丝绸之路与北欧新琥珀之路的对接,充分利用中挪关系明显改善的重大契机,加快实现中国—挪威自贸协定谈判的重要突破,以此带动我国与北欧地区国家的合作进程。二是加快中国—以色列自贸协定谈判进程。以农业及农业项下的技术、商务等为重点,争取尽快实现中以自贸协定谈判的突破。三是加快中国—斯里兰卡自贸协定谈判进程。

(3)启动与重要贸易伙伴的双边自贸区谈判。一是启动中国与南非等非洲国家双边自贸区谈判。利用中非合作论坛机制,积极落实中非"十大合作计划",统筹推进中非基础设施合作计划和中非贸易投资便利化合作计划,与南非、加蓬等非洲国家开展自贸合作,推进包括货物贸易、服务贸易和投资合作等在内的全面自由贸易协定。二是加快与巴西、墨西哥、土耳其等新兴市场国家自由贸易区谈判。借鉴亚太贸易协定商签的优惠贸易协定方式进行谈判,逐步建立自由贸易区;在投资领域,实行特定产业的开放。同时,利用中拉合作论坛机制,加快与更多拉美国家的自由贸易协定的谈判,争取缔结更多的双边自由贸易区。三是启动中国与尼泊尔、孟加拉国等南亚国家自贸区谈判。尽快开展中尼、中孟双边自贸协定联合可行性研究,在此基础上,启动中尼、中孟双边自贸区谈判,加快构建中尼、中孟自由贸易区。

(4)将有条件的跨境经济合作区提升为双边自由贸易区。随着跨境经济合作的进一步深化,将有条件的跨境经济合作区升级为双边自由贸易区，简化通关流程，降低关税，消除贸易壁垒，推进资金流、物流、人员流动的便利化，逐步消除生产要素跨境流动的障碍，使其成为双边深化投资贸易合作的先行试验区。例如，把黑龙江绥芬河、云南临沧等跨境经济合作区提升为跨境自由贸易区。

三、探索多种形式的“一带一路”经济合作圈

在新冠肺炎疫情背景下要立足“一带一路”沿线国家和地区的现实情况，发挥各自的资源优势，探索建立多种形式的经济合作圈，重点深化公共卫生、数字经济、绿色发展、科技教育合作，促进人文交流。

1.打造能源经济合作圈

(1)建立沿线能源经济合作圈。在我国与“一带一路”沿线国家和地区的能源通道节点城市，建设能源加工园区、能源保税港区、新能源产业园区、能源跨境经济合作区、以能源为重点的工业港区等。对能源贸易和投资自由化便利化的制度安排进行先行先试，打造区域能源贸易中心、能源共同储备基地、能源合作创新中心等。

(2)加强与中东地区的能源产业合作。我国与中东国家在能源投融资、勘探开采、运输物流、加工储存、技术研发等领域的合作空间巨大。建立能源共同储备机制，对加强“一带一路”能源供给安全、稳定当前世界能源市场价格具有战略意义。建议与条件具备的中东国家建立更加紧密的能源战略合作的机制安排。

2.建立旅游经济合作圈

(1)构建“泛南海旅游经济合作圈”。构建“泛南海经济合作圈”是我国开发南海、加强与泛南海地区经贸关系的一篇大文章。构建“泛南海旅游经济合作圈”是其重要突破口。加快开辟泛南海邮轮旅游航线，使海南邮

轮旅游产业成为构建“泛南海旅游经济合作圈”的先导产业,发挥海南在“泛南海旅游合作圈”中的重要作用。以旅游经济合作圈提升开放合作水平。借助“一带一路”基础设施互联互通建设,促进区域内旅游交通设施便利化。加强海南与泛南海区域旅游合作,充分发挥各地区位优势和旅游资源优势,共同打造边境、跨境、境外旅游合作区,构建开放性的区域旅游经济合作网络。建议在相关部委的大力支持下,争取推动有实力的企业参与建设,尽快把三亚凤凰岛建成一流的邮轮母港。

(2)建立东北亚旅游经济合作圈。东北亚地区旅游资源丰富,潜力巨大,但各国在发展旅游业方面均有不同程度的短板。例如,俄罗斯的自然旅游资源丰富,但旅游资源的开发不足;韩国国土面积小,旅游资源优势不明显,但其旅游产业发展迅速;日本人文旅游资源丰富,传统文化和旅游形象鲜明,但国土面积不大,难以开发多样化的旅游产品;我国东北地区有着丰富的旅游资源与人文历史资源,但旅游产业发展相对滞后。加快构建“一带一路”东北亚旅游合作圈,在旅游标准制定、人员跨境流动、跨境旅游线路设计、基础设施互联互通等领域实现重要突破,并以旅游合作带动人文交流,可以为东北亚地区增强政治互信、安全互信提供重要条件。

(3)建立中亚旅游经济合作圈。中亚地区旅游资源丰富,具有极高的历史文化价值,在世界旅游市场上具有资源独特性。由于基础设施建设滞后、入境手续烦琐等因素,中亚地区旅游资源优势尚未转化为经济优势。世界经济论坛发布的《2019 年旅游业竞争力报告》显示,哈萨克斯坦、塔吉克斯坦、吉尔吉斯斯坦的旅游竞争力在全球排名分别为第 80、104、110 位。近年来,在“一带一路”倡议下,我国与中亚多个国家共同举办旅游年,在丝绸之路旅游市场取得重要进展。“十四五”期间,依托中国大市场,推动共建中亚旅游经济合作圈,实现西北五省区与中亚五国在旅游线路、旅游基础设施、入境免签等领域的全面对接,通过联合举办旅游节、推出精品旅游线路、创建国际丝绸之路文化遗产统一品牌形象等途径,有利于实现资源共享、优势互补、互惠互利、共赢发展，推动建设丝路旅游共同体。

3. 建立医疗健康产业合作圈

(1)加快建设健康医疗服务自贸园区。逐步对外资开放医疗服务业，吸引国际医疗服务机构、国际商业医疗保险机构进驻，推动我国医疗健康服务产业经济的升级和“一带一路”沿线国家和地区协同发展。例如，允许境外资本在园区内举办独资、合资医疗机构；在园区内实行高水平医疗标准；放宽境外医师在园区内执业限制；适当降低园区部分医疗器械和药品的进口关税；鼓励园区利用多种渠道融资，吸引社会投资；在园区内先行探索医疗保障制度对接试点。

(2)多平台、多形式、多领域地开展医疗健康合作。通过建立健康产业基金、健康科技园区、健康服务业合作示范基地等合作平台，形成“资金、政府、科研”于一体的合作体系，打造一批面向“一带一路”沿线国家和地区的国际化医疗保健机构。加强在健康管理、健康职业教育、健康技术研发等领域的互利合作。

(3)推动我国传统医疗保健产业“走出去”。充分发挥我国传统医疗产业优势，推广中医文化，积极发展中医药服务贸易，拓展与“一带一路”沿线国家和地区的合作。

4. 建立新经济与科技创新合作圈

(1)全面扩大“一带一路”数字经济领域的开放合作。2017 年 12 月，第四届世界互联网大会上，中国、老挝、沙特、塞尔维亚、泰国、土耳其、阿联酋等国家相关部门共同发起《“一带一路”数字经济国际合作倡议》。该倡议标志着“一带一路”数字经济合作迈出重要步伐。以落实该倡议为重点，建议尽快出台 21 世纪的数字丝绸之路建设行动方案，加强我国数字经济发展与“一带一路”沿线国家和地区之间的对接，支持鼓励我国数字经济领域领军企业“走出去”扩大业务范围，为“一带一路”沿线国家和地区提供发展数字经济的“中国方案”，吸引更多国家加入“一带一路”数字经济开放创新网络中来。

（2）建立数字经济和电子商务合作圈。《“一带一路”数字经济国际合作倡议》提出以来，越来越多的国家携手共建和平、安全、开放、合作、有序的网络空间。依托“一带一路”倡议，立足我国技术优势，以5G基础设施建设为重点，建立区域性的数字自由贸易产业园区，协调国家间数字贸易政策和竞争政策，推动形成数字贸易、数据传递、数据安全、网络安全与监管等制度安排。

（3）建立数字技术创新合作圈。充分发挥“一带一路”沿线国家和地区科研机构和组织的地域特点及多学科综合优势，围绕“一带一路”建设重点领域，聚焦重大资源、环境、经济、民生和可持续发展等问题，组织、支持和实施国际科技合作研究计划。[①] 搭建“一带一路”协同创新平台，加大重点科技基础设施建设，共同推进产业数字化转型。例如，在具备条件的“一带一路”沿线国家和地区建立联合实验室、联合研究中心、技术转移中心、技术示范推广基地和科技园区等国际科技创新合作平台；推进科技网络平台建设，促进科技创新等信息共享与合作；对联合开展科学研究和教学用品、科技开发用品实行免征进口关税和进口环节增值税、消费税等政策。

四、积极拓展第三方市场合作空间

挖掘“一带一路”第三方市场空间，充分发挥发达国家服务贸易优势和国际合作经验优势，引导形成相关的制度安排，积极探索互利共赢、共同发展的国际合作新模式。

① “一带一路”科技创新国际研讨会发布“北京宣言”[EB/OL]. 人民网，2016-11-08.

1.“一带一路”第三方市场空间巨大

(1)第三方市场投资空间巨大。拓展第三方市场合作已成为共建“一带一路”高质量发展的重要内容。统筹国际产能合作与服务贸易推进“一带一路”第三方市场合作,不仅有助于在双边和多边机制层面突破结构性瓶颈,而且能够释放“一带一路”建设的新动能。亚洲开发银行指出,作为“一带一路”重点地区的亚洲,2019 年基础设施投资需求约为 4590 亿美元,相当于亚洲 GDP 的 2.4%,其中南亚、东南亚和中亚地区的投资需求分别达到 GDP 的 5.7%、4.1%和 3.1%。[①]《“一带一路”国家基础设施发展指数(2020)》显示,虽然受新冠肺炎疫情严重冲击,2020 年“一带一路”沿线国家和地区基础设施发展总指数大幅下降,跌至近 10 年来的最低水平,但是不同地区基础设施发展差异较大,东南亚保持领先,在排名中位居第一;未来交通基础设施仍是各方合作重点,公共卫生类基础设施发展有望加快。[②]

(2)第三方消费市场潜力巨大。亚洲地区是全球经济活动最活跃的地区之一,2008 年国际金融危机以来这一趋势更加明显。2008—2019 年,亚洲 GDP 年均增长 4.5%左右,是全球平均增速的 2 倍,是发达国家平均增速的近 4 倍;受新冠肺炎疫情的影响,亚洲经济在 2020 年出现了 60 年来首次负增长,但总体表现好于世界其他地区。2021 年,亚洲的经济发展态势继续好转。世界货币基金组织在最新发布的报告中将亚洲经济增速上调至 7.6%,高于上年 10 月份预期的 6.9%。[③] 从中长期增长空间来看,目前亚洲人口占全球的 60%左右,但 GDP 总量仅占 36.5%,最终消费规模占全球的 31.5%。保守估计,若亚洲 GDP 年均增速保持 4%,通货膨胀率

---

① 中国对外承包工程商会,中国出口信用保险公司.“一带一路”沿线国家和地区基础设施发展指数报告 2019[R].2019-05.

② “一带一路”国家基础设施发展指数(2020)[N]. 国际商报,2020-12-03.

③ “一带一路”国家基础设施发展指数(2020)[N]. 国际商报,2020-12-03.

按1%计算,到2030年亚洲将新增15万亿美元的经济总量;若亚洲最终消费年均增速保持5%,通货膨胀率按1%计算,到2030年亚洲将新增21万亿美元的消费市场。[①] 在发达国家经济增速放缓、需求市场低迷的背景下,积极拓展"一带一路"第三方市场合作的重要性凸显。

(3)第三方市场贸易发展潜力巨大。消费规模的快速增长带来进口贸易的快速增长。2005—2019年,亚洲各类商品与服务进口额年均增长6.5%;亚洲商品和服务进口增速是全球平均水平的1.5倍,是发达国家平均进口增速的2.5倍。亚洲国家正处于经济服务化的加速阶段。2019年,亚洲国家服务业平均占比57%左右,还有10—15个百分点的提升空间,这将带来3万亿—4万亿美元的市场空间,并将带来巨大的服务贸易需求。

2.推动我国产能优势与发达国家服务优势的融合

(1)推动金融与产能合作的融合。"一带一路"基础设施互联互通需要大量资金支撑。据亚开行估算,2030年前亚洲对基础设施建设的资金需求约26万亿美元,其中电力投资需求14.7万亿美元,交通投资需求8.4万亿美元[②]。即使将亚开行与亚投行、世界银行的资金合在一起,仍然存在明显缺口,需要更大的资金规模和更多元化的投资主体。一是在《"一带一路"融资指导原则》下加强丝路基金、亚投行与亚开行、世界银行等的贷款合作。二是合作开发"一带一路"债权、股权、股债结合、股权投资计划、资产支持计划和私募基金等多种投融资产品。三是重点与英、法、日、德等国家加强在企业财产保险、人身保险、工程保险、各类责任保险、货物运输保险及相关衍生品等领域的合作。

(2)推动物流服务与产能合作的融合。以新亚欧大陆桥、中蒙俄、中

① 根据联合国贸易和发展会议相关数据测算得出。

② 亚开行:2030年前亚洲基建投资需求达26万亿美元[EB/OL].凤凰财经,2017-02-28.

国—中亚—西亚、中国—中南半岛、中巴和孟中印缅等六大国际经济合作走廊为重点，加快吸引发达国家优质物流企业入驻“一带一路”沿线跨境产业园，通过联合人才培养、技术合作、基础设施建设等方式，提升“一带一路”沿线物流产业发展水平；鼓励物流企业走出去，积极开展库存管理、物流成本控制、流通加工、物流信息服务等相关增值业务，延长物流产业链；积极推动我国物流企业与国外企业在出口信用保险、保价理赔、物流融资、海洋运输保险等物流金融方面的合作，提升我国物流综合服务能力；合作建设“一带一路”商贸物流(商务)数据交换平台，联合制定国际物流服务标准，打造功能齐全、智慧互联的一站式商贸物流公共信息服务网络。

(3)推动环境保护与产能合作的融合。当前，围绕环境保护的第三方市场合作已经展开。例如，来自相关国家和地区的100多个合作伙伴共同成立“一带一路”绿色发展国际联盟；我国积极实施“绿色丝路使者计划”，已培训沿线国家2000人次。[①] 总的来看，日本等发达国家在绿色能源、绿色基础设施、绿色技术、绿色产品、绿色采购、绿色金融等方面具有明显优势且积累了多方面经验。“一带一路”沿线国家和地区改善环境的需求，为“绿色丝绸之路”的第三方市场合作提供了巨大空间。

3.形成拓展第三方市场合作的制度安排

(1)强化第三方市场合作的顶层设计。加快同“一带一路”沿线发达国家与发展中国家政府及企业共同制定《“一带一路”地方市场合作框架协议》，在第三方市场合作的原则、程序、标准、合作机制、利益分配等方面做出明确安排，为各方提供一个稳定的预期。

(2)采用多种模式灵活拓展第三方市场合作。“一带一路”沿线国家和地区的优势及发展需求不同，需要灵活采用如实施特定产业项下的自由贸

① 推进“一带一路”建设工作领导小组办公室．共建“一带一路”倡议进展、贡献与展望2019[M]．北京：外文出版社，2019．

易、共建特定产业的跨境合作园区、签署自贸投资协定、人文交流等多种方式推进。例如,对区域全面经济伙伴关系成员国,可积极努力推动自贸投资协定的签订;对尚不具备签署协定的国家,可从探索产能项下、基础设施项下、特定服务业项下的自由贸易政策入手。

(3)建立健全第三方市场合作支持机制。建立三方共同参与的"一带一路"第三方市场合作常态化部门,并建立第三方市场合作的部长联席会议,制定详细的合作路线图及重点工作实施计划;充分利用互联网技术,建立第三方重点国别信息库和企业信息库,定期发布第三方市场合作需求清单,促进第三方市场合作供给与需求的有效对接;打造第三方市场合作企业、智库、金融等联盟,建立第三方市场合作论坛定期举办制度。

第五节 主动参与国际经贸规则重构

提升我国在推动双边、多边自贸进程与全球经济治理等方面的影响力,既需要我国积极主动地推进自贸区战略,更需要尽快实现经贸规则的内外对接,并主动参与国际经贸规则重构。

一、把握国际经贸规则重构新趋势

当前,多边贸易体制对国际经贸规则重构的领导力在削弱,高标准自由贸易协定逐渐引领国际经贸规则的重构,并呈现出新的特征。

1. 服务贸易与数字贸易规则加速重构

(1)服务贸易规则重构进入关键期。目前,世贸组织框架下《服务贸易总协定》谈判已经进行到第 20 轮谈判。但受制于 48 个国家发展水平的差异及协商一致原则的限制,《服务贸易总协定》谈判在短期内仍难以完成。

在此背景下，服务贸易规则重构，更有赖于高标准区域贸易协定谈判。例如，2007年底前签订的区域双边自由贸易协定中，涉及服务贸易内容的仅有56个，占同期区域贸易协定数量的33.9%；2008—2020年签订的区域双边自由贸易协定中，涉及服务贸易内容的增加至99个，占比71.7%。[①]总的来看，服务贸易已成为全球自由贸易规则重构的重点与焦点。

(2)数字贸易规则构建进入关键期。当前，数字贸易兴起成为全球贸易的突出特点。例如，2019年，全球网络零售额约为3.54万亿美元，同比增长20.7%，高于全球零售交易总额增速(4.5%)16.2个百分点；同时网络零售额占全球零售交易总额的比重也由2017年的10.4%上升到2019年的14.1%，预计2023年这一比重将达到22%。[②] 加快构建数字贸易规则成为当前多边、区域自贸谈判的重点之一。例如，在2019年达沃斯世界经济论坛上，欧盟28国和其他47个世贸组织成员决定启动谈判，以制定全球电子商务规则；2019年G20财长会议也提出，将针对大型跨国信息技术企业制定全球统一"数字税"课税规则。然而，由于在多边层面的数字服务税规则进展缓慢，全球统一"数字税"课税规则仍处在推进阶段。

2."零关税、零壁垒、零补贴"的基本趋势

(1)货物贸易朝着零关税规则演进。尤其是在疫情对全球生产网络产生严重冲击的情况下，欧美等发达国家很有可能加速这一趋势，在引领新一轮全球经贸规则、保持自身国际竞争力的同时，将许多发展中国家排除在外。

(2)规则措施由"边境上"向"边境后"拓展。从最新签订的区域贸易协定内容看，不仅涵盖传统的关税、配额、数量限制、海关监管等"边境上"措施，也更多强调知识产权、国有企业、政府采购、劳工标准、环境标准、竞争

① 迟福林，郭达. 在大变局中加快构建开放型经济新体制[J]. 开放导报，2020(4).

② 商务部电子商务和信息化司. 中国电子商务报告2019[R]. 2020.

中性等“边境内规则”。

(3)疫情后对接全球高标准经贸规则时间约束趋紧。疫情后,欧美等发达国家将重新审视高度依赖“中国制造”的问题,“产业链回流”是一个大概率事件。抓住未来几年的窗口期,在市场准入、技术标准、竞争中性、服务与数字贸易等方面对标高标准经贸规则,推进市场经济体系进一步与国际接轨的同时,依托我国市场规模优势增强在全球新一轮贸易规则制定中的话语权。应当看到,对接全球高标准经贸规则利大于弊。例如,加快推进“零关税”进程,有利于推进我国消费结构升级进程,也有利于降低企业成本,提升对全球产业链、供应链和价值链的掌控能力和全球化运营能力;降低边境内市场壁垒,有利于改善投资环境,在公平竞争中增强企业竞争力;逐步实现“零补贴”,有利于减轻财政负担,并在发挥市场决定性作用中推进产业结构调整。

3. 超大型区域自贸协定有望引领新一轮全球经贸规则重构

CPTPP 作为全球高水平的自由贸易协定,体现了高标准、全方位、广覆盖,以及强排他性等特征;不仅包括货物贸易,而且还包括知识产权、环境保护、国企竞争、政府采购等内容。目前已经加入 CPTPP 的 11 个国家分别是日本、加拿大、澳大利亚、智利、新西兰、新加坡、文莱、马来西亚、越南、墨西哥和秘鲁。这些国家中,我国与澳大利亚、智利、新西兰、新加坡、秘鲁签有自由贸易协定;与文莱、马来西亚、越南等东盟国家及日本有签署 RCEP;与加拿大和墨西哥尚未签订自由贸易协定。进入新发展阶段,我国推动由商品和要素流动型开放向规则等制度型开放转变。加入 CPTPP 等国际高水平自由贸易协定,将对我国加快制度型开放步伐,形成双循环新发展格局产生重要而深远的影响。

二、积极参与高水平国际经贸规则体系构建

未来几年，以参与国际经贸规则重构为重点，进一步提升我国在推动双边、多边自贸进程、参与引领全球经贸规则重构等方面的话语权。

1. 赢得对内发展与国际竞争的主动

(1)赢得推动双边、多边自由贸易进程的主动权。当前，欧盟除与日本签订协定外，与新加坡、越南的协定已经到了批准阶段，与印度尼西亚、澳大利亚、新西兰的协定也处于谈判之中。日本主导并已签订了 CPTPP 等大型自由贸易协定，且与欧盟签订了经济伙伴关系协定，不仅在大幅削减双边关税方面实现重要突破，而且在数字及服务贸易领域实现了高水平的制度安排。在此背景下，我国推动双边、多边自贸区的外部压力凸显。主动对接高水平经贸规则有利于我国尽快完成中欧投资协定谈判并启动自由贸易谈判、积极加入 CPTPP 等进程，更有利于提升我国在多边贸易体制改革中的国际认同及话语权。

(2)赢得国际规则竞争的主动权。当前，国际经贸规则重构进入关键时期，如何在“规则之争”中赢得主动，关系我国今后参与全球化进程，也关系世界经济、贸易格局的重塑。从我国过去几年的实践看，我国在新议题、高标准议题设置谈判中不及预期。这需要在加快实现规则对接的基础上，积极参与并推动全球经贸规则制定，提升双边、多边谈判中的主导权与影响力。

(3)在对接国际规则中倒逼国内改革进程。在对接国际服务贸易开放规则中，实质性打破服务业领域的“玻璃门”“弹簧门”等隐形壁垒，并逐步建立与国际接轨的服务业标准体系，提升我国服务业发展质量与国际竞争力；在确立竞争中性中推动国有企业改革，使国企真正成为市场主体；在扩大进口中进一步降低进口关税；在全面对接标准中强化产权与知识产权保护，推进产权保护制度化、法治化进程。

2. 坚持包容、开放、发展的基本导向

(1)由低门槛向高标准逐步提升。劳工标准、环境标准、知识产权保护、竞争政策等严格的"边境内规则",以及一些要求让渡国家主权的条款,对于发展中国家而言标准过高。建立亚太自贸区,可以参照世贸组织制度框架,先建立门槛较低、标准较低的制度,形成成员共同遵守的统一制度。充分考虑成员的共同利益和差别,不设定"一刀切"的标准。

(2)支持差别待遇、标准适度的市场开放。逐步提升贸易投资开放水平,逐步增加开放内容、提高开放标准。针对不同发展水平的成员,实施差异化的过渡性安排。采取对发展中国家和最不发达国家的优惠原则,允许这些国家的敏感产业和部门有较长的过渡期,使得亚太区域内发展中国家平等融入区域价值链。

(3)以实现包容性发展为目标。当前,发展仍是区域内各国最大的利益公约数。在此背景下,应以促进全球经济增长为目标,以公平可持续为导向,深化发展自由贸易规则中的可持续发展议题,推进全球贸易投资规则重构,建设以规则为基础的开放、公平的全球贸易体系,并以此为前提推动贸易自由化便利化进程。

3. 积极参与和引领服务贸易与数字贸易规则制定

当前,在全球尚未形成统一服务贸易制度的背景下,发达国家把服务贸易作为主导贸易规则制定的制高点。为此,建议把握服务贸易成为双边、多边和区域自由贸易重点的客观趋势,把服务贸易作为我国高水平开放的重大任务。我国应积极参与和引领建设开放、包容、共享、均衡的区域性和全球性服务贸易协定,带动新兴经济体和发展中国家平等参与区域和全球服务贸易体系建设,释放全球服务贸易需求潜力。要积极参与构建开放包容的数字贸易规则,与其他数字贸易大国形成数字贸易项下的自由贸易政策安排。

三、积极参与全球经济治理体系改革和完善

进入21世纪以来，G20在全球经济治理中的地位作用逐步凸显。适应新形势，完善和推动G20机制化，成为形成有效全球治理机制的重大问题。

1. 全球经济治理体系变革与重构的迫切性全面增强

客观地看，二战后确立的国际经济治理体系难以为继。由于特朗普任职期间将“单边主义”“美国优先”政策推行到极致，美国“退群”加上诸多国家出现的贸易保护主义、民粹主义思潮，导致全球治理体系在应对新冠肺炎疫情等新挑战中捉襟见肘。

2020年的新冠肺炎疫情全球大流行下大国博弈日趋激烈复杂，地区热点有增无减，全球治理面临大考。包括联合国、G7、G20，乃至世界银行、国际货币基金组织等国际体系都将进入一个新的变革时代。

2. 发挥G20在全球经济治理中的重要作用

(1)G20取代G7成为全球经济合作的主要论坛。G20吸引了更多发展中国家参与，完成了从“西方治理”向“西方和非西方共同治理”的转变，使得G20在解决全球重大问题上更为有效。

(2)与G7相比，G20更具代表性、平等性、实效性。G20成员涵盖面广，代表性强，其GDP占全球经济的90%，贸易额占全球的80%；G20采用协商一致的原则运作，新兴市场国家同发达国家在相对平等的地位上就国际经济金融事务交换看法；G20峰会通过一系列重要决定，为应对国际金融危机、促进世界经济复苏、推动国际金融货币体系改革发挥了重要作用。

(3)G20机制化具有迫切性。G20作为全球治理平台具有非正式性。例如，G20峰会往往有“最后声明”“各方达成共识”“各方达成谅解”等，对

成员国不具有硬性约束力,各国是否执行取决于自身。

3.进一步完善G20参与全球治理的机制

(1)G20仍是非正式国际机制。与联合国、国际货币基金组织、世界银行等通过法律条约的方式形成的正式国际机制不同,G20仍是非正式国际机制,主要靠成员国的共识来规范国际关系。

(2)G20在解决短期应急问题上更有优势。由于G20是非正式国际机制,具有灵活性高、行动速度快等优势,在全球应急治理问题上发挥重要作用。以2008年国际金融危机为例,尽管国际货币基金组织和世界银行也做出了表态,但在操作上相对滞后。而G20华盛顿峰会、伦敦峰会则迅速达成共识,通过出台1.1万亿美元的全球经济复苏和刺激计划,以及47条国际金融领域改革行动计划,有效防止了危机的蔓延。

(3)推动构建G20长效治理机制。从全球治理的大局看,未来G20可以在保持自身非正式治理框架的同时,与正式国际机制有机结合,让更多的正式国际机制参与G20治理,由此充分发挥正式国际机制在执行力方面的优势。例如,推动世界银行、国际货币基金组织、世界贸易组织、国际劳工组织、经济合作与发展组织、金融稳定理事会以及联合国等7个正式国际机制与G20相结合,尽快形成新的治理框架。

第四章　以服务贸易发展为重大任务

服务贸易已成为全球自由贸易的重点，也是全球经贸规则重构的焦点，更是我国以扩大内需为导向推进高水平开放的重点。适应经济全球化大趋势与国内经济转型升级的需求，协同推进强大国内市场和贸易强国建设，关键是加快推进服务业市场开放进程，加快建设服务贸易强国。

第一节　全球服务贸易发展较快

随着全球经济服务化，特别是大数据、物联网、云计算和移动互联网等信息技术的快速发展，服务的可贸易性不断增强，服务在全球价值链中的地位日益凸显，服务贸易成为新一轮全球自由贸易的重点与全球经贸规则重构的焦点。

一、全球服务贸易较快发展的大趋势

在全球经济服务化及新一轮科技革命的背景下，服务贸易快速兴起，在全球贸易格局中的重要性全面凸显，并逐步成为对外贸易增量产生的重点领域。

1. 全球服务贸易规模快速扩大

近年来，尽管服务贸易增速在部分年份有所波动，但整体仍呈增长趋势。尤其是2008年的国际金融危机以来，在全球货物贸易持续低迷的条件下，服务贸易规模仍保持了较快发展。2010—2019年，全球服务贸易额

由7.8万亿美元增长至11.9万亿美元,增幅53%;服务贸易额占贸易总额的比重由20.3%提高至23.8%,提升了3.5个百分点(见图4.1)。2019年世界贸易组织《世界贸易报告:服务贸易的未来》预测,到2040年,服务贸易在贸易中的占比将提升到50%。

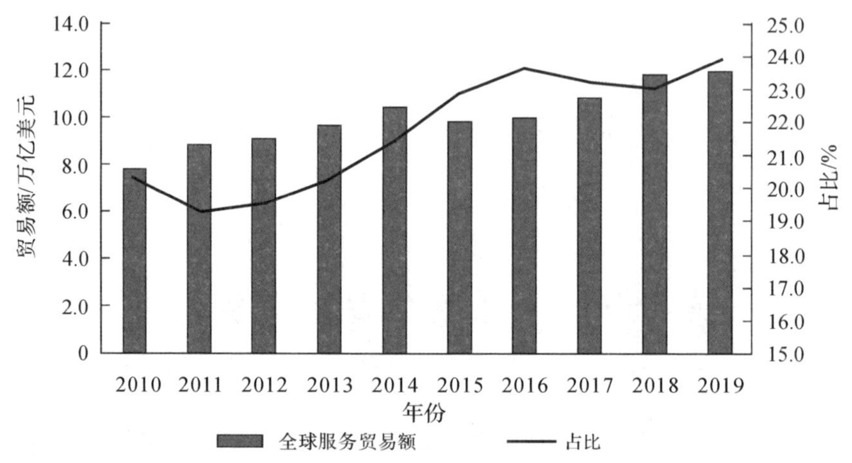

图4.1　2010—2019年全球服务贸易额及占比

数据来源:根据WTO数据库相关数据测算,https://data.wto.org/。

2.服务贸易拉动世界贸易与经济增长

(1)服务贸易增速快于货物贸易。2006—2019年,全球货物出口总额由12.1万亿美元增长到18.9万亿美元,增幅56.1%,低于同期服务出口增幅46.9个百分点;年均增长3.5%,低于服务出口增速2.1个百分点;特别是2011—2019年,全球货物出口增速仅为0.4%,而同期全球服务出口增速达4.1%。①

(2)服务贸易拉动全球经济增长大趋势。近年来,服务贸易增速快于全球GDP增速是个大趋势。据统计,2006—2019年全球GDP年均增速2.6%(按2010年不变价美元计算),不到全球服务出口年均增速的三分之

① 根据WTO数据库相关数据测算得出。

一；低于全球服务出口年均增速 1.5 个百分点。此外，服务业在全球经济中所占比重最大，服务贸易对人均 GDP 增长的贡献日益增大。有研究表明，在 2000—2014 年，跨境服务贸易导致人均 GDP 平均增长 6.3%。

3. 新兴服务贸易拉动服务贸易快速发展

信息技术的快速发展与广泛应用，全球知识产权、电信计算机信息、专业服务、文化娱乐（含视听）等相关服务出口额快速增长。2013—2018 年，上述四项服务出口由 11.4 万亿美元增长至 15.6 万亿美元，年均名义增长 6.5%，快于服务出口整体增速 2.7 个百分点；占服务出口额的比重由 23.6%提升至 26.8%（见图 4.2）。与信息技术相关的服务贸易已成为拉动全球服务贸易增长的重要动力。

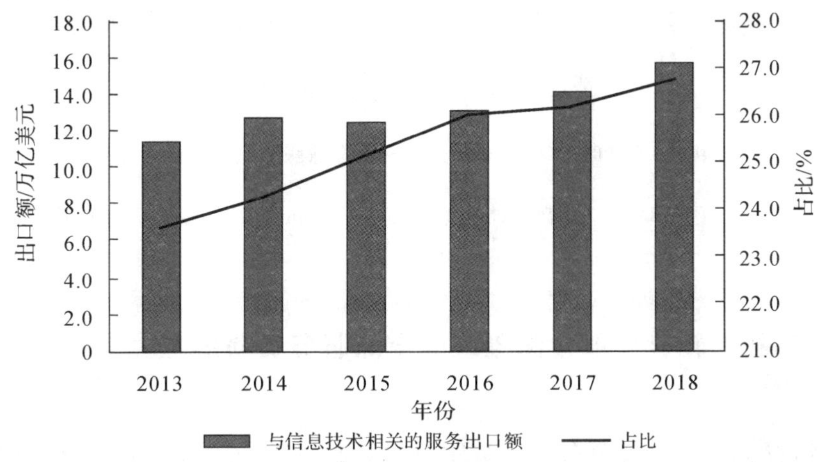

图 4.2　2013—2018 年全球与信息技术相关服务出口额及占比

数据来源：根据 WTO 数据库相关数据测算，https://data.wto.org/。

4. 发展中国家在全球服务贸易格局中的地位和作用日益提升

2005—2019 年，全球服务出口增幅为 118%。其中，发达国家增幅为 110%，发展中国家增幅为 200%；从增速看，同期全球发展中国家服务出口年均增长 8.2%，高于全球服务出口年均增速 2.5 个百分点，高于发达国家服务出口年均增速 2.8 个百分点;发展中国家服务出口占全球服务出口总额的比重由 22.9%提升至 29.8%,提高 6.9 个百分点(见图 4.3)。目前,虽然发达国家仍是全球服务贸易发展的主体,但随着发展中国家经济服务化进程的加速,其在全球服务贸易发展格局中的地位日益提升。

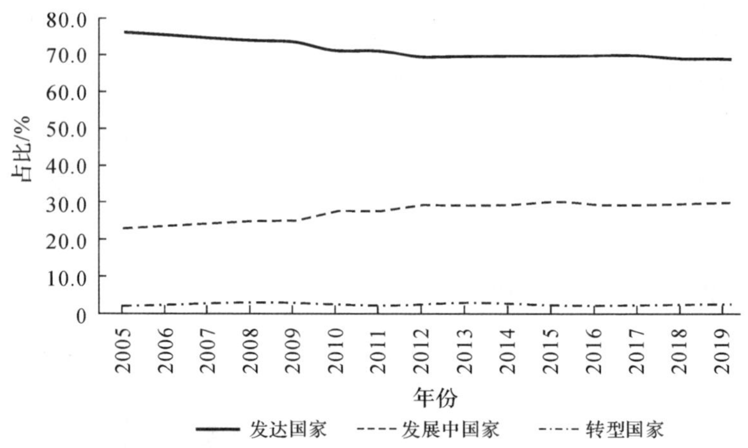

图 4.3　2005—2019 年各类国家在全球服务出口中的占比

数据来源:根据 UNCTAD 数据计算得出,https://unctadstat.unctad.org/EN/。

二、新一轮科技革命深刻改变全球服务贸易形态

随着新一轮科技革命推动数字信息新技术的快速发展和广泛应用,全球服务贸易发展的动力、模式等多个方面发生诸多新变化。

1.数字技术降低服务贸易发展成本

《2019 年世界贸易报告》指出,一般来说,服务贸易成本几乎是商品贸易成本的 2 倍,但在 2000—2017 年,由于数字技术、政策壁垒减少和基础

设施投资加大，服务贸易成本下降了 9%。[①] 从行业看，服务贸易成本下降最快的行业为运输、金融及保险、住宿及餐饮等；从成本构成看，数字技术发展主要降低了生产性服务贸易面对面交流的成本，其次是部分行业的市场准入限制性措施减少，从而促进其发展。未来几年，生产性服务行业成本的下降，将促进服务贸易拓展更大空间。

2. 新一轮科技革命拓展服务贸易发展空间

一方面，信息技术在服务业领域的广泛应用，使服务产品生产与消费跨越不可分离的障碍，为服务业全球化和服务贸易发展提供了客观条件。教育、健康、医疗、文化等传统不可贸易的“服务”逐渐变得可贸易，并成为服务贸易的重要内容。另一方面，科技革命为全球产业分工的进一步细化提供技术支撑，众多服务型企业只将核心服务保留，而将非核心服务或中间服务通过服务外包、自然人流动、服务资本的流动等方式进行全球再布局，由此将众多发展中国家纳入全球服务贸易进程中，进一步拓展全球服务贸易发展空间。

3. 数字技术催生服务贸易发展新模式

目前，全球服务贸易中有 50%以上已经实现数字化，超过 12%的跨境实物贸易通过数字化平台实现。[②] 从贸易载体来看，随着跨境电商等互联网平台的兴起，数字旅游、数字教育、数字医疗、数字金融等数字服务贸易快速发展，改变了以往以商业存在、自然人流动等为载体的服务贸易模式。此外，第三方支付、移动支付、云端交付等数字交付方式逐渐成为主流。例如，2008—2018 年，全球数字交付贸易出口规模从 18379.9 亿美元增长到 293140.0 亿美元，增长接近 60%，年平均增长率约为 5.83%（同期服务贸易出口为 3.80%，货物贸易出口为 1.87%），在服务贸易出口中的占比从

---

① 马玉荣. 服务贸易呈现开放发展新趋势——专访国务院发展研究中心对外经济研究部部长张琦[J]. 中国发展观察，2020(15).

② 传统贸易向数字贸易转型：全球服务贸易一半以上实现数字化[EB/OL]. 新华网，2018-12-03.

45.66%增长到50.15%。[①]

4.数字技术为发展中国家参与全球服务贸易发展带来新的契机

服务外包成为新兴经济体参与全球服务贸易、提升全球经济地位的重要途径。信息技术和新的交付手段,帮助跨国企业通过外包逐步剥离非核心服务,提升专业化和运营效率,降低成本。发展中国家利用自身成本优势,以服务外包为重要方式积极参与全球服务贸易进程中,为扩大服务贸易国际占有量、分享更多的全球化红利,在大力吸引国际资本及技术的同时,加大服务业领域的研发力度,加快技术改造和升级,促进本国服务业转型升级。

5.疫情冲击加速服务贸易数字化转型

一方面,疫情全球大流行的背景下,由于严格的旅行限制和全球经济衰退预期,全球运输业与旅游业将受到巨大冲击。据国际航空运输协会最新分析预计,2020年全球航空运输客运收入可能会下降2520亿美元,比2019年下降44%;全球航空运输客运需求比2019年下降38%。[②] 据世界旅游及旅行理事会(WTTC)预计,全球旅游业将有多达1亿人面临失业,损失将近2.7万亿美元。[③] 另一方面,为有效防控疫情,全球越来越多的企业和政府机构将其业务和服务转移到网上,以避免人际接触。由此也进一步促进了人们思想观念、消费模式的转变,加速了线上经济的发展,并逐渐打通娱乐、办公、医疗、教育等多个领域。

三、服务贸易成为全球自由贸易的重点与焦点

随着服务贸易的快速发展及其在全球贸易格局的重要性不断提升,服

---

① 中国信息通信研究院.数字贸易发展与影响白皮书(2019)[R].2019.

② 国际航协:3月全球航空客运需求断崖式暴跌[EB/OL].凤凰网,2020-05-07.

③ 受疫情影响全球旅游业将有多达1亿人面临失业[EB/OL].央视财经,2020-05-11.

务贸易日益成为推进全球自由贸易进程的重点,服务贸易相关规则也日益成为各方博弈的焦点。

1.服务贸易在全球贸易中的增加值超过货物贸易

首先,产成品贸易中约三分之一的价值形成应归功于服务业;其次,跨国企业向境外子公司输送软件、品牌、设计、运营、知识产权等服务并未计入服务贸易统计;最后,电子邮件、实时导航、视频会议等免费数字服务的跨境流动迅猛增长。如果将上述三方面的因素考虑并统计在内,2017 年全球服务贸易总额约为 13.4 万亿美元,是目前的 2.6 倍,占全球贸易总额的比重将由 23.9%上升至 50.8%,超过货物贸易。[①]

2.服务贸易快速发展推动货物贸易进程

(1)服务贸易成为全球货物贸易的黏合剂。随着全球生产的日益碎片化,服务作为一种黏合剂,将全球各种中间商品整合在一起。以瑞典制造业企业为例,发现服务在价值链变化中,可显著增加其商品销售份额。具体体现在物流、通信服务和商业服务等,促进了价值链的高效运转,帮助货物、数据和技术的送到和传输,使得企业生产环节的全球布局更为便利。

(2)服务日益成为商品价值增值的主要环节。当前,商品中的服务要素对提升产品竞争力越来越重要,并成为价值增值的主要环节(见图 4.4)。从发展趋势看,价值增值环节逐渐向生产前的研发、设计阶段与生产后的市场嵌入服务阶段转移。例如,美国出口商品中,55%的增加值来自服务业,欧洲这一比重更高。作为农产品和制成品出口国的荷兰,服务价值占其总出口价值的 70%。从微观来看,在整个价值链条中,服务成为企业利润的主要来源。例如,通用电气公司的服务产值已从 20 世纪 80 年代的 12%增加到 2014 年的 70%[②];IBM 公司在制造业基础上实现了服务产品化,为全

① 麦肯锡全球研究院.变革中的全球化:贸易与价值链的未来图景[R].2019.

② 贺军.两个 70%有玄机制造服务业你好[N].投资时报,2014-06-20.

球提供网络和软件服务,大约有57%的收入来自IT服务。[①]

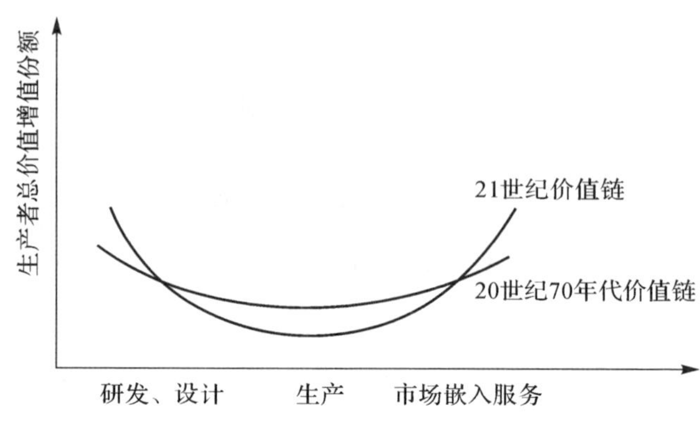

图4.4 服务在全球价值链的重要性变化

数据来源:杜大伟,若泽·吉勒尔梅·莱斯,王直.全球价值链发展报告(2017)[M].北京:社会科学文献出版社,2018.

(3)数字技术推动货物贸易与服务贸易相融合。数据显示,占全球贸易总额80%左右的货物贸易中有30%是服务贸易带动的。随着产品的服务化趋势日益明显,越来越多的服务被包含在货物中并以货物贸易为载体实现跨境流动。从趋势看,由于新一轮信息技术的发展,部分服务贸易不再需要货物载体。《世界贸易报告2019》估计,到2060年,3D打印机可以打印50%的商品。也就是说,未来随着3D打印等技术的成熟并推广,数字技术逐渐降低某些货物贸易需求,并刺激服务贸易发展。

3.服务贸易成为全球贸易规则重构的焦点

(1)国际贸易规则重构聚焦服务贸易。随着服务贸易在全球贸易格局的重要性不断提升,全球经贸规则的焦点正加快从货物贸易向"货物贸易—服务贸易—投资"转变。在全球贸易投资相互交织的背景下,全球贸易的主要障碍已不是货物贸易领域内的关税,而是服务贸易与投资领域内

① IBM:转型IT综合服务提供商典范[EB/OL].中国电子商务研究中心,2016-08-19.

的监管、非关税壁垒以及市场的开放度，服务贸易自由化和便利化在很大程度上决定着全球自由贸易进程。就是说，服务贸易规则重构将成为全球贸易规则重构的核心与重点所在。

(2)服务贸易成为双边、多边和区域贸易协定谈判的焦点。从CPTPP、USMCA等最新签订的经贸协定看，服务贸易领域的相关内容大幅提升。未来几年，国际服务贸易竞争将进一步加剧，服务贸易在双边、区域贸易投资谈判中的比重逐渐增大，成为各国谈判和博弈的焦点(见表4.1)。

表4.1　服务贸易协定数量对比

1958—2007年以前			2008—2020年		
总数	涉及服务贸易	占比/%	总数	涉及服务贸易	占比/%
165	56	33.9	138	99	71.7

数据来源：根据WTO RTA数据库统计得出。

(3)服务贸易壁垒更加隐蔽，消除更加困难。与货物贸易相比，服务贸易具有无形性、生产与消费同步性等特点。与货物贸易通过关税来设置"显性壁垒"不同，服务贸易更多采用国内资格资质要求、参股比例限制、自然人流动限制、经营范围和形式限制，以及设置繁杂的审批条件和程序等"隐性壁垒"。由于隐蔽性和非数量性，服务贸易自由化远比货物贸易自由化复杂得多，消除服务贸易壁垒的困难也大得多。

4.服务贸易自由化进程牵动影响全球经济治理变革

(1)对全球贸易规则标准产生重要影响。由于服务贸易影响范围更加广泛以及发达国家价值链的全球布局，新服务贸易规则的标准将超越WTO现有的政策领域和标准。推动市场开放、削减贸易与投资壁垒是新一轮服务贸易规则重构的基本方向。例如，最新经贸协定所规范的领域从边境延伸到边境后，力图在竞争中立、贸易便利化、知识产权、劳工标准、政府采购、环境产品等议题上形成新规则,力求实质性地提高全球市场的相互开放程度。这些议题成为当前规则博弈的重点,并将改变全球贸易规则改革的走向,对全球贸易规则标准产生重要影响。

(2)影响全球贸易投资自由化便利化进程。美欧等发达国家一方面设置资格资质要求,针对商业存在的行业许可和自然人流动等隐性限制壁垒普遍存在;另一方面通过修改国内(地区内)相关法规,对关键技术、关键基础设施和新兴产业等服务业外国投资及以商业存在方式提供服务等重点领域,着力加大安全审查力度。可以预见,技术、政策等隐性壁垒仍将是全球服务贸易进程中的重大挑战。

(3)牵动影响开放包容的全球治理体系构建。长期以来,服务贸易规则主要由发达国家主导制定,在知识产权、环境保护、劳工利益、政府采购、碳排放标准等诸多方面提出了新兴经济体目前难以达到的标准。例如,发达国家要求不同发展水平的国家采用统一开放标准,且制度安排深入到成员国的体制、政策、标准等内部问题。这种高度的开放框架显然不适合大多数发展中国家。未来几年,在强调开放的同时,应充分考虑新兴经济体和广大发展中国家的现实基础和主要诉求,以构建开放包容共享的服务贸易体系为重点促进全球经济治理变革。

第二节　以服务贸易为重点的高水平开放

以服务贸易为重点加快推进高水平开放,不仅是我国经济转型升级的现实需求,也是我国经济在中长期持续释放巨大内需潜力、保持高质量可持续增长的重要动力,更是在全球化新变局下积极参与全球经济治理的务实选择。

一、我国服务贸易快速发展大趋势

近年来，在产业结构变革加速与服务业市场开放的双重推动下，我国服务贸易规模持续扩大，服务贸易快速发展已成为我国对外贸易的突出亮点。

1. 服务贸易规模不断扩大

(1)服务贸易总额不断扩大。近年来，随着我国经济结构转型升级，服务业规模不断扩大及服务业市场开放度不断提升，服务贸易进入快速发展期，服务贸易规模迅速扩大，服务贸易占对外贸易总额的比重上升趋势明显。2014—2019 年，我国服务贸易额由 37120.9 亿元增长至 54153.0 亿元；占我国外贸总额的比重由 12.3%提高至 14.6%，提高了 2.3 个百分点(见图 4.5)。2020 年，受新冠肺炎疫情影响，我国服务进出口总额为 45643 亿元，比上年下降 15.7%，占外贸总额的比重为 12.4%。

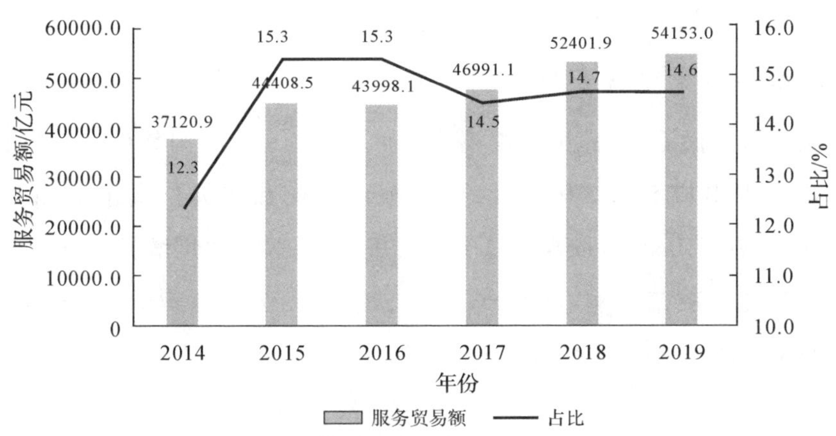

图 4.5　2014—2019 年我国服务贸易额及占比

数据来源：国家统计局. 中国统计年鉴 2020[M]. 北京：中国统计出版社，2020.

(2)商业存在模式发展迅猛。据商务部统计，我国商业存在模式服务贸易快速增长,2018 年我国商业存在模式服务贸易为 15 万亿元,是当年服务进出口的 2.9 倍,占全口径服务贸易规模的 74.4%;增长 17.6%,高于服务整体进出口增速 6.1 个百分点。[①]

(3)服务贸易成为拉动我国外贸增长的重要动力。以人民币计算,2014—2019 年,我国服务贸易额年均增长 7.8%,是货物贸易增速的 2.2 倍,是外贸总额整体增速的 1.9 倍。[②] 服务贸易在拉动我国外贸平稳增长中做出了重要贡献。

2.新兴服务贸易带动服务贸易快速发展

2006—2019 年,我国金融、信息、知识产权等新兴服务贸易额由 235 亿美元增长至 1435 亿美元,年均增长 14.9%(见图 4.6)。这一增速高于服务贸易整体增速 3.6 个百分点,高于运输、旅行、建筑等传统服务贸易增速 3.7 个百分点;占我国服务贸易总额的比重由 12.0%提升至 18.3%,提高了 6.3 个百分点。其中,信息服务贸易额由 62 亿美元增长至 806 亿美元,增长了 13 倍,年均增速高达 21.8%;知识产权服务贸易额由 68 亿美元增长到 410 亿美元,增长了 6 倍,年均增长 14.8%。[③]

3.数字服务贸易等新业态亮点突出

从出口方面看,软件出口规模持续扩张,2019 年我国软件和信息技术服务业实现出口 505.3 亿美元;云服务商规模和实力仅次于美国,2019 年,我国公有云 IaaS 市场规模达到 453 亿元,较 2018 年增长了 674%,预计受新基建等政策影响,IaaS 市场会持续攀高;公有云 PaaS 市场规模为 42 亿元,与 2018 年相比提升了 92.2%。[④]

---

① 张琦.服务贸易成为外贸增长新引擎[N].新京报,2021-09-04.

② 2014—2018 年数据来源于《中国统计年鉴 2019》;2019 年数据来源于《中华人民共和国 2019 年国民经济和社会发展统计公报》。

③ 根据 WTO 数据库相关数据测算,https://data.wto.org/。

④ 中国信息通信研究院.中国数字经济发展白皮书(2020 年)[R].2020.

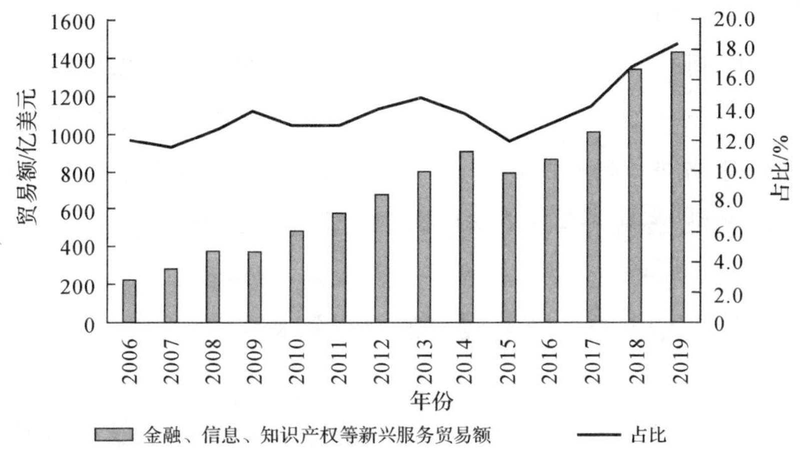

图 4.6　2006—2019 年我国金融、信息、知识产权等新兴服务贸易额及占比

数据来源：根据 WTO 数据库相关数据测算，https://data.wto.org/。

4.服务外包发展成效显著

2014—2020 年，我国服务外包执行额由 4996.6 亿元增长至 12113.2 亿元；其中离岸外包执行额由 3435.1 亿元增长至 7302.0 亿元。从结构来看，我国服务外包向价值链中高端攀升趋势明显。信息技术外包（ITO）和知识流程外包（KPO）保持较快增长，2020 年离岸执行额分别为 3204.1 亿元和 2921.4 亿元，同比分别增长 10.7％和 17.9％；业务流程外包（BPO）离岸执行额 1176.5 亿元，同比下降 0.6％。数字化程度较高的集成电路和电子电路设计业务离岸执行额 490.9 亿元，同比增长 41％；知识密集的医药和生物技术研发业务离岸执行额 488.1 亿元，同比增长 25％。[①]

5.为全球服务贸易发展做出重要贡献

2014—2019 年，我国服务贸易额占全球服务贸易总额的比重由 6.3％提升至 6.6％。2018 年以来，全球贸易摩擦频繁，世界服务贸易增速显著

① 2020 年中国承接离岸服务外包执行额首次超过千亿美元[EB/OL].光明网，2021-01-22.

放缓,世界服务出口增长 7.7%,增速回落 0.3 个百分点。[①] 相比较而言,2018 年我国服务贸易出口同比增长 17.0%,对世界服务出口的贡献率达 9.3%;进口同比增长 12.3%,对世界服务进口的贡献率达 14.9%[②],成为推动全球服务进口增长的最大贡献者。2019 年,世界服务出口 2.0%,我国为 4.4%,显著高于全球平均增速。[③]

二、加快补齐服务贸易发展的突出短板

从现实情况看,我国服务贸易比重偏低、竞争力不强、结构不优等不平衡不充分的矛盾仍然较为突出。提高服务贸易比重,优化服务贸易结构,提升服务贸易国际竞争力,成为我国建设服务贸易强国的重大任务。

1.服务贸易总额相对较小、占比偏低

目前,我国已成为世界第二大服务贸易国,但从总量来看,与排名第一的美国仍有较大差距。按美元计算,2019 年,我国服务贸易额仅为美国的 54.4%。[④] 从占比来看,2019 年,我国服务贸易额占外贸总额的比重仅为 14.6%,不仅低于 18.0%的发展中国家平均水平,也低于世界 23.9%的平均水平,更远低于 30.0%的发达国家平均水平(见图 4.7)。

2.服务贸易国际竞争力不强

自 2009 年我国服务贸易由顺差转为逆差以来,服务贸易逆差规模不断扩大。2009—2018 年,我国服务贸易逆差由 153 亿美元增长至 2582 亿美元,增长了近 16 倍;服务贸易逆差占服务贸易额的比重由 5.1%快速上

---

① 中华人民共和国商务部国际贸易经济合作研究院.中国对外贸易形势报告(2019 年秋季)[R].2019.

② 中华人民共和国商务部国际贸易经济合作研究院.中国对外贸易形势报告(2019 年秋季)[R].2019.

③ 世界服务出口增速按 WTO 数据库相关数据测算;我国服务出口数据来源于《中华人民共和国 2019 年国民经济和社会发展统计公报》。

④ 根据 WTO 数据库相关数据测算,https://data.wto.org/。

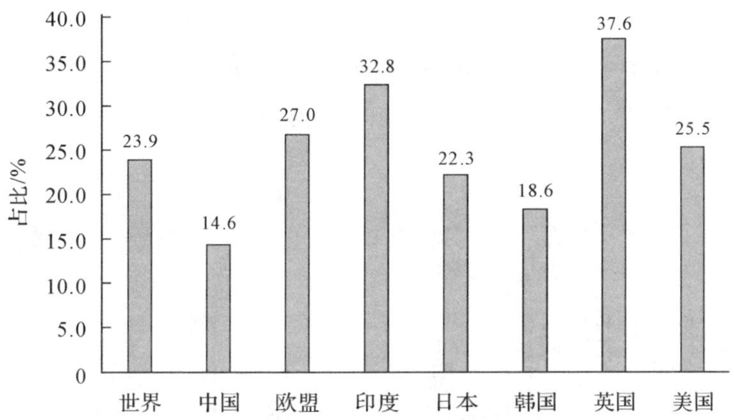

图 4.7　主要国家服务贸易占贸易总额占比

数据来源：根据 WTO 数据库相关数据测算，https://data.wto.org/。

升至 32.6%。2019 年，我国服务贸易逆差 15025 亿元，同比下降 10.5%（见图 4.8），但仍为全球最大服务贸易逆差国。

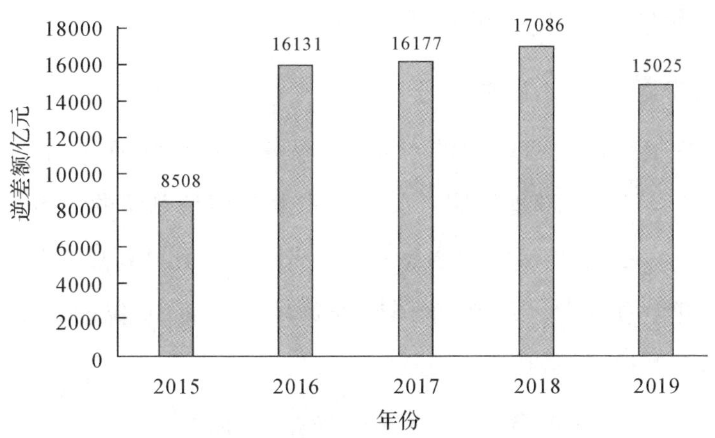

图 4.8　2009—2019 年我国服务贸易逆差额

数据来源：根据 WTO 数据库相关数据测算，https://data.wto.org/。

3. 服务贸易结构有待进一步优化

2019 年，我国商品、运输、旅行等三大传统服务贸易占服务贸易额的比重为59.9%,高于世界平均水平13.8个百分点,高于美国、欧盟等近20个百分点,高于日本、英国等近30个百分点(见图4.9);其中,我国支付知识产权使用费2369亿元[①],这反映出我国在高技术与关键领域对国外依赖程度较高。

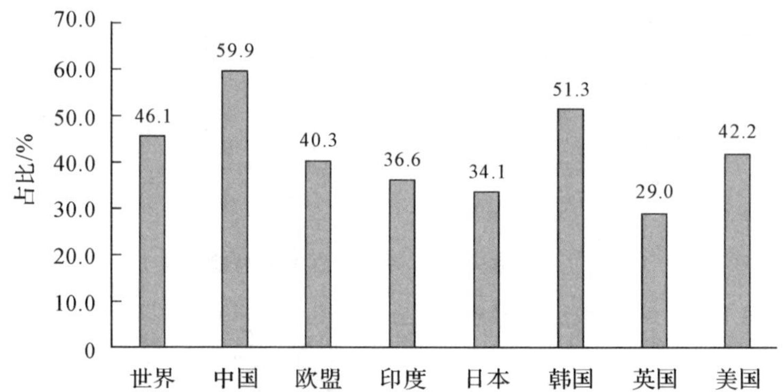

图4.9 2019年部分国家三大传统服务贸易占服务贸易额的比重

数据来源:根据WTO数据库相关数据测算,https://data.wto.org/。

4.服务贸易区域发展不平衡

与货物贸易东强西弱的特点相比,服务贸易东强西弱的特点更加明显。2018年,我国东部地区服务贸易额占服务贸易总额的比重为86.6%,高于货物贸易占比81.5%的水平;中西部地区占比13.4%,与2016年相比下降3.6个百分点。其中,全国服务贸易排名前10位的省市中有8个位于东部沿海地区,占比84.5%。[②]

5.参与全球服务贸易规则制定话语权不足

在我国已签署的19个自贸协定中(含内地与港澳更紧密经贸关系安排),14个未涉及金融服务,13个未涉及电子商务;从服务贸易自由化便利

① 根据WTO数据库相关数据测算,https://data.wto.org/。

② 中华人民共和国商务部国际贸易经济合作研究院.中国对外贸易形势报告(2019年秋季)[R].2019.

化程度来看，目前我国仅在中韩自贸协定第二阶段谈判中首次使用负面清单方式开展服务贸易和投资谈判。参与度不足、自由化便利化水平不高直接制约了我国在全球服务贸易规则制定中的话语权。

三、以高水平开放建设服务贸易强国

伴随着经济服务化进程的加快及城乡居民服务型消费潜力的不断释放，我国服务贸易仍有较大发展潜力。我国有条件成为全球最大的服务贸易国，这不仅对国内经济结构转型产生重要推动作用，也将对世界经济贸易格局与全球化进程产生重大利好。

1.服务贸易规模持续扩大

(1)2025：服务贸易规模达到1万亿美元以上。2010—2019年，我国服务贸易额年均增长8.7%。“十四五”期间，按三种情形估计：

——情形一：若我国面临的外部环境有所改善，服务业市场开放取得重大进展，服务贸易有条件保持9%的增速，到2025年服务贸易额将达到1.3万亿美元。

——情形二：若我国面临的外部情况保持不变或有所恶化，服务贸易保持7%的年均增速，到2025年服务贸易额将达到1.2万亿美元。

——情形三：若我国面临的外部不利因素明显增多，服务贸易保持5%左右的增速，到2025年服务贸易额将达到1.1万亿美元(见图4.10)。

(2)2025：服务贸易占外贸总额的比重达到20%左右。综合考虑贸易保护主义，双边、多边自贸区建设及疫情影响等因素，未来5年我国货物贸易年均增速按1.5%计算(2018—2020年按美元计我国货物贸易下降1%)，三种不同情形下，到2025年我国服务贸易额占外贸总额的比重分别为20.3%、18.6%、16.9%。总的来看，随着我国服务业市场高水平开放与服务型消费潜力的快速释放，我国服务贸易有条件实现7%以上的年均增

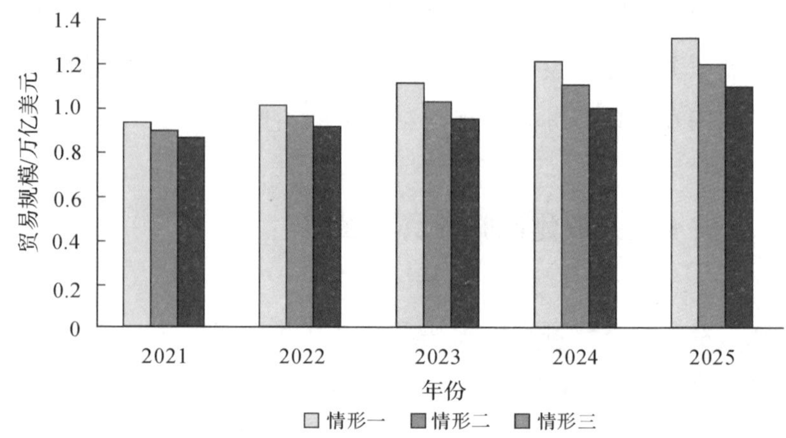

图 4.10 2021—2025 年不同情形下服务贸易规模预测

数据来源:根据 WTO 数据库相关数据测算,https://data.wto.org/。

速,到 2025 年服务贸易额占外贸总额的比重达到 18%—20%,接近世界平均水平。

(3)2025:成为世界第一大服务进口国。2010—2019 年,我国服务进口由 1934 亿美元增加至 5007 亿美元,年均增长 11.1%,远高于美国同期 3.4%的平均增速。其中,占我国服务进口额的 50%的旅行服务进口(2019 年)由 548.8 亿美元增长至 2507.4 亿美元,年均增长 18.4%。受疫情冲击,我国旅行服务进口大幅下滑,但随着全球疫情形势的好转,旅行服务贸易很可能会快速恢复并增长。"十四五"期间,若我国服务进口保持 6%的年均增速,到 2025 年将达到 7100 亿美元,届时将超过美国成为世界第一大服务进口国。

(4)2025:成为全球最大服务贸易国。2019 年,我国服务贸易额占贸易总额的比重为 14.6%,参照世界平均水平,我国还有 9.3 个百分点的上升空间;参照发达国家平均水平,我国还有 15.4 个百分点的上升空间。①

① 根据 WTO 数据库相关数据测算,https://data.wto.org/。

若按2020年我国外贸总额基数测算，服务贸易占外贸的比重若达到世界平均水平，届时我国服务贸易额将达到12807亿美元，是目前的1.6倍，接近目前美国服务贸易规模；若比重达到发达国家平均水平，届时我国服务贸易额将达到16076亿美元，是目前的2倍，成为世界第一大服务贸易国。

2.服务贸易结构进一步优化

(1)2025：知识密集型服务贸易占比超过50%。目前，全球知识密集型服务贸易额占贸易总额的比重为52.5%，发达国家占比为60%左右。[①]2020年1—9月，我国知识密集型服务贸易总额14930.8亿元，占服务进出口总额的比重提升10个百分点至44%。但主要是旅行服务贸易下降46.3%所致，知识密集型服务贸易增长9.0%。从过去10年看，2010—2019年，我国知识密集型服务贸易年均增长20%，占比年均提升2.4个百分点。预计“十四五”期间，我国知识密集型服务贸易年均增长仍有很大可能在10%以上，到2025年达到5300亿美元左右，占服务贸易总额的比重达到50%左右，基本接近全球平均水平(见图4.11)。

(2)2025：知识流程外包执行额占比50%左右。近年来，由于工业设计服务、工业技术服务、医药和生物技术研发服务等发展较快发展，我国知识流程外包保持高速增长，在我国服务外包中的比重不断提升，促进服务外包产业结构不断优化。2009—2019年，我国知识流程外包占服务外包的比重由5.1%上升至33.0%，年均提升2.8个百分点；其中，离岸知识流程外包占比由5.7%提升至37.8%。2020年，疫情影响下我国离岸知识流程外包同比增长17.9%，占比进一步提升至40%。估计到2025年，我国知识流程外包占服务外包的比重将达到49.7%；其中离岸知识流程外包占比达到56%。

(3)2025：传统服务贸易占比下降至50%。目前，全球传统服务贸易额占服务贸易总额的比重约为42.8%。2015—2019年，我国传统服务贸

① 根据WTO数据库相关数据测算，https://data.wto.org/。

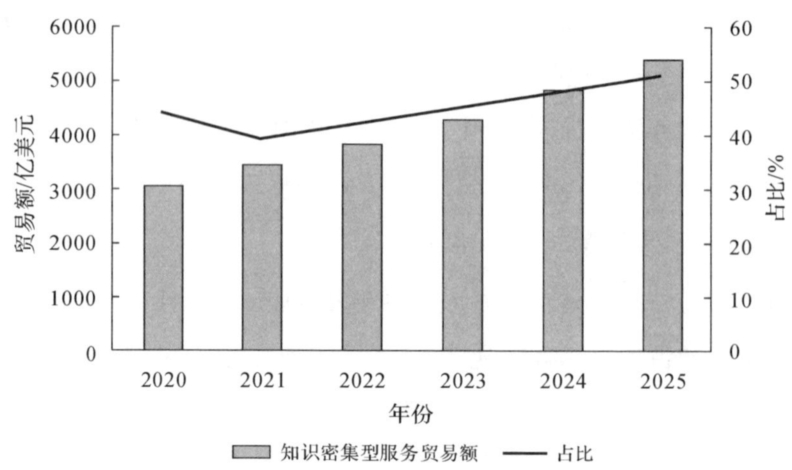

图 4.11 2021—2025 年知识密集型服务贸易额及占比预测

数据来源:根据 WTO 数据库相关数据测算,https://data.wto.org/。

易额占服务贸易总额的比重由 68.1%下降至 60.4%,下降了 7.7 个百分点,年均下降 1.9 个百分点。“十四五”期间,随着我国国内服务业发展质量的提升,传统服务贸易占比下降有望呈加速态势。估计到 2025 年,传统服务贸易额占服务贸易总额的比重将由 2019 年的 60.4%下降至 50%左右。

(4)现代生活性、生产性服务贸易比重明显上升。近年来,随着消费结构、产业结构升级,以个人文化娱乐为重点的生活性服务贸易和以知识产权为重点的生产性服务贸易快速增长的趋势明显。2010—2019 年,我国个人文化娱乐服务贸易由 4.9 亿美元增长至 52.7 亿美元,年均增长 30%以上,显著快于服务贸易整体增速,占服务贸易总额的比重由 0.1%提升至 0.7%;知识产权服务贸易由 138.7 亿美元提升至 409.7 亿美元,年均增长 12.8%,占服务贸易总额的比重由 3.7%提升至 5.2%。适应我国经济转型升级趋势及其带来的现实需求,加快推进现代生活性、生产性服务贸易发展,争取到“十四五”末期,我国个人文化娱乐服务贸易额占外贸总额的比重提升至 3%左右;知识产权服务贸易额占比提升至 8%左右,以此更好地促进我国服务型消费潜力释放与产业结构转型升级进程。

3.服务贸易国际竞争力进一步提升

(1)"中国服务"占世界比重提升至6%。相比于制造业而言,我国服务业市场开放度不足、服务业发展潜力远未释放,服务业国际竞争力不高的矛盾突出。2013—2019年,我国服务出口额由2070.1亿美元增长到2831.9亿美元,年均增长5.4%,低于服务进口年均增速1.8个百分点;占全球服务贸易出口额的比重由4.2%上升至4.6%,仅上升0.4个百分点。但值得注意的是,2017年以来,我国服务出口增速有所加快,占世界的比重持续上升。争取到"十四五"末期,我国服务出口年均增长5%左右,占世界服务出口的比重提升至6%左右。

(2)优势服务国际竞争力进一步增强。从实际情况看,我国在电信计算机服务、商品相关服务、其他商业服务、建筑服务、维护与维修服务等领域仍具有一定的比较优势和国际竞争力。2019年,我国在上述领域服务顺差为269.2亿、257.3亿、234.7亿、186.9亿、65.1亿美元,且仍呈现扩大趋势。其中,电信计算机服务、建筑服务优势更加明显,其顺差额分别是2010年的4倍与2倍。未来,积极支持优势服务企业"走出去",参与国际合作与竞争,并逐步强化自身竞争优势。争取到"十四五"末期,上述五项服务出口市场份额进一步提升,并实现服务顺差翻番。

(3)部分服务国际竞争力明显提升。近年来,我国部分服务业起步并快速发展,国际竞争力明显提升。例如,2010—2019年,我国金融服务由0.56亿美元的逆差转变为14.4亿美元的顺差;保险服务逆差额由140.3亿美元缩减至60亿美元。但总的来看,我国大部分服务业国际竞争力不高的矛盾突出,尤其是旅行服务、个人文化娱乐等生活性服务业及交通运输、知识产权等生产性服务方面的逆差快速扩大。2010—2019年,旅行服务、个人文化娱乐服务贸易逆差分别扩大了24倍和12倍;交通运输、知识产权服务贸易逆差均扩大了2倍。"十四五"期间,以服务业市场高水平开放倒逼国内服务业企业加大创新投入、提升服务质量。争取到"十四五"末期,旅行服务、个人文化娱乐服务贸易逆差缩减30%,交通运输服务、知识产权服务贸易逆差缩减50%以上。

(4)服务贸易逆差占服务贸易额的比重下降至15%以内。从趋势看,我国服务贸易逆差额呈现了快速上升并逐步下降的态势(见图4.12)。在我国服务业领域“有需求、缺供给”的格局下,仍需要进口优质服务以满足国内多层次的服务需求,服务贸易逆差在短期内很难消除。未来几年,通过提升鼓励内外资投资、提升有效供给等方式减少旅行、交通等服务贸易逆差,争取到“十四五”末期,服务贸易逆差占服务贸易额的比重下降至15%以内。

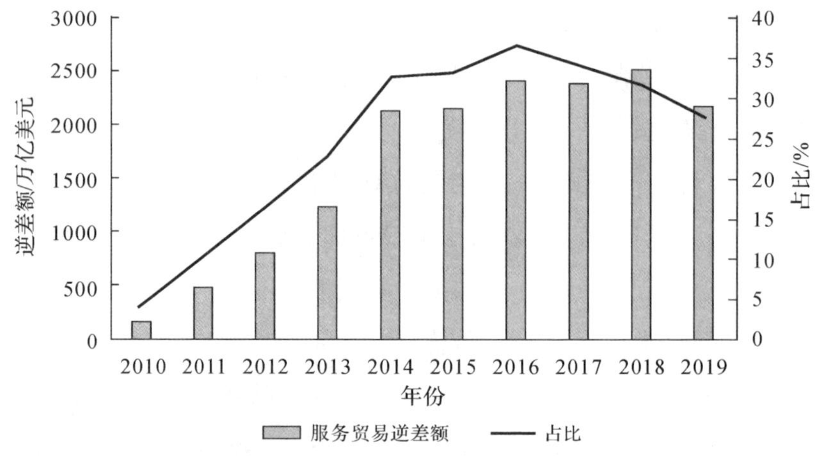

图4.12　2010—2019年服务贸易逆差额及占比

数据来源:根据WTO数据库相关数据测算,https://data.wto.org/。

四、积极参与全球服务贸易规则重构

未来5年,服务贸易规模不断扩大、结构进一步优化,不仅将对我国服务业高质量发展与服务型消费潜力释放提供重要条件,也将为我国积极参与全球新一轮经贸规则重构奠定基础。

1. 把握全球服务贸易规则的演变趋势

1994 年，在多边框架下达成的《服务贸易总协定》，对促进全球服务市场开放，推动服务贸易发展发挥了重要作用。但根据现有的 WTO 和 GATS，正面清单是一种常规模式，东道国都具有较大的裁量权，原有规则已难以适应信息技术变革和服务贸易快速发展的现实需求。在多边框架内倡导“新议题”遇阻后，超大型区域自由贸易协定成为引领全球服务贸易规则重构的重要方式。从 CPTPP、日本—欧盟经济伙伴关系协定、美墨加贸易协定等最新签订的自由贸易协定内容看，条款在广度和深度上都超越了 WTO。

2. 积极参与全球服务贸易规则制定

未来几年，适应全球自由贸易的新趋势，以服务贸易为重点，加快推进中欧、中日韩等经贸合作的重要突破，并通过加入高水平双边、多边和区域自贸协定积极参与全球服务贸易规则制定，主动提出符合我国经济转型需要和全球自由贸易发展趋势的新议题，实现我国由服务贸易规则的跟随者向重要贡献者转变。

3. 积极参与全球数字贸易规则制定

目前，我国已经出台了《电子商务法》等一系列法律，积极参与国际和区域标准化组织活动，在部分双边、区域贸易协定中加入了电子商务相关条款，并签署了世贸组织、金砖国家、“一带一路”沿线部分国家和地区等关于电子商务的相关联合声明。总的来看，我国在参与数字服务贸易规则制定中的话语权与发达国家仍有一定差距。这就需要在积极参与全球多边数字服务贸易规则制定的同时，更加重视双边、区域自贸协定中数字贸易规则谈判，加快建设“数字丝绸之路”进程，率先在跨境电商、电子支付等优势领域建立“中国标准”，并进一步加大跨境数据流动、数据本地化、消费者保护等新兴规则的“压力测试”，提升我国全球数字服务贸易规则制定的话语权。

4. 推动构建开放包容共享的服务贸易发展体系

2005—2019 年,全球服务出口增幅为 118%。其中,发达国家增幅为 110%,发展中国家增幅为 200%;发展中国家服务出口占全球服务出口总额的比重由 22.9%提升至 29.8%,提高了 6.9 个百分点。[①] 目前,虽然发达国家仍是全球服务贸易发展的主体,但随着发展中国家经济服务化进程的加速,其在全球服务贸易发展格局中的地位日益提升。未来几年,在强调开放的同时,应充分考虑新兴经济体和广大发展中国家现实基础和主要诉求,以构建开放包容共享的服务贸易体系为重点促进全球经济治理变革。

五、以服务贸易赢得国内竞争与国际竞争的主动

在积极参与服务贸易国际竞争中提升服务业发展与开放水平,并以此来获得服务贸易带来的人才、资金、技术等先进要素的流入,实现国内服务业发展与制造业转型升级,并在促进经济全球化进程中发挥特殊作用。

1. 以服务贸易加快服务业发展

(1)以服务贸易加速我国资本积累。基础设施是生产性服务贸易的重要载体。发达国家先进的信息基础设施是生产性服务业国际竞争力的一个先决条件。由于独特的制造业优势,我国的生产性服务业越来越成为发达国家的投资首选。以生产性服务贸易为重点积极引导国外直接投资投向高端生产性服务业领域,鼓励国外先进企业对国内服务业投资,并融入本地传统产业链条,积极发挥 FDI 对我国生产性服务业的提升作用。

---

① 根据 UNCTAD 数据计算得出,https://unctadstat.unctad.org/EN/。

(2)以服务贸易加速我国技术积累。生产性服务业发展滞后是我国制造业转型升级的突出短板。在资金、人才、技术等要素相对缺乏的情况下，积极发展生产性服务贸易，充分利用发达国家高新技术出口机遇，加速我国技术积累。同时，通过国外先进技术和管理带来的外溢效应，结合本地技术和知识积累，突破关键部件的技术创新，推动本地产业由单纯加工制造向价值链上游升级，使之发展成为一个相对先进和高端的服务型制造产业，从而促使整体产业升级。例如，根据普华永道思略特对全球1000家企业进行的“全球创新1000强(2007—2015)”的调研，1000强企业中的跨国公司在中国的科研投入增长率是79%，在美国只有34%[①]，为我国培养了大批具有国际水准的研发人才，加速我国生产性服务业发展。

(3)以服务贸易加速我国服务业企业转型升级。服务贸易对我国服务业企业具有巨大的竞争效应，通过服务贸易开放，将我国服务业主体置于全球大市场中，深度参与国际竞争，倒逼我国服务业企业不断加大科研投入，提高我国服务业企业的国际竞争力，由此促进我国服务业企业转型升级。例如，计算机服务市场的开放使得我国计算机服务成为我国最大的服务贸易顺差部门。

2.以服务贸易优化服务业发展环境

服务贸易逆差不仅仅是消费的数额和价差的问题，背后还有对我国服务型消费产品供给质量不高、国内市场信任度不高、质量监管等深层次原因。以绿色食品消费为例，近几年，我国纯天然无污染无添加的食品行业年均增长率保持在15%以上。根据相关预测，未来10年内，我国有机市场规模将达到10亿—20亿美元，我国有望成为世界最大的纯天然养生食品消费国[②]。然而，由于国内消费者对国内生态标签及市场信任度不高等

① 普华永道思略特.2015年全球创新1000强研究[R].2015-11-06.

② 行业报告研究报告行业研究院.有机食品系列研究报告[EB/OL].投资数据库，2016-11-26.

原因,国内绿色食品消费潜力未能充分释放。未来几年,通过服务贸易的快速发展,加快国内消费产品和服务的质量和标准与国际发达国家对接,逐步建立起适合我国消费结构升级的行业标准,提振消费者对国内消费市场的信任度,让更多的消费留在国内。

3. 以服务贸易形成未来产业新优势

新一轮科技革命不断催生新的产业涌现,相当一部分新兴产业是高端服务业或是与高端服务业直接相关的制造业。2020 年,美国等 47 个国家数字经济规模总量达到 32.6 万亿美元,同比名义增长 3.0%,占 GDP 比重为 43.7%。面对巨大的市场空间,德国发布《数字战略 2025》,明确了德国制造转型和构建未来数字社会的思路;英国出台《数字经济战略(2015—2018)》,旨在建设数字化强国;日本提出建设“超智能社会”,最大限度地将网络空间与现实空间融合。适应全球服务业发展大趋势,充分利用全球科技革命带动新兴服务业重新洗牌的契机,加快推进数字经济、“互联网+”等产业,实现弯道超车。

4. 在促进世界经济增长、推进全球化中发挥重要作用

(1)为全球贸易持续增长注入新动力。过去 15 年,我国服务进口累计达到 4.5 万亿美元,对全球服务进口增长的贡献达到了 12.9%,累计拉动全球服务进口增长 10.4 个百分点。未来 15 年,我国服务进口将超过 10 万亿美元[①],将有力推动全球服务贸易的增长。

(2)为全球经济增长增添新活力。随着城乡消费结构升级,我国 14 亿人口的服务型消费大市场将成为国际服务贸易主体竞相争夺的目标。从趋势看,我国将成为全球最大的健康医疗市场,预计到 2030 年,我国健康服务业总规模将达到 16 万亿元。[②] 加快服务贸易发展,释放我国巨大的

① 商务部:未来 15 年中国进口服务将超过 10 万亿美元[EB/OL]. 中国网,2020-09-03.

② 国家卫计委:2030 年我国健康服务业总规模将达 16 万亿元[EB/OL]. 新华网,2017-08-14.

服务型消费潜力，可以缓解由于需求不足而导致的全球经济增长乏力的问题，使我国经济发展红利转变为全球红利。

(3)为应对全球贸易保护主义创造有利条件。当前，全球双边、多边自由贸易谈判，焦点大多集中在服务贸易领域。随着全球经济格局的深刻变化和我国经济转型升级，很多投资领域的问题与服务贸易直接融合。就是说，我国推进服务贸易开放，将加快全球自由贸易进程，有效应对全球贸易保护主义。

第三节　形成数字服务贸易发展新优势

当前，在数字技术与国际贸易融合渗透的背景下，数字贸易快速兴起，并推动传统贸易向数字贸易转型。它不仅将深刻改变全球贸易发展格局，而且成为新一轮全球经贸规则制定的制高点。

一、数字贸易时代的到来

伴随着现代信息技术在全球范围内的深度应用，数字经济呈现快速发展态势，以“大智云移物”为特点的数字贸易快速发展，带动全球创新链、产业链和价值链加速优化整合。

1. 全球经济数字化转型大趋势

(1)全球数字经济占比不断提升。全球数字经济在国民经济中地位持续提升。近年来，数字经济已成为各国国民经济的重要组成部分。数字经济占 GDP 的比重已由 2018 年的 40.3%增长至 2019 年的 41.5%，提升了 1.2 个百分点。其中，高收入国家数字经济占 GDP 的比重高达 47.9%，中高收入国家数字经济占 GDP 的比重为 30.8%，中低收入国家仅为

17.6%,高收入国家数字经济对国民经济的带动作用远超中高收入和中低收入国家。[①]

(2)数字技术与实体经济加速融合。产业数字化代表数字经济在实体经济中的融合渗透,是数字经济的重要组成部分,发展潜力巨大。2019年全球数字产业化占数字经济的比重为15.7%,占全球GDP的比重为6.5%;产业数字化占数字经济的比重达到84.3%,占全球GDP的比重为35.0%。其中,中低收入国家产业数字化占数字经济的比重为70.1%,中高收入国家产业数字化占数字经济的比重为80.0%,高收入国家产业数字化占数字经济的比重达到85.9%(见图4.13)。产业数字化成为驱动全球数字经济发展的关键主导力量。

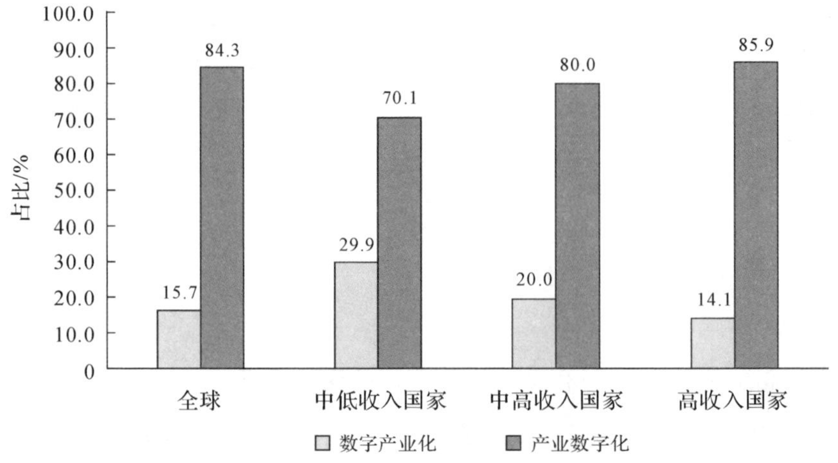

图4.13　2019年全球及不同收入国家数字产业化与产业数字化占比

数据来源:中国信息通信研究院.全球数字经济新图景(2020年)——大变局下的可持续发展新动能[R].2020-10-14.

① 中国信息通信研究院.全球数字经济新图景(2020年)——大变局下的可持续发展新动能[R].2020-10-14.

2.数字基础设施不断完善

（1）新型基础设施加速布局。2016—2020年期间，全球共部署了107个海底电缆系统，全长超过40万千米；截至2020年6月，全球已建成逾70万个5G基站，拥有92张5G商用网络，超大规模数据中心数量增长至541个，还有176个数据中心处于计划和建设过程中。①

（2）数字用户群体快速扩大。截至2020年5月31日，全球互联网用户数量达到46.48亿，占全球人口的比重为59.6%。2000—2020年，全球互联网用户数量增长了近12倍。从区域分布来看，亚洲互联网用户数量达到23.66亿，占全球的50.9%；欧洲用户数量为7.28亿，占全球的15.7%。从互联网渗透率看，北美地区互联网渗透率最高，达到94.6%，欧洲地区为87.2%，亚洲地区为55.1%（见表4.2）。

表4.2 2020年全球各地区互联网用户规模及渗透率情况

地区	人口（2020年估计）/亿人	互联网用户（2020年5月31日）/亿人	渗透率/%	互联网用户数量占全球比重/%
非洲	13.4	5.27	39.3	11.3
亚洲	42.94	23.66	55.1	50.9
欧洲	8.35	7.28	87.2	15.7
拉丁美洲/加勒比海	6.58	4.54	68.9	10.0
中东	2.61	1.83	70.2	3.3
北美	3.69	3.49	94.6	7.5
大洋洲/澳大利亚	0.43	0.29	67.7	0.6

数据来源：前瞻产业研究院.2020年全球互联网行业市场分析：用户规模超46亿人非英语网页数量正快速增长[EB/OL].前瞻产业研究院网站，2020-08-03.

① 中国信息通信研究院.全球数字经济新图景（2020年）——大变局下的可持续发展新动能[R].2020-10-14.

3. 数字贸易限制程度仍然相对较低

OECD统计数据库数据显示,2014—2020年,全球数字服务贸易限制指数由0.17上升至0.19,但仍低于0.3左右的服务贸易限制指数(见图4.14)。从限制领域看,主要集中在基础设施与连通性领域,在支付系统、电子交易等方面限制较低。这为推进全球数字贸易快速发展奠定了重要基础。

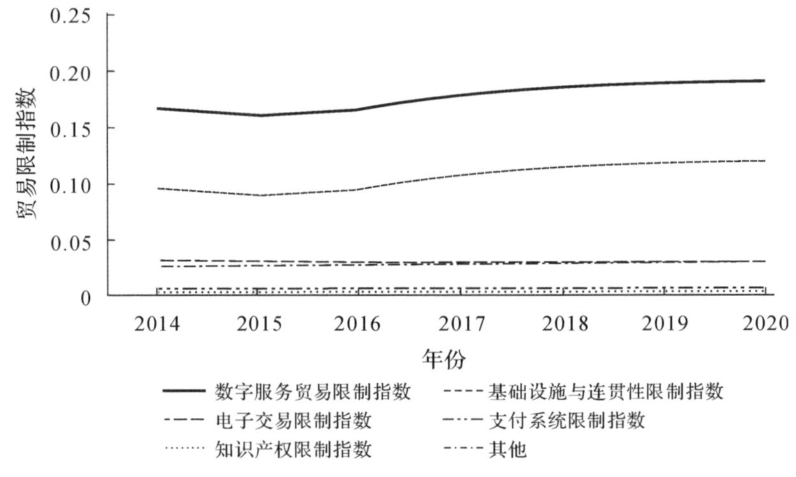

图4.14　2014—2020年全球数字服务贸易限制指数

数据来源:OECD统计数据库,https://stats.oecd.org/。

4. 数字贸易快速发展的基本趋势

(1)货物贸易数字化转型趋势明显。在数字经济与技术快速发展、互联网用户不断增加的背景下,全球数字贸易快速兴起。以网络零售交易为例,2013—2019年,全球网络零售额由1.08万亿美元增长至3.54万亿美元,年均增长21.88%;占全球零售总额的比重由5.1%增长到14.1%。初步预测,全球网络零售额仍将保持20%左右的年均增速,到2021年将达到4.93万亿美元,约是2019年的1.39倍,占全球零售总额的比重将提高至 18.1%。[①] 相关机构预测，未来 10—15 年，全球货物贸易将呈 2%左右的增长，服务贸易呈 15%左右的增长，而数字贸易增速则高达 25%。[②]

(2)数字服务贸易成为服务贸易发展的主导力量。2010 年，数字服务贸易在服务贸易中的占比为 47%，并于 2015 年首次超过五成，2019 年进一步上升至 52.0%。[③] 与服务贸易类似，若将商业存在的数据纳入考虑，数字服务贸易规模将是目前的 2—3 倍。

(3)疫情蔓延将加速数字贸易发展。受疫情在全球蔓延的影响，“宅经济”在全球范围内迅猛发展，这在很大程度上促进了跨境电商的快速成长，2020 年全球跨境电商交易规模突破 1 万亿美元，年平均增长速度高达 30%，远远高于货物贸易的增长速度。此外，疫情冲击下跨境娱乐、办公、医疗、教育等渠道打通，并创造了多方面的跨境服务贸易需求。根据麦肯锡测算，疫情时期线上消费每增加 1 个单位，61%为替代原有需求，39%为新增需求。[④]

5. 数字贸易成为新一轮经贸规则竞争制高点

一方面，区域自贸协定成为推进数字贸易规则重构的重要方式。2000 年以来，在全球签订的 183 个贸易协定中，含电子商务条款的有 108 个，含电子商务专章的 80 个；在发达国家之间签订的 6 个贸易协定中，全部含电子商务专章，对权利义务规定更为翔实，标准更高；在发达国家与发展中国家签订的 87 个贸易协定中，含电子商务条款的有 64 个，含电子商务专章的有 46 个。[⑤] 另一方面，数字贸易领域内的规则竞争将日趋激烈。目前，世界贸易组织电子商务诸边谈判已经开启，《美日数字贸易协定》(UJDTA)、《美墨加协定》(USMCA)、全面与进步跨太平洋伙伴关系协定

---

① 商务部电子商务和信息化司. 中国电子商务报告 2019[R]. 2020-07-02.

② 黄奇帆. 在长三角地区协同推进建设开放新高地[N]. 中国经济周刊，2019-02-28.

③ 中国信息通信研究院. 数字贸易发展白皮书(2020 年)[R]. 2020-12-18.

④ 刘功润. 拉动后疫情时期经济发展，数字经济是“优选项”[EB/OL]. 第一财经，2020-02-28.

⑤ 中国信息通信研究院. 全球数字经济新图景(2020 年)——大变局下的可持续发展新动能[R]. 2020-10-14.

等区域协定中数字贸易规则也实现了重要突破。疫情冲击下,全球将加速进入数字时代,围绕数字服务贸易领域的市场准入、跨境数据流动、数据本地化、消费者权益与隐私保护等标准与规则竞争将日趋激烈,数字贸易规则将成为区域自贸协定的"标配"。

二、走向数字服务贸易强国

过去几年,我国抓住了全球新一轮科技革命的历史性机遇,依托巨大的国内市场,推动数字经济快速发展。"十四五"期间,要加快推动数字贸易与服务贸易的融合,形成数字服务贸易领域的国际竞争新优势。

1. 成为全球第二大数字经济国

(1)数字经济成为国民经济的重要内容。2005—2019 年,我国数字经济增加值规模由 2.6 万亿元增长到 35.8 万亿元;数字经济占 GDP 比重由 14.2%提升至 36.2%,提高了 22 个百分点,其中 2019 年占比同比提升 1.4 个百分点(见图 4.15)。

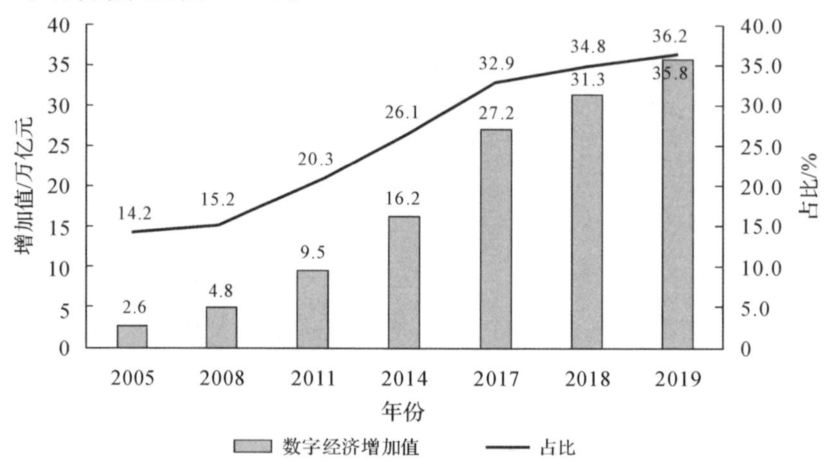

图 4.15　2005—2019 年我国数字经济增加值及占比

数据来源:中国信息通信研究院. 中国数字经济发展白皮书(2020 年)[R]. 2020-07-06.

(2)数字经济成为拉动经济增长的重要动力。与2005年相比，我国数字经济规模增长了12.7倍，年复合增长率高达20.6%，而同期GDP仅增长了4.3倍，年复合增长率为12.6%。2014—2019年，我国数字经济对GDP增长始终保持在50%以上的贡献率，2019年数字经济对经济增长的贡献率为67.7%，成为驱动我国经济增长的核心关键力量。[①]

(3)数字经济引领产业变革。2019年，我国数字产业化向高质量发展进步迈进，行业实力不断增强，数字产业化增加值规模达到7.1万亿元，同比名义增长占数字经济的比重由2005年的50.9%下降至2019年的19.8%。2019年，产业数字化向更深层次、更广领域探索，数字技术带动传统产业产出增长、效率提升的作用进一步强化，产业数字化增加值规模达到288万亿元，同比名义增长16.8%，占数字经济比重由2005年的491%提升至2019年的80.2%[②]，产业数字化深入推进，为数字经济发展注入源源不断的动力。

2.数字贸易快速发展

(1)跨境电商快速发展。2015—2019年，我国跨境电商零售交易额由360.2亿元增长至1862.1亿元，是2015年的5倍，年均增速49.5%，远高于我国货物及服务贸易平均增速(见图4.16)。海关总署数据显示，2020年我国跨境电商进出口1.69万亿元，增长了31.1%，其中出口1.12万亿元，增长40.1%。预计未来几年，我国跨境电商交易额仍将保持两位数的增速。

(2)数字服务贸易规模快速扩大。据统计，2019年，知识密集型服务进出口1.88万亿元，增长10.8%，高于服务进出口整体增速8个百分点，占服务进出口总额的比重达34.7%，同比提升2.5个百分点。其中，知识

---

① 中国信息通信研究院.中国数字经济发展白皮书(2020年)[R].2020-07-06.

② 中国信息通信研究院.中国数字经济发展白皮书(2020年)[R].2020-07-06.

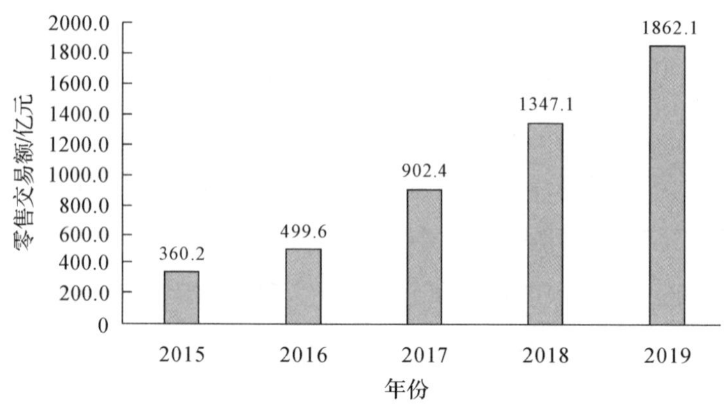

图 4.16　2015—2019 年我国跨境电商零售交易额

数据来源:2015—2018 年数据来源于《中国电子商务报告 2018》;2019 年数据来源于商务部网站。

密集型服务出口 9916.8 亿元,增长 13.4%,占服务出口总额的比重达 50.7%,同比提升 2 个百分点;知识密集型服务进口 8860.9 亿元,增长 8.0%,占服务进口总额的比重达 25.6%,同比提升 2 个百分点。① 2020 年 1—9 月,我国知识密集型服务贸易总额 14930.8 亿元,增长 9.0%,占服务进出口总额比重提升 10 个百分点至 44%。其中,出口 7795.3 亿元,增长 8.6%;进口 7135.5 亿元,增长 9.4%。②

3. 我国有条件在数字贸易国际竞争中赢得主动

(1)我国的数字服务贸易具有比较优势。根据麦肯锡的分析,尽管目前我国的服务贸易仍存在较大逆差,但在数字领域的服务贸易连续 5 年保持 100 亿—150 亿美元的顺差。从全球数字竞争力排名来看,2018 年我国

① 商务部综合司,国际贸易经济合作研究院. 中国对外贸易形势报告(2020 年春季)[R]. 2020-06-15.

② 商务部综合司,国际贸易经济合作研究院. 中国对外贸易形势报告(2020 年秋季)[R]. 2020-11-24.

数字竞争力指数 81.42 分，排名全球第二，较上一年提升了 7 个名次。①

(2)我国发展电子商务服务业的基础较好。近年来，我国电子商务服务业快速发展，成为数字贸易的重要支撑。2011—2019 年，我国电子商务服务业营业规模由 0.04 万亿元增长至 4.47 万亿元(见图 4.17)。

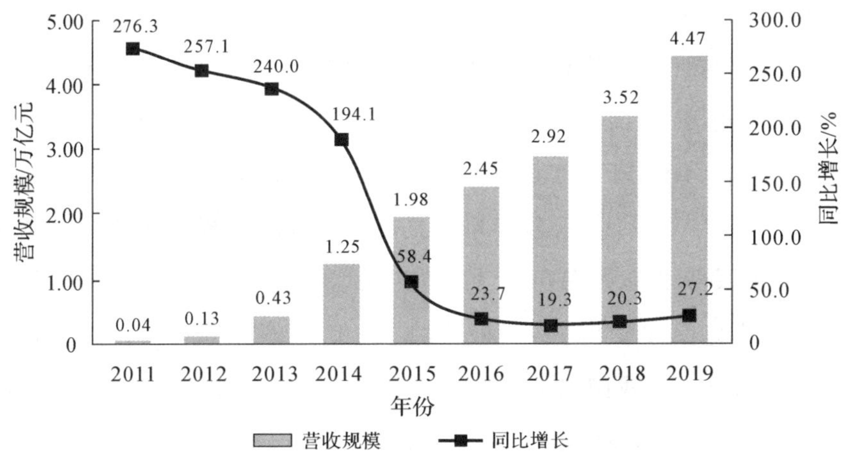

图 4.17　2011—2019 年我国电子商务服务业营收规模

数据来源:《中国电子商务报告 2019》。

(3)我国拥有巨大的数字贸易发展潜力。以互联网用户规模为例。我国网民规模由 2008 年的 2.98 亿人增长到 2020 年上半年的 9.4 亿人，互联网渗透率由 22.6%提高至 67.0%，年均提高 3.7 个百分点，成为全球增长速度最快的互联网用户市场。②

4.2025:形成数字服务贸易发展新优势

(1)跨境电商交易规模实现翻番。随着跨境电商模式日益成熟，跨境电商产业生态不断完善，出口电商企业、进口电商企业和跨境电商服务商等相关跨境电商主体的实力进一步加强，大量资本不断涌进跨境电商行

① 腾讯研究院，中国人民大学统计学院.《国家数字竞争力指数研究报告(2019)》[EB/OL].新浪财经，2019-05-15.

② 中国互联网络信息中心.第 46 次中国互联网络发展状况统计报告[R].2020-09-29.

业。预计未来几年,我国跨境电商交易额仍将保持两位数的增速。到2025年,我国跨境电商交易规模将达到20万亿元,实现翻番。同时,考虑到疫情将强化消费者线上购物习惯,预计“十四五”期间跨境电商零售交易额将保持20%左右的速度增长,到2025年,跨境电商零售进出口额将达到5500亿元左右。

(2)电信与计算机信息服务出口快速增长。近年来,我国电信与计算机信息服务经历了由起步到迈向价值链中高端的历史跨越。2010—2019年,我国电信与计算机信息服务出口额由104.8亿美元增长至537.9亿美元,年均增长19.9%,占服务出口额的比重由5.9%提升至19.0%(见图4.18);实现服务贸易顺差由63.7亿美元增长至269.2亿美元。未来几年,在软件出口促进政策红利不断释放、“一带一路”信息基础设施互联互通等有利因素促进下,我国电信与计算机信息服务出口仍将保持快速增长态势。估计到2025年,我国电信与计算机信息服务出口将增长到1000亿美元左右。

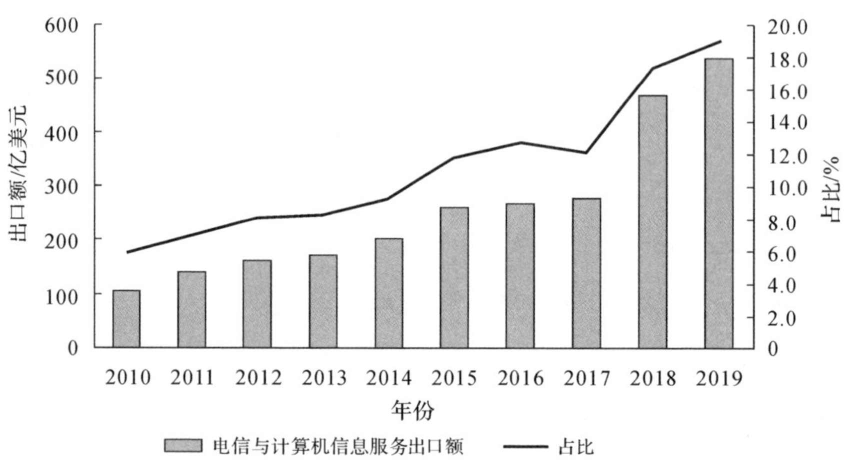

图4.18　2010—2019年电信与计算机信息服务出口额及占比

数据来源:根据WTO数据库相关数据测算,https://data.wto.org/。

(3)在数据处理、应用等方面形成服务贸易新优势。数据挖掘、处理、应用等相关服务贸易直接依赖于数据的基础存量。目前,我国正快速成长为全球第一大数据生产国。根据国际数据公司(IDC)发布的《数字化世界——从边缘到核心》和《2025 年中国将拥有全球最大的数据圈》白皮书,2018—2025 年我国数据生产量将由 2018 年的 7.6ZB 增长到 2025 年的 48.6ZB,年均增长 30%,占全球 27.8%,超过美国的 30.6ZB 居全球首位。①

(4)2025:数字交付服务贸易占比提升至 50%。目前,全球数字交付服务贸易占比为 50.7%,美国、英国等发达国家为 60%以上。也就是说,我国数字交付服务贸易占比仍有至少 16—25 个百分点的上升空间。未来几年,随着我国 5G 基站、大数据中心、人工智能和工业互联网等在内的"新型基础设施建设"的推进,以及技术赋能和高度联通时代服务业的发展和对外开放,将加快数字交付服务贸易发展。到 2025 年,我国数字交付服务贸易规模将增长至 5000 亿美元左右,占我国服务贸易总额的比重将达到 50%左右。

三、强化数字贸易领域制度性安排

抓住国际数字服务贸易规则标准尚未定型的窗口期,强化国内数字服务贸易领域制度性安排,在优化数字服务贸易主体发展环境的同时,积极参与构建全球数字服务贸易规则。

1.加快新型基础设施建设

加速推动 5G 网络部署,推动基础电信企业加大投资、加快建网,组织

---

① 王晓红,朱福林,夏友仁."十三五"时期中国数字服务贸易发展及"十四五"展望[J].首都经济贸易大学学报,2020(6).

开展异网漫游,最大程度推进5G网络共建共享,力争2022年底实现全国所有地级市覆盖5G网络。加快出台5G跨行业应用指导政策和融合标准,促进5G和制造、交通、医疗、教育、农业等垂直行业的融合发展。持续推进工业互联网创新发展,加快工业互联网网络、平台、安全三大体系建设,持续完善工业互联网发展生态;继续实施工业互联网创新发展工程,打造公共服务平台,培育系统解决方案供应商,促进产业供给能力不断提升,聚焦工业互联网内外网络建设改造,加快实施"5G+工业互联网"工程,推动5G与工业互联网融合发展。

2.提升数字服务贸易自由化便利化水平

(1)稳步推动数字服务贸易市场开放。一方面,以新兴经济体为重点,在双边、多边自由贸易谈判中将技术贸易、知识产权等作为自由贸易谈判的重点,尽快实现市场双向开放。另一方面,以欧盟为重点,加快中欧投资协定谈判,并将数字技术贸易作为谈判的重点之一。

(2)形成数字服务出口的政策支持体系。改变以往对特定企业现金补贴或出口贴息等方式,根据数字服务贸易分类,设定全行业、全领域享受的出口退税、企业所得税、财政补贴、出口融资、出口保险等不违反公平竞争的财税金融政策;加快参与数字服务贸易标准制定,在加快服务业国内外标准对接基础上,依托我国巨大的数字服务市场,加强在跨境物流、跨境支付、电子认证、在线交易、信用体系、在线支付、保护标准等领域的国际标准制定,降低我国数字服务出口企业制度性成本与不确定性;积极发展专业性数字服务出口中介机构,为广大数字服务出口企业提供退税、政策咨询、出口融资保险、对外推介等服务。

(3)积极探索跨境数据流动相关规则。例如,在上海、海南等自贸区进行试点,有序开放增值电信业务(包括数据中心、云服务的业务),支持外国企业来华投资兴业,进一步推动外资项目和企业复工复产,各项服务政策都同等适用于内外资企业。在确保数据流动安全可控的前提下积极推动试验区内少量试点企业在国外特定范围内实现数据流动合规，扩大数据领域开放，创新安全制度设计。加快推动公共数据开放，引导社会机构依法开放自有数据，推动政务数据与社会化数据平台对接。

3. 打造高质量“数字丝绸之路”

借鉴阿里巴巴与马来西亚共建“数字自贸区”的经验，加快同“一带一路”沿线国家和地区建立“数字服务自贸区”“数字经济合作园区”等，在区内实行自由贸易政策和相关投资制度安排；对俄罗斯、巴西、印度等数字服务贸易规则与我国较为相近的国家，加快数字服务贸易协定谈判，形成关于跨境数据流动、数据本地化、消费者保护等一揽子协定，并通过过渡期等多种方式推动数字服务贸易的开放。

4. 加快构建数字服务贸易监管体系

(1)构建数字服务贸易监管标准体系。数字服务贸易的无形性等特点，给市场监管及国家安全监管带来重大挑战。从现实情况看，我国数字服务贸易监管标准体系建设相对滞后，难以适应数字服务贸易快速发展的大趋势。建议以推动服务业标准化建设为契机，尽快加入数字服务贸易领域的监管标准，尤其是强化质量监管、税收征管等重点内容。同时，制定数字服务贸易信用黑名单、标准格式合同管理、安全协议限制和跨境数据流动风险评估机制等配套监管手段。

(2)细化《电子商务法》等相关法律。2018 年，我国正式出台了《电子商务法》。作为上位法，其内容主要偏向于原则性规定，缺乏具体实操性内容；《网络安全法》对“重要数据”做出相应制度安排，但并未明确衡量“重要数据”的标准及具体清单。需要加快制定和完善相关法律法规，为完善数字服务贸易监管提供法律保障。

(3)加强对数字知识产权进行监管。从国际经验来看，数字服务贸易的快速发展，对知识产权保护的要求更高，也更为迫切。为此，需要加快研究数字服务领域的新形态、创新成果的知识产权保护办法,提高知识产权审查质量和审查效率。

5.积极参与全球数字经济治理体系构建

(1)积极参与国际数字贸易规则谈判。加快构建我国的数字贸易规则方案,制订数字贸易规则设计的工作计划、实现路径和完成时限,建立统筹协调机制,推动各规则模块有序构建。更深层次参与电子商务/数字贸易规则谈判,积极参与传统电子商务议题以外的新兴议题的磋商和对话,同时在区域贸易协定谈判中加入数字贸易议题的讨论。

(2)强化对数字服务贸易监管的国际协调。在各国加强对数字领域监管的趋势下,政府监管成为数字服务贸易壁垒的主要因素。为此,需要通过与其他国家签订数字服务贸易信任协定、免检协定、认可服务经营商、争端解决机制等多种方式,加强同我国主要数字服务贸易伙伴的宏观监管政策协调。

第四节　加快服务业市场开放进程

当前,服务业市场开放与服务贸易发展直接融合。服务贸易发展规模、发展质量直接决定于服务业市场开放水平。形成以服务贸易为重点的高水平对外开放新格局,关键在于加快推进服务业市场开放。

一、服务业市场开放与服务贸易发展直接融合

一方面,以服务贸易为重点的开放转型正处于重要时期;另一方面,服务业市场双向开放的大趋势逐步在形成。在这个特定背景下,服务业市场双向开放与服务贸易发展高度融合的特点突出。

1.服务贸易发展直接依赖于服务业市场开放

(1)服务业市场双向开放的大趋势。

——服务业成为吸引外资的“新高地”。随着服务业逐步对外资放开市场准入,外资开始大量投资我国服务业。目前,服务业实际使用外资额占比持续超过工业,成为使用外资的主要领域。2011 年,服务业实际使用外资额占比达到 50%,占比首次超过制造业;2012 年,占比达到 51%,超过第二产业 4.2 个百分点;2019 年,这一比重为 70%,是制造业的 2.3 倍;2020 年,服务业实际使用外资额占比为 78%(见图 4.19)。

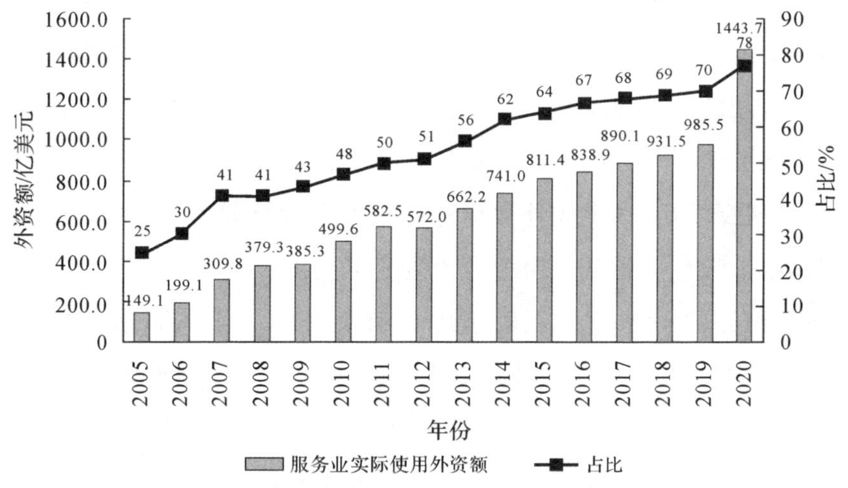

图 4.19 2005—2020 年服务业实际使用外资额及占比

数据来源:国家统计局网站和商务部网站。

——服务业成为对外投资合作的主要领域。从对外投资净额来看,服务业已成为我国对外投资合作的第一大领域。2007—2017 年,我国服务业对外投资净额由 195.6 亿美元增至 1211.0 亿美元,年均增长 20%,高于制造业对外投资金额增速 2 个百分点;从占比来看,过去 10 年间服务业对外投资净额占比始终保持在 70%—80%的高位。2019 年末,我国对外直接投资存量的八成集中在服务业。[①]

(2)服务业市场开放程度决定服务贸易发展的广度与深度。在由货物贸易为主向服务贸易为重点的开放转型中,服务贸易发展越来越依赖服务业市场开放。当前,对服务业市场开放的主要顾虑在于担心冲击国内服务业企业。但我国加入世贸组织后制造业发展的历程表明,服务业市场开放短期内可能会有冲击,但长期将有助于国内服务业企业参与全球竞争,提升质量水平和竞争力。例如,中国—新西兰自由贸易协定谈判中,对服务业领域的开放程度已与《服务贸易协定》谈判要求基本相同;中韩自由贸易协定中,电信与金融领域的开放均有实质性突破。未来几年,扩大服务业市场开放,不仅要在名义上进一步放宽服务业市场准入条件,更重要的是推进服务业市场的自由化与便利化程度,促进国内规则与国际规则的对接。

(3)服务业市场双向开放与服务贸易快速发展相互促进。2008 年,国际金融危机爆发后,在整体外贸形势挑战加大的情况下,我国服务贸易快速发展,很大程度上得益于服务业市场开放,使得我国服务业企业深度参与全球价值链的同时,最大程度提升了"商业存在""自然人流动"等服务贸易提供方式的便利化水平。总的来看,进一步扩大服务业市场双向开放将推动我国服务贸易发展再上一个新台阶。

2. *以服务业市场开放推动服务贸易创新发展*

由于行政垄断和市场垄断的存在,社会资本进入教育、医疗、通信、金融等服务行业仍面临某些障碍,这使得服务业市场难以通过公平竞争来提高供给能力、供给质量和供给效率。2019 年,我国服务业民营固定资产投资占比约为 36.56%,远低于农业(55.96%)、工业(68.59%)的水平。其中在教育、卫生、文化、商务服务等现代服务业领域的投资占比仅约为

① 商务部,国家统计局,国家外汇管理局. 2019 年度中国对外直接投资统计公报[R]. 商务部网站,2020-09-16.

4.30%。[①] 近年来，我国陆续推出一系列服务业对外开放的重大举措，但总的来看，服务业市场开放仍是我国推动形成以服务贸易为重点的开放新格局的重大任务之一。

3. 加快形成服务业市场全面开放新格局

(1)推动服务业市场向社会资本全面开放。当前，无论是破解服务业市场领域“有需求、缺供给”的突出矛盾，还是进一步拓展社会资本投资空间、扭转社会资本投资增速下滑的局面，都需要尽快实现服务业市场对社会资本的全面开放。这需要按照“非禁即准”的要求，凡是法律、行政法规未明令禁止进入的服务业领域，应全部向社会资本开放，不再对社会资本设置歧视性障碍，大幅减少前置审批和资质认定项目，鼓励引导社会资本参与发展服务业，并在打破服务业市场垄断方面实现实质性破题。

(2)加快推进服务业对外开放进程。在加快服务业市场化改革基础上，大幅缩减外资准入负面清单限制性条目，争取在2023年前，率先实现教育、医疗、养老、旅游等服务业全面开放，取消对外资股比限制及经营范围限制；同时，按照《外商投资法》的相关规定，基本完善外商投资的服务体系。争取到2025年，在运输、保险、法律、研发设计等重点领域全面对接国际高标准开放水平。

(3)清理并大幅削减服务业领域边境内壁垒。建议在有条件的地区率先引入美日欧等在医疗药品、旅游娱乐、体育养老等重点生活性服务业的管理标准，并实现资格互认；全面推广跨境服务贸易负面清单，允许负面清单外的境外企业在我国提供相关服务，逐步在人员流动、资格互认、市场监管等领域实现与国际接轨。

---

① 根据2018—2020年《中国统计年鉴》相关数据测算。

二、率先推进教育、医疗、金融等服务业开放进程

加快服务业市场开放进程,关键要适应全社会消费结构升级需求,加快教育、医疗、金融等方面的市场开放进程,有效破解国内服务市场“有需求、缺供给”的突出矛盾,明显提升我国服务业的国际竞争力。

1. 加快推动教育市场开放

(1)扩大教育市场开放具有全局性意义。人才是第一资源,也是赢得新一轮科技竞争的基础。例如,未来5G领域我国人才缺口达2000万人,人才短缺成为5G经济快速发展的突出短板。近年来,我国劳动力成本逐步上升的趋势明显,迫切需要加速由人口红利向人力资本红利转变,这很大程度上依赖于教育的“第二次改革”。

(2)推进教育市场开放进程。

——以教育市场开放形成多元化教育服务供给主体。由于教育市场化改革滞后,民办学校尚未成为教育供给的重要主体。2019年,我国共有各级各类民办学校19.15万所,占全国的比重为36.13%;在校生达到5616.61万人,占全国在校生人数的比重约为20%。从民办学校在校生分布来看,接近一半分布在学前教育。

——以教育市场开放形成与经济转型升级和科技变革趋势相适应的教育结构。在新一轮科技革命的背景下,我国人才供需结构性矛盾突出,人才供给在某些领域要么严重过剩,要么相对不足,与市场需求脱节的问题较为突出。

——以教育市场开放提升我国教育的国际竞争力。2011—2019年,我国出国留学人数由33.97万人增长至70.35万人(见图4.20),8年间实现倍增,其中自费留学生人数占比在90%以上。适应这一大趋势,需要通过教育市场双向开放,整合境内外优质资源,鼓励教育“引进来”和“走出

去”,吸引境外教育消费回流,提高我国教育的国际化水平。

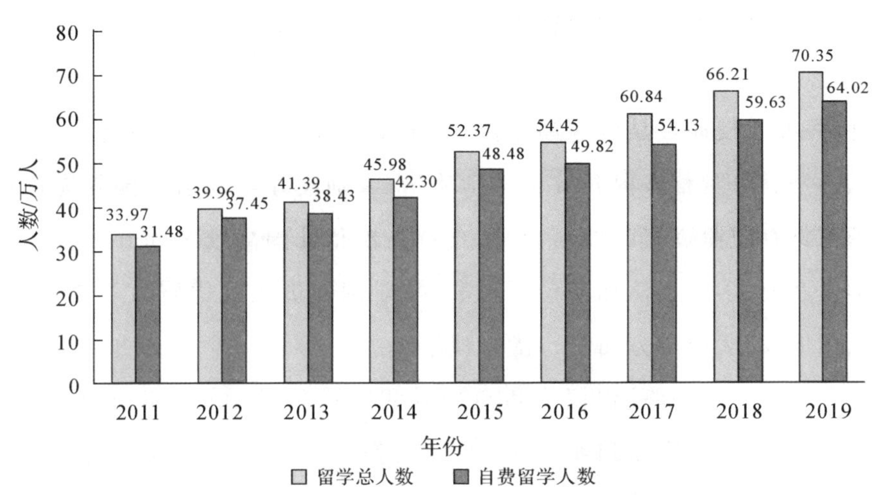

图 4.20　2011—2019 年我国留学及自费留学人数

数据来源:根据教育部 2011—2019 年《我国出国留学人员情况》数据整理。

(3)推进以职业教育为重点的教育市场开放。

——支持社会资本与外资投资非义务教育领域。取消学前、普通高中、本科及以上院校的股比限制,支持各类投资者以独资、合资、合作等多种形式办学。

——全面放开职业教育。允许境内外具备条件的研发机构、教育组织、高水平企业独立举办健康、旅游、维修、文化创意等职业院校。

——赋予职业教育机构更大办学自主权。赋予社会资本及外资投资的职业教育机构在招生数量、费用收取、外籍教师聘用等方面的自主权;明确中央和地方政府的职责分工,鼓励地方在教育改革上积极探索、先行先试。

——加快推进教育“去行政化”。逐步取消学校行政级别,建立专业导向的学校治理结构,推进专家治校;进一步推进简政放权,扩大学校在招生规模、专业设置、教师评聘等方面的办学自主权。

(4)推进教育市场双向开放进程。

——引进境外优质教育资源。开展高校自主确定举办中外合作办学项目试点,支持高校加大引进国外优质教育资源力度;鼓励支持高水平、有特色的民办学校通过品牌连锁经营、中外合作办学等方式,引进优质学科、课程、师资、管理,整体提升教育教学质量;鼓励民办学校引进国外先进资源,聘请具有职业资格的外籍教师;支持高校和外国高校之间开展教师互派、学生互换、学分互认和学位互授联授;对国外进入的优质教育资源,在税收、用地、利润留成方面实行优惠政策。

——以"一带一路"倡议为重点鼓励我国优质教学资源向海外拓展。在"一带一路"沿线国家和地区开展中外合作办学项目,建立中外合作办学机构。支持高校优势学科,参与和设立国际学术合作组织、国际科学计划,与境外高水平教育、科研机构建立联合研发基地。支持具有相应实力的高校到海外办学,开展国际合作和跨境教育服务。

2. 加快医疗健康服务业市场开放进程

(1)医疗领域有需求缺供给的矛盾突出。

——医疗健康"有需求、缺供给"的矛盾突出。一方面,我国城乡居民消费结构升级与人口老龄化进程相交汇,由此带来巨大的医疗健康服务需求。预计到2030年,医疗健康产业与养老产业规模将分别达到16万亿元和22万亿元。[①] 另一方面,医疗健康服务领域供给不足的问题较为突出。例如,2019年,我国每千名老年人养老服务床位数为30.5张[②],远低于发达国家50—70张的平均水平。

——加快医疗健康市场的全面开放,使社会资本成为医疗健康产业发展的主体。当前,社会资本仍未成为医疗健康产业发展的主体。例如,

① 2030年我国养老产业规模将达22万亿元发展智慧健康养老产业培育新动能[EB/OL]. 中国经济网,2018-01-04.

② 民政部. 2019年民政事业发展统计公报[R]. 民政部网站,2020-09-08.

2019年，虽然我国民营医院数量占医院总数的65.3%，但其床位数占比仅为27.5%，卫生技术人员占比21.4%，医疗服务工作量占比14.8%。[①] 这需要在市场开放背景下，按照“公开市场、公平竞争、公正监管”的原则，进一步打破医疗健康服务的市场壁垒，使得社会资本成为医疗健康产业发展的主体。

(2)以打破市场壁垒为重点实现医疗健康产业的全面开放。

——进一步放宽医疗健康领域外资准入门槛。逐步取消医疗机构仅限于合资或合作的限制；进一步明确医疗机构市场准入审核标准，允许符合条件的境外资本在国内设立独资、合资医疗机构。

——全面落实各类医疗机构及人员的国民待遇。尽快实现各类医疗机构在医保及获取土地等要素方面与公立医院同等待遇。

——打破体制内外人才流动壁垒。改变公立医院医生“单位人”身份，加快推进人事管理、工资福利、社会保险、职称评价等方面的制度改革，积极调动医生积极性，实现医疗技术人员在体制内外自由流动。

——清理制约医疗健康产业公平竞争的政策法规。按照“非禁即入”原则，对符合条件、规划和准入资质的社会办医疗机构，在设置审批、执业登记等方面，不得以任何理由加以限制；其提供的签约服务，在转诊、收付费、考核激励等方面与政府办医疗机构提供的签约服务享有同等待遇。

——以基层为重点试点公办民营模式。从国际经验看，基层养老与医疗机构社会化、民营化是一个大趋势。建议将一部分利用率不高、资源闲置的公办社区(乡镇)养老机构与医疗机构交由社会资本运营；通过公建民营、“一院二制”等方式吸引社会资本参与公办医疗、养老机构运营。

——鼓励“互联网+医疗”等新型医疗服务模式创新。鼓励社会资本建设互联网医院或互联网医疗服务平台，大力发展网上预约、网络支付、检

① 国家卫健委.2019年我国卫生健康事业发展统计公报[R].国家卫健委网站，2020-06-06.

查检验结果查询、远程医疗、远程监护等在线医疗服务。破解医疗卫生公共资源配置向大城市高度集中、中小城镇和农村医疗卫生公共资源不足的难题。

(3)在医疗健康领域尽快引入国际先进标准。

——率先在部分地区引进美日欧养老服务与医疗药品管理标准。快速提升养老服务与医疗药品质量水平,对全国形成示范效应。条件成熟时,尽快向全国推广。

——借鉴欧盟等国际通行做法。“十四五”前两年把药品进口增值税税率降至6%左右;在对进口抗癌药,对国内生产的治疗癌症、罕见病、糖尿病、乙肝、急性白血病等疾病的药品的重要原料实施零关税的基础上,对癌症诊断和治疗的进口设备实行零关税,以进一步降低癌症治疗的成本。

——开展境内外医疗健康执业资格互认试点。例如,通过建立免审核目录等,允许特定国家的医疗健康技术人员在备案前提下直接开展医疗服务。

3.扩大金融业市场双向开放

(1)扩大银行业、证券业、保险业双向开放。

——降低金融业市场准入壁垒。“十四五”期间,在全面取消证券、期货、寿险外资股比限制基础上,着力打破外资银行的政策壁垒,简化行政审批手续。以外资参与高风险证券公司重组为重点,推进证券业市场对外开放;鼓励外资保险公司将先进经验和技术引入国内市场;寿险、医疗保险和养老保险等领域进一步向外资保险公司放开。

——鼓励具备条件的金融机构到境外开展业务。支持金融机构在风险可控的条件下到海外并购;加快银行卡清算机构“走出去”开展业务,提升银行卡清算机构的国际竞争力;鼓励金融机构“走出去”,为实体经济提供服务。

(2)有序推进资本市场双向开放。以“深港通”为基础加快推进与亚洲其他国家和地区资本市场互联互通;加强内地与香港资本市场互联互通,探索新股通、债券通,适时推出商品通。利用"沪伦通"正式开通的契机,着力推进中国与欧洲资本市场的共同发展;鼓励支持优质的国际金融机构在境内发行人民币债券;扩大期货市场对外开放,支持境外投资者以特定品种的方式参与国内商品期货交易。

三、打破服务业领域的市场垄断与行政垄断

在大幅放宽市场准入的前提下,只有实质性打破服务业市场垄断与行政垄断,才能使各类资本有效进入。"十四五"期间,要以打破垄断为重点,加快服务业市场向社会资本开放,形成统一开放、公平竞争的市场环境。

1. 推进服务业垄断行业向社会资本开放

除基础设施部分外,相当多的生产环节都可以放开市场,引入社会资本与外资;全面实现自然垄断环节和竞争性环节分开,在自然垄断环节强调国有资本主导,在竞争性环节对社会资本放开;完善基础领域的准入制度,对垄断行业要逐步放松或解除管制,广泛引入市场竞争机制,鼓励社会资本参与基础领域的公平竞争。推进银行、保险、航空等行业全面向各类资本放开。对可以完全市场化的自然垄断行业和企业,能退出的全部退出;暂时不能退出,或退出条件不具备的企业,可以实施混合所有制;对国有资本继续控股经营的自然垄断行业,根据不同行业特点实行网运分离,放开竞争性业务。在自然垄断环节,通过移交—经营—移交(BOT)、建设—经营—转让(TOT)等多种形式鼓励社会资本参与投资。

2. 推动服务业领域国有资本战略性调整

服务业市场开放对国有资本战略性调整提出新的要求,既需要破除行政垄断,又需要国有资本在公共服务领域做出更大贡献。为此建议:一是在

一般竞争性的服务业领域,国有资本原则性退出,为社会资本留下更大的市场空间;二是将更多的国有资本配置在公共服务领域;三是在公共服务领域,通过发展混合所有制吸引社会资本参与,形成做大公共服务业的社会合力。

3. 完善垄断服务业行业价格形成机制

区分竞争性和自然垄断环节,建立不同的价格形成机制。垄断行业需要一定的价格管制,但竞争性环节的价格可以放开。为此建议,在自然垄断环节与基本公共服务领域,仍实行政府定价;对竞争性环节的服务业,政府全面放开价格控制,引入竞争机制,实行企业自主定价。

4. 实现各类市场主体服务业政策平等

(1)实现服务业与工业用地政策平等。统计数据显示,2019 年第一季度,全国主要监测城市商服、工业地价分别为 7665 元/米^2 和 841 元/米^2(见图 4.21),商服用地价格是工业用地价格的 9.11 倍。商服用地成本大幅高于工业用地成本,很大程度上制约了现代服务业的发展。建议有效降低商服用地价格,缩小商服用地与工业用地价格差距,争取 2025 年前全国基本实现商服用地与工业用地“同地同价”。

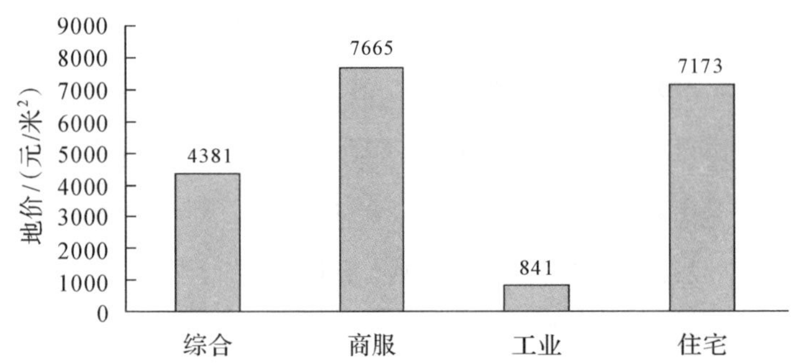

图 4.21　2019 年第一季度全国主要城市分用途地价水平

数据来源:中国土地勘测规划院城市地价动态监测组. 2019 年第一季度全国主要城市地价监测报告[EB/OL]. 中国地价信息服务平台,2019-04-17.

(2)实现体制内外服务业人才保障政策待遇平等。促进职称制度与用人制度的有效衔接,重点加快体制内外各类人才的社会保障水平平等;尽快出台实施细则,逐步提升非公有制机构和公益性社会组织各类人才的社会保障水平,最大限度地缩小体制内外各类人才基本社会保障水平;建立健全民办机构人才人事代理服务制度,保障各类人才在体制内外合理流动,鼓励高校毕业生、各类人才到民办机构就业工作;实现民办机构人才在户籍迁移、住房、子女就学等方面享受与当地同级同类公办机构同等的人才引进政策。

第五章　以打造高水平对外开放新高地为重要突破

在试点的基础上推进开放，是我国改革开放40多年来的一条基本经验。“十四五”期间，推进高水平开放，也需要发挥好“试验田”的作用。这就需要赋予海南自由贸易港、粤港澳大湾区、自由贸易试验区等更大改革开放自主权，率先对标国际高水平经贸规则，加大在市场准入、管理标准、透明度、知识产权保护、监管规则等重要领域的先行先试和压力测试，引领我国高水平开放进程。

第一节 加快推动海南自由贸易港建设

2020年6月1日，习近平总书记对海南自由贸易港建设作出重要指示，强调“在海南建设自由贸易港，是党中央着眼于国内国际两个大局、为推动中国特色社会主义创新发展作出的一个重大战略决策，是我国新时代改革开放进程中的一件大事”①。以对标世界最高水平开放形态为基本要求，加快建设具有国际竞争力的海南自由贸易港开放型经济新体制，是我国推进高水平开放的重要标志，是服务国内国际双循环、赢得国际合作和竞争新优势的战略行动。

一、打造重要开放门户的战略目标

在疫情严重冲击经济全球化、中美关系深刻复杂变化以及由此引发的亚太区域政治经济格局某些重要变化的特定背景下，建设海南自由贸易

① 习近平对海南自由贸易港建设作出重要指示强调 要把制度集成创新摆在突出位置 高质量高标准建设自由贸易港[N]. 人民日报，2020-06-02.

港,就是要以打造重要开放门户作为战略目标。

1. 亚太区域政治经济格局发生深刻复杂变化

首先,亚太地区是世界经济增长中最强劲、最活跃的板块之一。从趋势看,亚太地区在全球经济格局中的地位日益提升,逐步成为全球经济与贸易中心之一,在全球经济增长与秩序构建中也发挥着越来越重要的作用。其次,部分东南亚国家正开启新一轮的工业化,并在参与新一轮经济全球化中实现经济高速增长,进一步引致亚太互联经济格局的变化。最后,亚太地区日益成为大国博弈的焦点区域,对我国改革开放、国家安全与经济发展大局产生重大影响。

2. 充分发挥海南的地缘优势

从夏威夷岛、济州岛、巴厘岛等世界知名岛屿发展经验看,岛屿的开放水平越高,对周边区域的辐射带动能力就越强,在地区政治、经济、文化及国际事务中的作用就越大,因此岛屿的开放程度在地区交流合作中起到至关重要的作用。我国在海南建立自由贸易港,就是要以实施全面深化改革和最高水平开放政策和制度,充分发挥海南独特的地理优势、区位优势与资源价值潜力,使海南尽快成为我国深度融入经济全球化、吸引集聚全球优质生产要素、开展更高层次区域经贸合作竞争的重要平台,由此使得海南成为面向太平洋、印度洋的重要开放门户。

3. 打造我国面向太平洋、印度洋的重要开放门户

(1)深度融入世界经济体系的最前沿。海南地处泛南海经济合作圈中心位置,具有自然资源丰富、地理区位独特以及背靠超大规模国内市场和腹地经济等优势。充分发挥海南特殊区位和地理优势,利用建设自由贸易港的契机,通过制度型开放、全方位开放,推进区域一体化进程,使海南成为我国面向太平洋和印度洋的重要对外开放门户、21 世纪海上丝绸之路的重要战略支点。由此,要增强海南自由贸易港的区域辐射带动作用,打

造我国深度融入全球经济体系的前沿，并充分发挥其在连接两个市场、两种资源中的重要门户作用，尤其是推动东南亚发展与我国双循环新发展格局的有效对接。

(2)与东南亚商品和要素双向流动的大通道。依托海南自由贸易港“零关税”及“原产地规则”，鼓励支持东南亚资本围绕农产品加工、旅游商品、新能源设备、医疗器械、通信设备、工业机器人的加工制造等在海南投资设厂；依托服务贸易自由便利政策，强化服务业管理标准规则对接，积极引进优质的旅游、医疗健康、文化娱乐等资源，共同服务国内服务型消费大市场；依托“中国洋浦港”的特殊政策，通过共建港口联盟、共同制定豁免查验商品目录、共同实施“认可经营商计划”等方式加强与东南亚国家和地区港口的对接，打造连接两个市场的航运枢纽港。

(3)与东南亚优质要素的中转、交易、配置大平台。例如，共建国际数据交易所，开展数字版权确权、估价、交易、结算交付、安全保障、数据资产管理等服务功能；共建知识产权交易所，立足各自创新发展需求，推进区域内知识产权交易；建设热带农产品现货期货交易所，为区域内国家和地区提供农产品交易、定价、价格指数发布、金融保险等服务。

4.在服务重大国家战略中拓展自身发展空间

我国决定在海南建设自由贸易港，是着眼于国内国际两个大局作出的一个重大战略决策，是积极推动经济全球化和区域一体化的重大举措。按照《海南自由贸易港建设总体方案》的要求，对标世界最高水平开放形态，形成了一整套比较完整的政策和制度体系安排。2021 年 6 月 10 日，第十三届全国人民代表大会常务委员会第二十九次会议通过《中华人民共和国海南自由贸易港法》，授予海南更大、更充分的改革开放自主权。唯有把握大局，自觉服务国家重大战略实施，才能赢得海南发展的重要机遇，才能开拓海南自由贸易港建设新局面。

二、加强与东南亚国家交流合作的重大任务

服务打造重要开放门户的战略目标,海南自由贸易港建设的重大任务是加强我国与东南亚国家的交流合作,并尽快在某些方面取得重要进展,为稳定并促进我国与东盟合作关系发挥特殊作用。

1. 开展面向东盟的区域合作

(1)支持海南在RCEP框架下开展更大力度、更高层次的开放合作。RCEP中有7个国家同为CPTPP成员国。建议将海南自由贸易港作为RCEP具体落实的先行区,尽快取得RCEP签署后各方合作发展的"早期收获"。同时,赋予海南更大开放自主权,支持海南在RCEP框架下,在服务贸易、竞争中性、环境保护、社会治理等领域开展更大力度的探索,在引领RCEP升级的同时,为我国开展更高水平的双边、区域经贸合作积累经验。

(2)在海南自由贸易港建立中国—东盟数字经济自由贸易区。一方面,东南亚国家受制于技术、基础设施、区域差异等因素,数字经济发展仍明显滞后于我国。2019年,东南亚国家数字经济规模为1000亿美元左右,仅为我国的2%,其中印度尼西亚、越南分别为400亿美元和120亿美元。另一方面,东南亚已成为全球数字经济增长最快的区域之一。2015—2018年,东南亚国家数字经济规模增速年均复合增长33%,其中印度尼西亚、越南增速为49%、38%。[①] 预计到2025年,东南亚国家数字经济规模将达到3000亿美元。为此,建议适应数字经济引领产业变革大趋势与数字经贸规则构建的时间窗口期,在《中国—东盟智慧城市合作倡议领导人声明》框架下,支持海南签署地方间智慧城市合作框架,并以此带动地方政

① 谷歌,淡马锡.东南亚数字经济研究报告[R].2019-11-14.

府间数字经济领域的合作。支持海南开展数据确权、数据认证、数据定价、数据监管、数据交易、数据安全等标准规则探索，打造面向东盟的数据交易所，逐步建立以我国为主导的区域性数字规则，并力争使海南成为我国面向东盟的数字经济规则策源地。

(3)在海南自由贸易港建立亚洲债券市场与面向东盟的国际资本市场。目前，一方面，东盟已成为我国最大贸易伙伴，对人民币需求快速上升。另一方面，东盟大部分国家正处于工业化前中期，存在大量资本缺口。为此，充分利用海南自由贸易港的开放政策优势与背靠大陆资本市场的优势，在率先发行法定数字货币基础上，依托“海南自由贸易港非金融企业外债项下完全可兑换”等政策与制度安排，积极吸引东南亚国家在海南发行人民币债券。同时，实行与国际接轨的发行、挂牌、交易、摘牌机制，吸纳有关国家支柱产业的高成长性企业进岛挂牌，打造对外投资便捷通道，促进我国与东盟国家同类产业和关联产业的资源整合和优势互补，服务东盟企业投融资需求和红筹企业的融资需求。

(4)在海南自由贸易港建设“中国—东盟公共卫生风险联防联控合作示范区”。积极吸引整合全国疾病预防控制和公共卫生风险防控高端资源，加快建设面向东南亚国家的区域公共卫生风险防控信息中心、区域公共卫生应急联络中心、区域疾病预防控制高等级实验室，使海南自由贸易港成为面向东南亚的区域性公共产品。以博鳌乐城医疗旅游先行区为平台，利用海南自由贸易港医疗健康开放政策建设区域性抗疫物资生产、储备、研发的合作基地，强化与东盟在高端医疗技术及药品器械研发、试验、技术交流、抗疫物资、应急响应、出入境检验、大数据等方面的协调合作。

(5)加快打造面向东盟的海洋公共服务平台。例如，支持在晋卿岛、赵述岛等西沙岛屿建设避风码头、避风锚地及海上安全信息发布平台，向南海周边国家和过往船只提供公共服务产品，并以此为依托与南海周边国家开展海上搜救、航行安全等领域的务实合作；支持在海南建立常设的中国—东盟海洋生态环境管理办公室，承担南海海域跨区域海洋生态监测、提示、修复方案指导等职能。

2. 促进东盟国家地区间双边、区域经贸合作

（1）开展双边、区域数字经济项下的自由贸易。引导国内互联网企业落户海南，支持同东南亚国家共同建立跨境“数字经济合作园区”“智能制造合作园区”等，积极开展数字技术、数字基础设施、数字服务等项下的自由贸易；支持目前已落户海南的数字经济企业在海南设立面向东盟市场的区域性总部；推动落户海南的数字经济企业与东南亚国家数字经济企业打造数字产业发展联盟，率先在通信产业、计算机基础技术产业、软件产业、互联网产业和电子商务产业项下实行自由贸易政策。

（2）同新加坡、印度尼西亚、马来西亚、菲律宾等共建岛屿旅游发展联盟。加快开发海南至新加坡、印度尼西亚、马来西亚、菲律宾等东盟国家的“飞机＋邮轮”“母港＋访问港”等航线，促成海南与上述国家岛屿间互为母港航线。支持三亚与巴厘岛、兰卡威群岛、科隆岛等合作建立岛屿旅游经济共同体，推动实现客源共享和互送、邮轮航线联合营销、邮轮旅游危机管理合作、人员入境相互免签、旅游人才联合培养等。

（3）同印度尼西亚、菲律宾、马来西亚、泰国等共建农业合作圈。例如，2018 年海南农业平均工资为 3635 元/月，是泰国的 2.7 倍；谷物价格约为 3383 元/吨，是泰国的 1.3 倍。从广西的经验看，随着“零关税”等货物贸易自由化便利化政策的实施，将在短期内对海南以种养为主的农业生产有一定冲击。为此，建议抓住未来 3—5 年东南亚国家面临的农业加工配套能力弱、农业基础设施建设滞后等时间窗口期，依托我国较强的工业配套能力与 14 亿人口的内需大市场，以农产品加工合作为重点，打造跨国农业产业链。例如，利用海南自由贸易港“零关税”及原产地规则等政策，吸引东盟农业出口大国在海南投资以加工、包装、保鲜、物流、研发、示范、服务等为重点的农业产业化项目，打造以海南为中心的农产品加工链。充分利

用背靠14亿人口内需大市场的规模优势,联合制定热带农产品安全标准与交易规则。采用“早期收获计划”、地方政府框架协议、产业项下自由贸易政策等多种形式,加大在国家层面向东盟推广海南育种产品,并尽快建立涵盖信息、交易、定价、价格指数发布、金融保险等功能在内的,以人民币计价的国际化国际热带农产品现货期货交易所。

(4)积极推进海南与菲律宾、印度尼西亚、柬埔寨等的劳务合作。例如,菲律宾拥有全球质量最高的家政服务人员,而且是全球最大的护士出口国,约占全球所有海外护士的25%。海南自由贸易港无论是人才引进,还是发展医疗健康等需要,在市场需求增大、配额管理及其他条件具备情况下,放开菲佣、印尼佣、柬佣等家政养老护理等劳务市场,为国际化人才和海南中高收入家庭提供优质家政服务。支持海南同菲律宾、印度尼西亚、柬埔寨地方政府建立跨境劳务合作管理协调机制与信息服务平台,并在海南建立跨境劳务合作管理服务中心,为跨境劳务人员和劳务用工企业提供“一站式”服务。

(5)探索开展“海南＋新加坡＋第三方市场”合作。支持海南同新加坡共同制定“第三方市场合作框架协议”,对第三方市场合作的原则、程序、标准、合作机制、利益分配等做出明确安排。联合打造第三方合作数字平台,建立第三方重点国别信息库和企业信息库,定期发布第三方市场合作需求清单,促进第三方市场合作供给与需求的有效对接。鼓励国内数字经济、金融、能源等领域的大型企业在海南设立面向东南亚的区域性总部,根据不同地区的优势及发展需求,灵活采用如实施特定产业项下的自由贸易、签署自贸投资协定等多种方式推进第三方市场合作。

3.打造区域性人文交流中心

(1)加强海南自由贸易港与东南亚国家的人文交流。海南与东南亚国家地缘相近、人文相亲,区域互联互通优势明显,海运航线覆盖东南亚主要港口。建议增加博鳌亚洲论坛年会研讨东南亚区域合作的活动安排,设立以“海南自由贸易港与东南亚区域合作”“海南自由贸易港建设与RCEP”等为主题的分论坛。支持海南扩大自由贸易港国际科技教育合作,鼓励中国政府奖学金高校项目向海南高校招收东南亚国家留学生倾斜。支持海南自由贸易港智库与东南亚国家智库的交流合作,围绕“海南自由贸易港与东南亚区域合作”等课题开展合作研究、学术互访、访问研究、研究人员交流等。

(2)建立海南—东南亚国家地方间渔民交流机制与应急处理机制。鼓励海南省政府同东南亚国家或地方签订渔民交流机制与应急处理机制,明确相关规则,最大限度避免因民事冲突升级为军事冲突的风险。率先实现海南琼海潭门镇同菲律宾马尼拉等地的渔民交流机制,共同成立渔业促进协会,加强双方民间的沟通。建立多层次的民间交流机制,率先实现海南琼海潭门镇同马尼拉等的渔民交流沟通机制。

(3)尽快在教育、医疗等方面全面实行自由贸易政策。支持海南扩大自由贸易港国际科技教育合作,鼓励中国政府奖学金高校项目向海南高校招收越南留学生倾斜;开设越南来华留学生学习、实习、就业绿色通道,争取让更多毕业的越南留学生落户海南。在海南打造面向东盟的渔民教育培训基地。通过举办专题培训班、国际夜校等多种方式,对休渔期内的东南亚各国渔民开展渔业养殖捕捞、生态环境保护、应急救援等领域的公益性培训。

三、实现制度集成创新的重要突破

按照习近平总书记提出的“要把制度集成创新摆在突出位置,解放思想、大胆创新”的基本要求,对标世界最高水平开放形态,加快推进经济、行政、立法、司法等领域的制度集成创新进程,加快构建与高水平自由贸易港相适应的政策与制度体系。

1. 推进以“五大自由便利”为重点的制度集成创新

(1)以降低边境内壁垒为重点推进贸易自由化便利化。一是尽快制定出台“零关税”“一负三正”清单。在此基础上，逐步缩短生产设备进口“零关税”负面清单，不断扩大交通工具、原辅料、日用消费品“零关税”正面清单。二是降低边境内市场壁垒。例如，制定豁免查验商品目录，率先对旅游、健康、文化娱乐、研发设计等服务贸易项下的自用商品与相关设备采取豁免查验政策，将审核环节后退至市场监管领域。三是逐步建立适应全岛封关运作的监管制度。借鉴新加坡 Trade X change 商贸通计划，将涉及贸易监管的海关、检验、检疫、海事、口岸、边检、外汇、税收、支付等监管部门纳入“单一窗口”作业平台，实现承运人、码头、金融机构、货运代理、检验机构的信息共享。

(2)以实行企业法人承诺制为重点推进投资自由便利。一是尽快以清单形式明确准入前国民待遇标准。二是对负面清单外投资实行“准入即准营”。三是对清单内非禁止事项涉及的准入后审批实行“企业法人承诺制”，对确需保留行政许可的，一律实行企业法人承诺制。待投资完成或实际经营后，组织相关部门对企业实施协同监管。四是以规则、标准对接为重点推进服务贸易自由便利。

(3)以争取发行法定数字货币为重点奠定跨境资金自由便利流动的重要基础。完善金融基础设施建设。争取支持率先探索发行以国家信用为支撑、加密的法定数字货币。以数字货币为基础，构建“进岛加密、出岛解密”的金融监管体系，进出海南的国内外资金实现“进出自由、区内有痕流动”，做到“可识别、可追溯、可监管”。在此基础上，率先于全国全面取消对外资金融机构经营范围单独设限的一系列规定，构建以民营与外资金融机构为主体的金融体系。

(4)以职业资格互认为重点推进人员进出自由便利。加快制定实施服务业单向认可专业资格清单，取得境外职业资格或公认的国际专业组织资质的专业人员,通过技能认定后,可直接为海南企业和居民提供专业服务,其在境外的从业经历视同国内从业经历。同时,放宽外籍人才出入境、停居留、就业限制,对符合条件的外籍人才投资创业、经贸活动方面提供出入境便利。

(5)建立更加自由开放的航运制度。完善“中国洋浦港”船籍港制度。高标准建设海南自由贸易港国际船舶登记中心,实行便捷、高效的国际船舶登记程序。建立有吸引力的船籍港登记配套税收金融制度,放宽船舶引航和沿海捎带业务限制。完善保税油加注制度,建立自由贸易港保税燃油加注资质管理制度,优化保税燃料加注监管方式和手段,支持设立海上保税燃料油供应仓库。实施启运港退税制度,研究建立海南自由贸易港航运经营管理体制及海员管理制度。

(6)探索形成数据安全便利流动的制度体系。将数据区分为不同类型,如政府数据、技术数据、商业数据和个人数据,采取绝对禁止流动、一定限制流动和无限制流动等不同的规制措施,以实现数据安全、有条件、有秩序地跨境流动。对事关国家经济、社会安全、个人基本权利的重要数据、个人数据等特定数据的跨境流动进行规制,保障网络安全;对不妨害国家安全和个人利益,不影响网络安全的数据则予以放开,促进自由流动。

2.建立与最高水平开放形态相适应的行政体制

(1)建议在省级层面建立法定机构性质的海南自由贸易港经济委员会。建立海南自由贸易港经济委员会,明确其法律地位、职能权限、运行机制、人事管理、财务监管、考核评价及与相关机构的关系、主要负责人的产生和免职、经费来源、活动管理、监督、变更和撤销等内容。其性质为法定机构,其主要负责内外贸易、国际经济合作、招商引资、总部经济、产业促进和口岸运营等。

(2)建立以法定机构为主体的高效执行系统。聚焦贸易投资自由化便利化,建议尽快在专业性要求比较强、自由贸易港建设需求急迫的领域设立法定机构,作为海南自由贸易港经济委员会的具体执行部门,实行企业化管理、市场化运作、目标绩效考核,防止法定机构行政化。

(3)以增量带动存量,推动海南"大部门制"改革。以公共服务与社会管理为重点,最大限度地整合分散在不同部门相近或相似的职责,推进"大部门制"改革,有效避免政府职能交叉和多头管理,提高行政效率。可率先推进社会发展、自然资源和环境保护、财政与国有资产管理等的"大部门制"改革。同时,推动决策、执行职能相对分离,政府主要承担决策职能,将经济、社会、环境保护等领域的执行职能交由法定机构。

3. 建立与国际接轨的多元化纠纷解决机制

(1)完善海南自由贸易港仲裁体制机制。借鉴新加坡等自由贸易港经验,推进海南国际仲裁院(海南仲裁委员会)法定机构化改造,建立以理事会为核心的法人治理机制与自上而下的国际仲裁体制。

(2)建立与国际接轨的海南自由贸易港仲裁规则。参考联合国国际贸易法委员会仲裁规则,建立海南自由贸易港的仲裁规则;对国际仲裁案件,允许当事人自主选择两大法系仲裁模式裁决;尽快以"仲裁地"标准取代"仲裁机构所在地"标准,建立海南自由贸易港临时仲裁制度;明确商事仲裁的法律效力,限制司法机关干预仲裁程序、推翻仲裁裁决等行为,确保仲裁结果的权威性。

(3)加快设立以知识产权为重点的海南自由贸易港专业法院。建议在现有海口知识产权法庭基础上,设立海南自由贸易港知识产权法院。负责全省各类知识产权案件和涉及驰名商标认定案件审理,实行知识产权案件"三审合一"模式。在海南自由贸易港知识产权法院内逐步减少技术调查官等法院专职人员比例。组建专家委员会,聘请国内外知名知识产权专家担任专家委员会委员(兼职),承担技术类知识产权认定咨询或建议职能。

(4)加快培育多元化法律服务市场。允许境外律师事务所在海南自由贸易港内设立分支机构,且允许分支机构经过司法行政部门备案后在海南自由贸易港内从事各类涉外民商事非诉讼法律服务;支持成立海南自由贸易港外国法查明中心,为市场主体提供法律服务。

四、出台一部最高水平开放法

从服务于将海南打造成为引领我国新时代对外开放的鲜明旗帜和重要开放门户的战略目标出发,充分体现对标世界最高水平开放形态的基本要求,对自由贸易港建设涉及的重大问题提供原则性、基础性的法治保障。

1. 明确"母法"与"基本法"的定位

(1)《中华人民共和国海南自由贸易港法》(以下简称《海南自由贸易港法》)是海南自由贸易港法治体系的"母法"。在目前法律体系不完善、相关制度需要系统性调整的情况下,需要以《海南自由贸易港法》为基础逐步形成完善的与国际接轨的法律体系。从这个意义上看,《海南自由贸易港法》是海南自由贸易港法治体系构建的"母法",其站位高度、相关内容等直接影响着以本法为基础出台的相关具体条例、政策的质量。

(2)《海南自由贸易港法》是海南自由贸易港建设的"基本法"。《海南自由贸易港法》就是要明确海南自由贸易港建设的基础性制度体系,并在国家层面形成支持海南全方位大力度改革和实行最高水平开放政策的法律保障,确保实现中央在海南建立自由贸易港的战略目标。这就要求从法律上确定海南自由贸易港建设的战略目标、法律地位、基本原则等,也要明确并规范海南自由贸易港建设中的中央与地方关系。

2. 对标世界最高水平开放形态

(1)对标国际成功自由贸易港的通行做法。从国际经验看,成功的自由贸易港通过实施自由的贸易投资政策、以"零关税、低税率、简税制"等为突出特点的税收政策及行政、立法、司法体制的特殊安排,使其成为全球经济开放度最高的“境内关外”的海关特殊监管区域。例如，按照“境内关外”的基本要求，在贸易、投资、跨境资金、人员进出、运输、数据流动等领域对标国际成功自由贸易港的基本做法，形成贸易投资自由化便利化框架性法律安排。

(2)对标国际高水平经贸规则。既要对标当前高水平经贸规则，又要主动适应全球经贸规则重构的趋势，为未来对标预留空间。例如，对劳工政策、数据流动、透明度等一些条件尚不具备但符合全球经贸规则重构趋势的规则，采用原则性条款说明，为对标世界最高水平开放形态预留制度接口。

(3)对标具有一流国际竞争力的营商环境。新加坡、迪拜等自由贸易港的经验表明，自由贸易港建设的成功离不开独特的地理位置和自然环境，但最主要的还是靠国际化法治化便利化的营商环境，以此吸引集聚全球优质生产要素，提升对全球资源配置能力和全球服务能力。例如，明确提出产权保护与知识产权保护与国际接轨，并对竞争审查、产业政策要求、政府购买服务等形成原则性规定。

3.赋予海南充分的改革开放自主权

(1)赋予海南充分的经济管理自主权。具体包括对外经济合作自主权、经济政策制定自主权等。例如，授予海南一定的税收政策制定自主权，允许海南自由贸易港参照国际自由贸易港的最新税收政策，自行立法规定税收宽免和其他税务事项。

(2)赋予海南行政体制改革自主权。建议按照加快建立“结构优化、运转高效”的行政体系要求，赋予海南实行特殊行政体制安排的权力，支持海南探索建立适应全球最高水平开放的行政体制。

(3)赋予海南更大的地方立法权。一方面，明确对国家立法存在空白的区域，如知识产权保护、数字经济发展、离岸金融业务等，赋予海南先行立法权，在遵循国际规则基础上来填补空白，进行先行、创制性立法。另一方面,明确针对国家已有的立法,应当结合海南自贸港建设的实际,分析、研判其适用的有效性,如果现有规定与实际情况存在较大的差距,无法满足、解决实践中出现的问题,则允许海南在基本原则前提下变通立法。

第二节　推进粤港澳服务贸易一体化进程

加快粤港澳大湾区建设,关键点与突破口都在于能否实现粤港澳服务贸易一体化。由此,不仅能为港澳融入国家发展大局提供重要抓手,也能为建设富有活力和国际竞争力的一流湾区和世界级城市群提供重要动力,并使大湾区在我国打造全面开放新格局、构建开放型经济新体制中继续扮演"领头羊"的重要角色。

一、粤港澳大湾区建设的关键在于服务贸易一体化

无论从发展趋势看,还是从现实需求看,以服务贸易为重点高质量建设粤港澳大湾区,不仅有利于加快粤港澳大湾区一体化进程,而且有利于提升粤港澳三地经济竞争力,更是落实党的十九届五中全会提出的"支持香港、澳门更好融入国家发展大局"的务实选择。

1.服务贸易一体化是推进粤港澳大湾区建设的关键之举

(1)服务业加快发展是粤港澳大湾区的必然趋势。从工业化进程看,工业化进入后期,服务业加快发展是个客观规律。2017年,粤港澳大湾区服务业占比达到66.1%,高于全国平均水平13.4个百分点。这意味着,粤港澳大湾区已经进入工业化后期。从发展规律看,全球湾区经济的发展一般呈现出由港口经济、工业经济向服务经济、创新经济演化的过程。近年来,粤港澳服务贸易一体化取得重要进展。2018年,粤港澳服务贸易额

占其贸易总额的比重为33%左右。但总的来看，粤港澳服务业市场互联互通水平仍有待进一步提升，服务业领域的生产要素仍难以高效便捷流动，产业互补优势与资源潜力难以充分释放。2019年，粤港澳大湾区整体人均GDP水平达到16.15万元，仅香港、澳门、深圳、珠海高于此平均线。可以预见，如果粤港澳服务贸易一体化取得突破性进展，未来2—3年粤港澳大湾区GDP有望超过东京湾区，成为世界第一大湾区，并在拓宽港澳服务业发展空间的同时，倒逼广东市场化改革，带动制造业转型升级。

(2)服务贸易是推进粤港澳大湾区高质量发展的重点与难点。从现实情况看，推进粤港澳大湾区高质量发展，基础设施一体化相对容易，但产业融合比较难。在港珠澳大桥等一批重大基础设施项目相继完工后，推进粤港澳大湾区一体化的重点与难点在于以服务贸易实现服务业市场一体化。一是广东与港澳地区服务业互补性强。2019年，广东9市服务业占比为57.10%，而2018年香港和澳门分别为93.10%和95.80%，广东9市明显偏低(见表5.1)。如果加快推进广东与港澳地区服务贸易发展，不断提升广东服务业发展质量和水平，就能补齐广东服务业占比偏低的突出短板。初步估算，若广东9市服务业占比达到70%左右，粤港澳大湾区服务业占比有可能提升至80%左右，由此成为粤港澳大湾区迈进国际一流湾区的重要支撑。二是粤港澳大湾区产业一体化面临“一个国家、两种制度、三个关税区”的多元制度格局。近年来，中央在广东设立了自由贸易试验区，在推动广东与港澳地区服务贸易发展方面取得了重要进展。但受多种因素制约，粤港澳服务贸易领域深层次的体制矛盾尚未破题。例如，《内地在广东省向香港开放服务贸易的具体承诺》中，仅“商业存在”实行负面清单管理，共有134项限制措施，集中在教育、金融、会计等专业服务领域，而在跨境服务及文化、电信领域仍实行正面清单管理。可以说，推进粤港澳大湾区一体化，重点在服务贸易，难点也在服务贸易。

表 5.1 2018—2019 年粤港澳湾区各地区三大产业占比

单位:%

地区	2019 年			2018 年		
	第一产业	第二产业	第三产业	第一产业	第二产业	第三产业
广州	1.06	27.32	71.62	0.98	27.27	71.75
深圳	0.09	38.98	60.93	0.09	41.13	58.78
珠海	1.70	44.50	53.80	1.70	45.10	53.20
佛山	1.50	56.20	42.30	1.45	56.50	42.04
江门	8.10	43.00	48.90	6.70	44.30	49.00
肇庆	17.10	41.20	41.70	15.80	35.18	49.02
惠州	4.90	51.90	43.20	4.29	52.68	43.03
东莞	0.30	56.50	43.20	0.30	56.20	43.50
中山	2.00	49.10	48.90	2.10	50.40	47.50
香港	—	—	—	0.10	6.80	93.10
澳门	—	—	—	—	4.20	95.80
广东 9 市	1.64	41.26	57.10	1.54	41.79	56.66
广东	4.04	40.44	55.51	3.94	41.83	54.23
全国	7.11	38.97	53.92	7.04	39.69	53.27

数据来源:珠三角数据来源于《广东统计年鉴 2020》;澳门数据来源于《澳门统计年鉴 2019》;香港数据来源于《香港统计年刊 2019》。

(3)以服务贸易为重点推进粤港澳一体化将释放巨大经济增长潜力。从经济增速来看,2019 年粤港澳大湾区 11 个城市的 GDP 之和已经达到了 11.62 万亿元,约占全国的 11.7%。尽管未来 2—3 年,粤港澳大湾区 GDP 总量有望超过东京湾区,但是从资源产出效率来看,粤港澳大湾区与其他湾区仍有较大差距。例如,2018 年,粤港澳大湾区地均 GDP 为每平方公里 0.29 亿美元,分别是纽约湾区、旧金山湾区、东京湾区的 36.3%、61.7%、55.8%(见图 5.3)。可以判断,未来几年,加快实现粤港澳服务贸易项下的人员、资金、技术、信息等要素的自由流动将释放巨大的经济增长潜力。

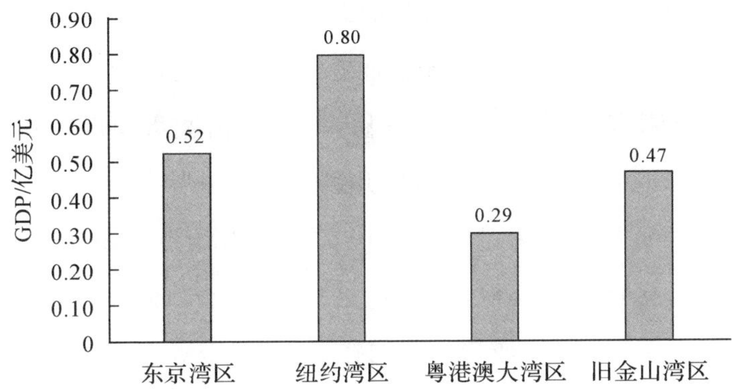

图 5.3　2018 年四大湾区地均 GDP 情况比较

数据来源：根据《粤港澳大湾区何以成为中国经济的增长极——粤港澳大湾区研究系列之 12》《粤港澳大湾区研究报告之一：创新合作方式促进共同繁荣》数据计算。

2. 在服务贸易一体化中发挥粤港澳三地产业互补优势

（1）以服务贸易推动广东制造业转型升级。生产性服务业是制造业转型升级的主要支撑，但广东生产性服务业发展滞后成为其制造业转型升级的突出短板。2019 年，广东生产性服务业增加值占 GDP 的比重仅为 28.1%，占服务业的比重为 50.6%①，与德国等制造业强国相差 20 个百分点左右。同时，2017 年广东制造业全员劳动生产率为 24.2 万元/人，仅为 2013 年美国的 24%。广东出口产品中自主品牌占比不到 20%。② 在这种情况下，推进广东与港澳在研发、设计、金融等领域的服务贸易一体化显得尤为迫切。

（2）以服务贸易拓展港澳发展空间。香港要稳固提升其国际金融、贸易、航运中心地位，澳门要解决博彩业一业独大的问题，最直接、最有效的

① 根据《2019 年广东省国民经济和社会发展统计公报》数据计算。

② 广东自主品牌产品出口占比不到两成将打造品牌强省[EB/OL]. 中国新闻网，2016-05-03.

途径就是依托广东作为港澳重要经济腹地和进入内地的重要桥梁,通过与广东合作发展服务贸易,拓宽其服务业发展空间,由此为更好融入国家发展大局提供重要支撑。例如,澳门的多所高校在中医药研发方面实力较强,但澳门并无制药厂,而医药制造业是广东的支柱产业之一。如果能尽快实施医疗健康产业项下的自由贸易,将大大拓宽粤澳医疗健康产业合作,并促进广东医疗健康产业的转型升级。

(3)以服务贸易释放粤港澳大湾区巨大的内需潜力。从人均 GDP 来看,粤港澳大湾区已进入高收入阶段,这意味着这个地区的教育、健康、医疗等服务型需求全面快速增长。问题在于,广东服务型消费产品供给难以满足广大居民消费快速升级的需求,由此导致居民购买力外流。数据显示,2014—2018 年,广东组团出境游客数量从 860.54 万人次增长到 1035.42万人次,游客多以香港、澳门为目的地,广东游客数量分别占到当地旅游市场总量的三分之一和二分之一。在此背景下,加快粤港澳服务贸易发展,不仅能提升广东服务型消费产品的供给水平与质量,而且能为港澳经济发展注入新动力。

3. 推进粤港澳服务贸易一体化的时机条件总体成熟

(1)粤港澳服务贸易发展呈现加快的趋势。数据显示,2016—2019 年,广东省服务进出口总额由 9786.90 亿元增长到 12951.98 亿元,年均增长 9.79%。① 依托粤港澳大湾区的优势,广东与港澳在服务贸易领域的合作不断深化。例如,粤港澳三地在金融保险、工程建筑、专业服务等合作领域不断扩大。其中,深圳积极探索港澳执业资格认可特殊机制,制定香港会计师、注册税务师等在前海执业的办法措施,积极推进粤港澳联营律师事务所试点,全国 11 家粤港澳联营律师事务所中有 7 家落户深圳前海。

(2)粤港澳基础设施互联互通进程较快。目前,粤港澳大湾区一批重

① “广东服务”从服贸会走向世界[N]. 南方日报,2020-09-09.

大基础设施项目相继完成，如港珠澳大桥已建成并基本具备通车条件，广深港高铁基本建成，将港澳纳入广东“一小时生活圈”，为加快推进粤港澳一体化奠定了重要基础。

（3）粤港澳大湾区科技创新能力明显增强。有数据显示，2015—2019年，粤港澳大湾区发明专利总量达128.76万件，居世界四大湾区之首。其中，2019年粤港澳大湾区的发明专利数量分别是东京湾区的2.38倍、旧金山湾区的5.72倍、纽约湾区的8.16倍。

二、实现大湾区服务贸易一体化的重大突破

推进粤港澳大湾区服务贸易一体化，既依赖于广东服务业市场对港澳地区全面开放，也依赖于三地服务业规则、规制、管理、标准的有效对接。

1. 率先实现广东服务业对港澳的全面开放

（1）率先将广东自贸区开放政策扩大到整个大湾区。近年来，南沙、前海、横琴三大片区在推动服务业对外开放方面取得了重要成果。但从粤港澳大湾区整体来看，仅靠三个片区不仅难以实现粤港澳服务贸易一体化的要求，也制约了广东其他地区服务业市场开放进程。为此，建议将广东9市作为一个整体来考虑，将原来赋予3个片区的服务业市场开放政策扩展到整个大湾区，从而实现广东对港澳服务业开放的全面突破。

（2）率先将港澳资本视为内资。目前，港澳资本仍被视为外资，港澳资本在进入广东时仍面临前置审批时间长、准入门槛高等诸多政策障碍。按照党的十九大报告提出的“凡是在我国境内注册的企业，都要一视同仁、平等对待”的要求，可率先在广东将港澳资本纳入内资范畴，实现粤港澳资本在市场准入与经营范围的“一视同仁、平等对待”。

（3）为港澳制定“极简版”负面清单。尽快改变现有在跨境服务提供、电信、文化等领域的正面清单管理模式，在整合广东自贸试验区与CEPA

负面清单的基础上,赋予粤港澳大湾区在负面清单制定中更大的试点权,实行更加开放的服务贸易市场准入机制,取消或放宽对港澳投资者的资质要求、股比限制、经营范围等准入限制,为港澳制定"极简版"负面清单,争取将服务贸易负面清单限制数量限定在40项以内。

2.全面放开粤港澳人文交流

(1)率先在广东9市实行对港澳居民的自由落户政策。广东率先对港澳居民全面实行居住证制度,保证港澳人才在广东获得与当地居民同等的待遇。例如,享受当地教育、医疗、社会保障、公积金缴纳、税制税率、购买住房资格等方面的同等待遇。

(2)推进粤港澳职业资格互认试点。尽快落实和完善专业资格互认,逐步取消对港澳专业人员的各种限制,允许港澳地区取得专业资格的人员到广东提供专业服务。

(3)鼓励港澳人才到广东自贸试验区就业创业。推行高科技人才的绿卡,让高端人才的流动和跨地域的发展能更加便捷。尽快形成粤港澳三地人才流动综合管理平台,消除人才跨境服务重复征税等问题。降低港澳企业在湾区的设立门槛,适用人口范围从只针对精英、优秀人才,到覆盖符合基本条件的普通港澳居民,同时对港澳人员在湾区的执业范围逐步放宽。

3.务实推进粤港澳金融服务一体化

(1)扩大广东金融业对港澳开放。进一步取消或放宽港澳资本进入粤港澳大湾区内金融服务市场的资质要求、股比限制、经营范围等准入限制,简化金融机构和企业办理业务的流程和方式,放宽金融业务范围。

(2)创新粤港澳地区跨境货币业务。一是推动粤港澳人民币信贷市场对接,开展广东与港澳地区双向人民币融资业务和跨境人民币信贷资产转让业务。二是建立粤港澳货币结算系统,形成人民币与港币、澳币联系汇率制度,逐步实现人民币在港澳的自由流动、自由兑换。

(3)建立粤港澳金融风险共同防范机制。成立粤港澳金融协调监管委员会，协调处理三地之间有关互设金融机构、货币互换和汇兑机制、互相信用支持、金融信息交换、金融风险防范和合作监管机制等金融事务；建立粤港澳金融调解与仲裁、诉讼的对接机制，依法维护金融消费者合法权益；建立粤港澳反洗钱和反恐怖融资监管合作机制，防范非法资金跨境、跨区流动。

4.推进粤港澳服务业行业标准与管理规则的对接

(1)推进服务行业管理标准和规范全面对接。适应粤港澳服务业市场开放的趋势，将体制对接融合的范围从经济体制扩大到社会体制乃至行政体制。

(2)推进粤港澳市场监管执法标准对接。针对与港澳市场监管执法标准差异问题，制定与港澳市场经营行为差异化责任豁免目录。

(3)充分发挥行业协会在对接行业管理标准和规范中的作用。借鉴港澳服务行业协会管理机制，探索把服务相关行业的管理职能交由社会组织承担，强化行业自律，探索与港澳的行业管理标准和规范衔接。进一步发挥香港中介组织的桥梁作用，加强两地合作，拓展服务范围，为广东企业提供包括产品开发、研究咨询、人才培训、检验检测、金融等服务，有效推动广东服务业标准与国际接轨。

5.建立粤港澳大湾区服务贸易一体化通关监管体制

(1)实行更加便利开放的人员出入境政策。目前，香港和内地之间每天有 65 万人次跨境往来，相当于一个移动的中等城市。预计到 2030 年，粤港日均出入境客流在 120 万人次左右，对通关便利化有着巨大的需求。因此，建议将“一签多行”政策扩大到广东全省，加快实施港澳车辆在粤港澳三地便利进出；探索“一地两检”和“单边验放”；充分利用智能识别技术实现电子化通关；等等。

(2)实现与服务贸易相关的货物通关便利化。目前广东海关将港澳科研机构认定为“境外法人事业单位”,对港澳科研设备入境仍然征收高关税。未来几年,考虑对进入粤港澳大湾区内的教育、研发、健康、医疗等重点服务业领域的基础设备,在严格用途管制、使用范围管制的前提下,实行免关税或保税政策。

6.加强顶层设计与顶层推动

粤港澳服务贸易一体化的推进涉及开放理念、三个关税区等一系列问题,仅靠三地区域自身力量难以实现突破。为此,需要从中央层面加大顶层设计与顶层推动,统筹协调粤港澳三地利益。例如,借鉴长江经济带、京津冀一体化等经验,从中央层面成立高规格的协调机制,加强对粤港澳服务贸易一体化的指导、督办、落实。探索建立核心城市间直接对话的合作机制,就服务贸易一体化进程中的具体问题进行协商对话。

三、率先实现大湾区公共卫生一体化

推进大湾区服务贸易一体化,要更加注重风险防控的一体化。为此,疫情防控与统筹经济社会发展的需要,要加快推进粤港澳大湾区公共卫生事业协同发展、形成公共卫生治理一体化的新格局,为把粤港澳大湾区建设成为国际一流大湾区和世界级城市群奠定坚实基础。

1.推进粤港澳公共卫生治理一体化的现实需求

(1)港澳居民对广东公共卫生服务的需求在提升。粤港澳大湾区内地城市是港澳居民进入内地发展的首选区域。根据香港特区政府统计处的调查,2016年底在广东逗留的香港永久性居民为52.21万人,在内地养老的香港老人约九成居住在深圳、东莞等湾区城市。香港劳工及福利局数据显示,截至2019年1月底,香港鼓励老年人北上至内地养老的“广东计划”

受惠人数已有16800人。[①] 随着粤港澳大湾区建设的深入推进，港澳居民在内地居住、就医人数也会日益增加。

(2)健康大湾区建设对卫生医疗一体化发展的内在需求不断上升。《粤港澳大湾区发展规划纲要》明确提出要塑造"健康湾区"，在医疗协同发展方面强调要更加系统、全面、深入地推进深度合作，在医疗机构准入、中医药发展、医师执业、健康养老等方面协同发展。

(3)推动粤港澳大湾区公共卫生一体化具有现实基础。一方面，CEPA明确了港澳卫生医疗服务的开放政策，主要集中在补充协议七、协议八以及2015年签署的《内地与香港CEPA服务贸易协议》《内地与澳门CEPA服务贸易协议》。另一方面，抗击新冠肺炎疫情中大湾区在公共卫生方面开展了相关合作。

2. 以机制建设为重点推进粤港澳大湾区公共卫生治理一体化

(1)落实《粤港澳大湾区发展规划纲要》，把粤港澳大湾区卫生健康合作共识具体化。关键是要把推进公共卫生治理一体化作为粤港澳大湾区建设的重大任务，加快推进三地公共卫生规则、规制和管理与服务规范和标准对接，加快形成三地一体化的公共卫生风险监测、分析、研判和预警制度安排，进一步完善公共卫生风险联防联控与突发公共卫生事件应急处置联动机制，力争在未来5年基本形成大湾区公共卫生治理一体化的新格局。

(2)加快完善粤港澳公共卫生风险联防联控机制。一是加快完善粤港澳口岸通关合作机制，携手严防境外输入。对粤港澳入境人员进行登记、追踪和分类管理，实现对入境人员及其家庭管理的全覆盖，对隔离人员加强监管，在隔离中注重健康监测；增强深港口岸、珠澳口岸以及各大机场口岸等通关的监测预警能力，明确入境旅客通关流程指引，在申报、查验、放

① 杨秋荣.粤港澳大湾区医疗协同发展需求、基础、挑战和建议[EB/OL].澎湃新闻，2020-02-28.

行等方面加强无缝连接;强化通关信息、监管、执法的合作机制。提升粤港澳口岸隔离留验能力,提高疫情防控处置效率。[①] 二是加强疫情防控信息共享交流。完善大湾区的疫情通报交流机制;建立健全疫情信息系统,粤港澳三地按统一标准、规则和程序对疫情信息进行统计、分析和研判,为粤港澳疫情联防联控决策提供科学依据。三是建立三地预防医学专家、防疫专家和医疗救治专家共同参与的疫情防控技术平台,携手研发遏制引发重大疫情的疫苗、救治药品、救治技术和救治方案。四是统一粤港澳公共卫生突发事件应急处置和疫情应对级别标准,公布统一的应对措施、隔离检疫标准、人员流动管治政策等规定。成立大湾区重大疫情联防联控协调中心,为受疫情影响滞留内地其他地区或国外的大湾区人士提供与当地居民完全相同的帮助和支持;统筹调度三地防疫药品、物资及日用品的生产、制造、采购及运输等;在紧急情况下,设立防疫中西药物(尤其是新研发药物)及设备的互认互通特快绿色通道,实施粤港澳三地紧急救治医护人员专业资格临时互认互通,方便区域内资源共享,共同抗疫。[②]

(3)强化粤港澳三地公共卫生应急联动机制建设。

一是成立粤港澳公共卫生应急联动协调小组,定期就公共卫生风险,尤其是突发公共卫生事件随时进行高层次沟通,以便统一采取行动。二是广东省牵头研究形成《粤港澳公共卫生突发事件应急预案》,通过三地法律和行政审核程序后生效实施,平时统一布局建设公共卫生突发事件应急处置基础设施、物资储备和应急队伍建设,战时统一调配应急设施设备、储备物资和应急队伍。三是三地统一布局建设粤港澳大湾区公共卫生应急救治基地。设立粤港澳大湾区传染病预防控制常设隔离区及研究基地,按照“一国两制”原则,租地范围内为所在地政府的司法管辖区,适用于当地法律法规,由所在地政府自行规划、建设和管理各自的传染病预防控制常设

① 杨秋荣.粤港澳大湾区医疗协同发展需求、基础、挑战和建议[EB/OL],澎湃新闻网,2020-02-28.

② 邓雅菲,陈曼琪.健全大湾区突发公共卫生事件合作机制[EB/OL].澎湃新闻网,2020-05-29.

隔离区、紧急救治医院及研究基地。[①]

(4)建立大湾区公共卫生突发事件应急物资统一调配机制。

一是统筹布局大湾区口罩、防护服等防护用品和紧急救治医疗用品的战略储备，包括实物储备、产能储备和紧急采购资金储备等，三地形成公共卫生应急物资统一调配机制。[②] 二是建立大湾区紧急救治绿色通道。在公共卫生突发事件以及其他突发事件出现时，通过绿色通道统筹调动应急人员、应急装备和应急物资等。

3.加快推进粤港澳大湾区公共卫生治理一体化进程

(1)加快推进粤港澳大湾区卫生医疗服务规则和标准对接。一是加强粤港澳三地公共卫生应急法律法规和突发公共卫生事件应急预案之间的衔接。修订完善《广东省突发公共卫生事件应急预案》和《广东省突发公共卫生事件应急办法》中涉及港澳的内容。二是推进大湾区三地卫生与医疗服务监管标准的对接。在香港和澳门选取条件较为成熟的公立医院与内地医院开展战略合作试点，逐步推进两地医院在管理体制、医疗服务、科研创新上的深度合作，逐步探索建立三地相互认可的卫生医疗服务标准，为推进三地公共卫生治理一体化奠定规制基础。[③] 三是推动大湾区医疗保障体系衔接合作。建议借鉴欧盟的经验，在考虑港澳居民在内地的社保缴费时间、居住时间或者就业时间等因素的情况下，探索在试点医院试行医保互通，即凭有关凭证，直接结算港澳居民在试点医院的医疗费用。

(2)以强化卫生医疗专业人员的交流沟通，加快推进粤港澳大湾区公共卫生治理一体化进程。为适应粤港澳三地卫生医疗交流和推进粤港澳公共卫生治理一体化的现实需要，要在继续定期举办粤港澳大湾区卫生与

---

① 邓雅菲，陈曼琪.健全大湾区突发公共卫生事件合作机制[EB/OL].澎湃新闻网，2020-05-29.

② 吴怡.加强粤港澳大湾区公共卫生联防联控机制[EB/OL].澎湃新闻网，2020-05-19.

③ 杨秋荣.粤港澳大湾区医疗协同发展需求、基础、挑战和建议[EB/OL].澎湃新闻，2020-02-28.

健康合作大会的同时,联合设立粤港澳公共卫生信息中心、公共卫生专才研修中心和港澳卫生医疗从业人员创业就业基地等,为推进大湾区公共卫生治理一体化培养人才队伍、奠定实践基础。

第三节　推动自由贸易试验区转型升级

为适应我国高水平开放的新趋势,自贸试验区应当着眼于积极参与全球经贸规则制定,着眼于主动参与国际多边和区域合作,着眼于率先构建高水平开放型经济体制,提前谋篇布局,持续深化差别化探索,加大压力测试,发挥自由贸易试验区改革开放"试验田"的作用。

一、以制度创新为核心的实践探索

目前,我国已经设立 21 个自由贸易试验区。从实践看,自贸试验区以制度创新为核心,不仅在积极探索改革开放新路径,形成可复制可推广的制度体系方面实现了重要突破,而且在营造国际化、市场化和法治化的营商环境,激发市场主体的活力等方面取得了重要进展。

1. 我国自由贸易试验区建设的实践探索

(1)第一阶段:上海自贸试验区先行先试。2013 年 9 月,中国(上海)自由贸易试验区正式挂牌运作。上海自由贸易试验区重点实行政府职能转变、金融制度、贸易服务、外商投资和税收政策等多项改革措施,并大力推动上海市转口、离岸业务的发展,为自贸试验区模式在其他地区的推广积累可复制的经验。7 年来,上海自由贸易试验区在投资、贸易、金融和政府职能转变等领域形成了 300 多项向全国分层次分领域复制推广的制度创新成果。其中,国务院先后推出的 6 批向全国复制推广的自贸区制度创新经验中约一半为上海首创。

(2)第二阶段:功能上突出引领区域发展。2015 年,中国(广东)自由贸易试验区、中国(天津)自由贸易试验区、中国(福建)自由贸易试验区相继成立。广东自贸试验区要依托毗邻港澳的区位优势和对外开放优势,实现粤港澳深度合作,形成国际经济合作和竞争新优势;天津自贸试验区要在京津冀协同发展和我国经济转型发展中发挥示范引领作用;福建自贸试验区要创新两岸合作机制,增强闽台经济关联度,拓展与 21 世纪海上丝绸之路沿线国家和地区交流合作的深度和广度。

(3)第三阶段:形成全方位对外开放新格局。随着"一带一路"建设进程加快,我国自由贸易区战略逐步与"一带一路"建设相结合,实现东中西联动发展。2016 年 9 月,中共中央、国务院决定,在辽宁省、浙江省、河南省、湖北省、重庆市、四川省、陕西省新设立 7 个自贸试验区;2018 年 10 月,国务院发布《国务院关于同意设立中国(海南)自由贸易试验区的批复》,实施范围为海南岛全岛;2019 年 8 月,国务院印发《中国(山东)、(江苏)、(广西)、(河北)、(云南)、(黑龙江)自由贸易试验区总体方案》;2020 年 9 月,国务院印发《中国(北京)、(湖南)、(安徽)自由贸易试验区总体方案》和《中国(浙江)自由贸易试验区扩展区域方案》。自此,我国自由贸易试验区增至 21 个,形成东西南北中协调、陆海统筹的全方位开放新格局,向全国复制推广 260 项制度创新成果,发挥了高水平开放"试验田"的作用。

2. 以负面清单为核心的投资管理体制取得重要进展

(1)率先实行负面清单管理。总的来看,由正面清单向负面清单的转型是全球投资准入制度变革的大趋势。例如,目前 WTO 框架下的服务贸易协定,实行的就是类似"正面清单"的准入模式,而为了提高投资效率、增加外资准入规则的透明度,这种对照目录式的"正面清单"准入模式逐渐被要求改进、取代。从双边和区域自贸协定的发展现状来看,高标准投资规则成了谈判重点,而该高标准投资规则的表现之一就是"负面清单"外资准入模式。在此背景下,2013 年中国(上海)自由贸易试验区成立,并制定实施了我国第一份外商投资负面清单,改变了"逐案审批+产业指导目录"的传统管理方式。

(2)负面清单数量不断缩减。在全国 21 个自贸试验区统一执行的 2020 年版负面清单中,特别管理措施从 2013 年的 190 项缩减至 30 项(见表 5.2),缩减了 84.2%。负面清单的缩减意味着我国更多领域、更大程度的开放。例如,制造业领域删除了"农副食品加工业""酒、饮料和精制茶制造业""造纸和纸制品业"等相关大类共 61 项限制措施。

表 5.2 2013—2020 年分行业自贸试验区负面清单项数

单位:项

行业	2013 年	2014 年	2015 年	2017 年	2018 年	2019 年	2020 年
农、林、牧、渔业	7	6	6	5	4	3	3
采矿业	16	14	8	6	3	1	1
制造业	63	46	17	11	5	3	2
电力、热力、燃气及水生产和供应业	5	2	5	3	2	2	1
建筑业	4	4	0	0	0	0	0
批发零售	13	9	4	4	1	1	1
交通运输、仓储、邮政业	21	15	19	11	7	6	4
信息传输、软件和信息技术服务业	8	8	4	4	2	2	2
金融业	5	4	14	13	3	3	0

续　表

行业	2013年	2014年	2015年	2017年	2018年	2019年	2020年
房地产业	4	3	0	0	0	0	0
租赁和商务服务业	13	9	9	5	3	3	3
科学研究和技术服务业	12	4	4	4	3	3	3
水利、环境和公共设施管理业	3	3	2	2	1	0	0
教育	3	3	2	2	2	2	2
卫生和社会工作	1	1	1	1	1	1	1
文化、体育和娱乐业	12	8	24	21	8	7	7
所有行业	0	0	3	3	0	0	0
总计	190	139	122	95	45	37	30

数据来源：根据历年自贸试验区外商投资准入负面清单整理。

(3)与负面清单相适应的投资管理体制改革取得进展。与负面清单管理制度相适应，目前自贸试验区对负面清单以外领域的外商投资项目核准和企业合同章程审批改为备案制。以广东自贸试验区为例，目前广东自贸试验区内，对外商投资实行备案管理的项目数量占企业投资项目总数的比例已达90%左右。其中区内99%的新设外商投资企业通过备案设立，办理注册时间由10多个工作日减少到最快2个工作日；同时在自贸试验区内企业对境外投资一般项目率先实行备案制，提高了境外投资便利化程度。

3.以“放管服”为重点的营商环境建设取得重要进展

(1)商事制度改革全面加速。深化商事制度改革、推动政府职能转变是自贸试验区制度创新的重要内容之一。按照自贸试验区总体方案的要求，各个自贸试验区优化和构建高效运行的服务体系，完善企业准入“单一窗口”制度，推进“先照后证”“多证合一”“一照一码”“证照分离”等商事制度改革,并探索许可证清单管理模式,为全国完善商事制度提供了重要经验。例如,推行"极简审批""不见面审批(服务)",深化"一次办好"改革,全面开展工程建设项目审批制度改革,等等。

(2)事中事后监管体制初步形成。从各地实践看,各自贸试验区加快建立健全以信用监管为核心、与负面清单管理方式相适应的事中事后监管体系。一是建立健全社会信用体系。例如,广东自贸试验区南沙片区建立以信用风险分类为依托的市场监管制度,对全区企业分为A、B、C、D四个类别进行监管,并定时向社会发布失信名单,形成"一处失信,处处受限"的信用约束机制;前海蛇口自贸片区通过招标方式引入第三方力量,建立了社会信用中心平台和评估机构并进行独立运营。与此同时,各自贸试验区均建立起完善企业年度报告公示和经营异常名录制度。二是逐步健全信息共享和综合执法制度。广东自贸试验区珠海横琴新区片区综合执法局作为广东省综合执法改革试点,是全国综合执法改革最彻底的代表,整合了31项职能,设有3个内设科室、4个执法大队,对接30个市级部门,行政编制43人,综合执法局同时兼管横琴新区城市管理指挥中心,依靠大数据平台根据老百姓的需求实现管理和执法力量的倾斜。三是探索建立社会力量参与市场监督制度。《中国(广东)自由贸易试验区条例》中明确提出,广东自贸试验区各片区可以探索设立法定机构或者委托社会组织承接专业性、技术性或者社会参与性较强的公共管理和服务职能,支持建立第三方检测结果采信制度。

(3)政府服务水平与能力大幅提升。例如,上海自贸试验区推行了窗口人员对企业需求只能说"行"、不能说"不行"的相关要求。窗口人员在受理环节,对于标件只说"行",而对于非标件,特别是新情况、新问题,没有权利说"不";能不能、行不行,要经过请示、审慎研究后,在规定时限内尽早尽快答复申请人;多从保护创新、有利尝试、把事办成的角度,多设路标、不设路障,真正让改革创新如清泉般涌流。

4. 贸易自由化便利化水平不断提升

目前，国内自贸试验区均实行了国际贸易“单一窗口”、无纸化通关等，通关效率大幅提高。例如，广东自贸试验区南沙片区以“智慧口岸”为重点的贸易便利化促进体系已在全国形成示范，诞生了包括“单一窗口”“互联网＋易通关”“智检口岸”和“智慧海事”等在内的多项改革创新成果，其中有 14 项属于全国首创，通关效率提高 50％以上。此外，推行“先放行后改单”改革，使改单作业时间从平均 2 个工作日缩短至 1 个小时；取消区内报关企业跨关区从事报关服务的限制，允许区内报关企业“一地注册、多地报关”；允许区域外报关企业在区域内设立分支机构；等等。上海自贸试验区以“前所未有的便利化和有效管控”为目标，推出了“先进区后报关”、“三自一重”（自主报税、自助通关、自动审放）等 31 项创新制度。这些制度的实施，全面提升了通关时效。2019 年第一季度，上海海关关区进口、出口整体通关时间分别较 2018 年底缩短 31％和 23％。①

5. 金融业对外开放取得积极进展

在严格防范金融风险的同时，自贸试验区进行了较为广泛的金融开放改革，涉及自由贸易账户、人民币国际化、利率市场化、“沪港通”、“上海金”、两岸金融合作、公募房地产信托投资基金等诸多事项。目前，中央层面的重大金融开放措施区外推广已达到 16 项，对金融服务实体经济产生了积极作用。以自由贸易账户为例，此前，外贸企业需要分别设立人民币账户和外汇账户两个独立账户，企业进出口涉及的资金往来必须通过一系列结售汇操作才能实现，程序较为繁琐，换汇成本较高。现在外贸企业设立的自由贸易账户可以跟境外账户流通便利、跟境内账户有限流通资金往来只需要通过一个账户就可以实现，便利程度大幅提高。截至 2019 年初，上海自贸试验区自由贸易账户继续拓围，并新增跨境再保险结算功能，全

① 上海海关通过全链条改革提高外贸企业通关时效[EB/OL]. 新华网，2019-05-09.

市已有56家金融机构通过分账核算系统验收,累计开立13.6万个。据统计,2018年,上海自贸试验区跨境人民币结算总额达到2.55万亿元,占上海全市的35.3%;跨境双向人民币资金池收支总额达到4826亿元,同比增长1.7倍。[①] 此外,黄金国际板块运行良好,上金所国际板2019年黄金交易额2.62万亿元,增长48.22%,交易量0.82万吨,增长25.19%。广东自贸试验区推进金融改革促进商业保险第三方支付等金融业务发展;天津结合自身特色推进融资、租赁制度创新,飞机、船舶等融资租赁规模领先全国;福建则开展非银行金融业对台开放,拉紧两岸金融纽带。

二、推进更大力度的开放创新

当前,在全球经贸规则加速重构、我国进入高水平开放新阶段的背景下,加快推进自由贸易试验区转型升级,其迫切性、全局性、战略性全面凸显。

1. 开放水平与全国落差逐步缩小

近年来,我国自由贸易试验区在简政放权、缩减负面清单数量方面取得了重要进展。2013—2020年,自贸试验区负面清单由190项缩减至30项。这不仅激发了自贸试验区活力的释放,也带动了全国负面清单的压缩,使两份清单的差距逐步缩小。例如,2020年自贸试验区负面清单数量仅比全国版少3项,且在服务业领域与全国版负面清单基本一致。这表明,随着全国开放进程的不断提速,自贸试验区以缩减负面清单限制措施数量为重点的实验探索使命已基本完成;自贸区与全国开放落差的逐步缩小,使得“高地不高”的挑战凸显出来(见表5.3)。

① 上海自贸试验区累计开立FT账户13.6万个[N]. 上海证券报,2019-03-04.

表 5.3　2020 年全国版与自贸试验区版负面清单差异

项目	全国版条款	自贸区版条款
农林牧渔	禁止投资中国管辖海域及内陆水域水产品捕捞	无此限制
制造业	出版物印刷须由中方控股	无此限制
	禁止投资中药饮片的蒸、炒、炙、煅等炮制技术的应用及中成药保密处方产品的生产	无此限制

数据来源：根据 2020 年全国版与自贸试验区版外商投资准入负面清单整理。

2.部分已出台政策难以有效落地

从调研的情况看，由于多种原因，自贸试验区一些开放政策还没有真正落地，部分政策由发布到落地周期偏长。例如，2015 年 10 月，中国人民银行等出台了支持上海自贸试验区金融改革的 40 条政策，其中明确提出"率先实现人民币资本项目可兑换"。从近 5 年的实践看，上海自贸试验区在扩大金融机构市场准入、以 FT 账户为重点提升经常项目人民币自由可兑换水平等方面实现了重要进展，但有关资本项目的改革措施，如合格境内个人投资者境外投资时点、限额可兑换试点等尚未有效推进落实，离资本项目可兑换的目标还有不小距离。此外，在教育、会计等领域，虽然经营性教育机构、执业教育培训、合作会计事务所未列入负面清单，但主管部门仍要求在实际操作中实行审批，由此降低了外资预期。例如，2019 年，全国 18 个自贸试验区累计新设企业约 31.9 万家，其中外资企业 6242 家，仅占 2%。

3.缺乏自主权导致制度创新空间有限

由于自贸试验区的改革自主权有限，自主创新、自主改革的空间也有限。比如，在准入限制实现重大突破后，服务贸易开放水平主要取决于人员、技术的自由流动程度。但目前自贸试验区的人员流动政策，都遵循全国统一的签证制度与就业许可制度，居留时间较短，审批复杂，相关管理制度还不完善；在技术流动方面，仍存在标准难以与国际对接及标准建设滞后等问题。此外，在自贸试验区总体方案中未能明确下放相关权限及改革容错机制尚未完善的条件下,自贸试验区推进更大力度的开放、改革举措只能通过一一对接的方式进行,既加大了其自主改革创新的难度,也容易导致实验内容碎片化。2018 年 10 月,国务院出台了《关于支持自由贸易试验区深化改革创新若干措施的通知》,在多方面下放了相关事权,但总体看仍属于"单点突破",缺乏"改革系统集成"。

三、引领高水平开放的迫切需求

赋予自贸试验区更大的改革开放自主权,使其根据不同的定位,在不同的领域加快探索适合自身特点的开放策略,为推进高水平开放探路。

1. 成为我国对标高标准经贸规则的"新标杆"

尽管单边主义、贸易保护主义势头增强,降低关税与非关税壁垒,逐步走向零关税仍是大势所趋。例如,欧盟同日本签订了《欧日经济伙伴关系协定》,在大幅削减双边关税方面实现重要突破;欧盟与越南签订的自贸协定、欧盟与日本签订的《欧日经济伙伴关系协定》,目标均为实现 99%以上货物贸易零关税;CPTPP 目标是实现成员国 95%以上的货物贸易零关税。随着发达国家与发展中国家签订一系列高标准自贸协定,我国加快构建高标准自贸区网络的外部压力凸显。为适应这个大趋势,自贸试验区的作用不仅不能弱化,反而要明显加强;试验田的空间不仅不能缩小,反而要明显扩大。客观地看,自贸试验区需要率先对标 CPTPP 等高水平经贸规则,在加快探索零关税、低税率、简税制的基础上,尽快在竞争中性、跨境数据流动、电子商务监管、政府采购、国企改革、打破行政垄断等方面先行探索,为我国推动更高水平开放积累经验,为我国推动全球自由贸易进程、参与全球贸易经贸规则制定、增强全球经济治理话语权提供实践依据。

2. 成为我国制度型开放的"新高地"

面对内外发展环境变化,推进制度性、结构性开放成为我国新发展阶段高水平开放的重大任务。这需要发挥自由贸易试验区的关键作用。未来几年，推进以货物贸易为主向以服务贸易为重点的开放转型，成为制度型开放的重大任务。一方面，应加强同国际通行市场规则对接。例如，全面实施企业自主登记制度与简易注销制度，取消企业一般投资项目备案制，尽快开展负面清单外无审批试点等，真正实现内外资企业“自由生、自主营、自由死”。另一方面，需要尽快制定出台跨境服务贸易负面清单数量，进一步细化跨境服务贸易负面清单限制性措施，提升透明度与可操作性；加强同欧盟、日本、韩国等发达经济体专业技术人员的资格互认及服务业监管标准对接，加快开展服务贸易“经认证的经营者”试点，尽快实现人员、资金等要素的自由流动。

3. *在推动国内区域开放中发挥更大作用*

当前，我国区域开放不平衡的矛盾依然突出。2018 年，我国东部地区外贸依存度达到 52%，而中部、西部、东北地区普遍低于 20%。目前，我国 21 个自贸试验区已覆盖东中西区的区域布局，具备带动优化区域布局的基本条件。这需要允许自贸试验区根据承载的国家战略、自身区域特点实行差异化开放策略，赋予其在改革上更大的自主权，使不同的自贸试验区根据不同的定位，在不同的领域加快探索，实行差异化的负面清单。同时，允许先行实施各自优势产业项下的自由贸易政策。

四、以务实举措持续推进差异化探索

在中央层面明确自贸试验区建设与发展总体思路的前提下，允许各自贸试验区探索尝试各种政策及体制机制创新，既有助于形成高水平开放的市场环境与体制环境，也有利于风险防控并根据形势变化进行调整。

1. 推动部分自贸试验区率先对标全球高标准经贸协定

上海、广东、福建、天津等制度创新任务完成度较高的自贸试验区,要率先对标全球高标准的自贸协定,做好我国开放型经济新体制的压力测试。赋予其"零关税、低税率、区内流转免征增值税"等某些国际自由贸易园区通行的相关政策,并加快在数字贸易、服务贸易等新兴贸易领域的规则探索,争取到2025年形成中国版的全球数字贸易与服务贸易新规则。

2. 分类推进自贸试验区转型发展

(1)按照"持续深化差别化探索"的基本思路,形成多层次的探索经验。例如,抓住上海自贸试验区扩容的契机,率先对标国际金融中心,在加快落实金融改革40条的基础上,大力推进资本项目人民币可兑换、利率汇率市场化改革等关键环节改革;在广东自贸试验区,全面推进与港澳在金融、保险、会计、法律、研发、教育等领域的规则与标准对接,尤其是在香港目前局势下,在管住货物的前提下全面放开人文交流,其全局意义凸显。广东自贸区可以把成熟的经验尽快在粤港澳大湾区中的珠三角推开。

(2)对不具备全面开放的自贸试验区根据自身特点实行产业项下的自由贸易政策。例如,辽宁自贸试验区重点推进装备制造业和先进制造业产业项下的自由贸易;陕西自贸区重点推进文化项下自由贸易政策;根据各自贸试验区承载的"一带一路"建设的重大任务和自身特点,实行基础设施项下、产能项下、服务贸易项下、海洋项下的自由贸易政策。

3. 重点实现制度型开放的重要突破

按照全国一张负面清单的管理模式,各自贸试验区按总体方案的要求以既定的步骤推进,同时把重点放在自贸试验区内相关政策与制度的创新与完善上。进一步完善“准入前国民待遇＋负面清单”管理制度；继续开展在服务贸易自由化便利化方面的探索；开展在服务业及数字经济领域的监管变革方面的探索；探索与开放相适应的行政体制改革。

第六章　以制度型开放为突出特点

制度性变革与制度型开放相互促进、相互融合。新阶段，我国扩大开放的重点由边境上向国内规则、规制、管理、标准等制度层面延伸，使开放与改革直接融合，成为新发展阶段我国推进高水平开放的鲜明特征。适应服务贸易发展与更深层次融入世界经济体系的需求，深化商品、服务、资金、人才等要素流动型开放，突出规则、规制、管理、标准等制度建设，并在对接国际经贸规则中倒逼全面深化改革。

第一节　从流动型开放向制度型开放转变

改革开放之初，我国打开国门，积极融入世界经济，实现了经济起飞。为适应经济全球化新形势与经济转型升级的新需求，我国加快推动商品和要素流动型开放向规则等制度型开放转变，通过制度型开放倒逼制度性变革，构建高水平社会主义市场经济体制。

一、商品和要素流动型开放的历史性成就

改革开放 40 多年来，我国坚持打开国门搞建设，释放了巨大的经济潜能，改变了我国在全球经济格局中的地位。

1. 成为世界第二大经济体

根据世界银行数据，用现价美元计算，1978—2018 年，我国 GDP 总量从 0.15 万亿美元快速增长到 13.61 万亿美元。1978 年，我国 GDP 占全球 GDP 的比重仅为 1.74%，同期美国 GDP 占全球 GDP 的比重为 27.41%。随着我国改革开放的不断推进与经济的快速增长，到 2018 年，美国 GDP

占全球比重下降到23.89%,我国则提升到15.86%。[①]

2.成为全球投资与贸易大国

(1)成为吸引外资最多的发展中国家。1983—2019年,我国实际使用外资由22.61亿美元增长到1381.35亿美元。我国既是吸引外资最多的发展中国家,也是继美国之后全球第二大外资流入国。2020年,我国实际使用外资1443.70亿美元,增长4.5%(见表6.1)。未来15年,预计我国将吸引2万亿美元境外直接投资,对外投资总额将达到2万亿美元。

表6.1 1983—2018年中国实际使用外资规模

单位:亿美元

年份	实际使用外资	年份	实际使用外资
1983	22.61	1995	483.33
1984	28.66	1996	584.05
1985	47.60	1997	644.08
1986	76.28	1998	585.57
1987	84.52	1999	526.59
1988	102.26	2000	593.56
1989	100.60	2001	496.72
1990	102.89	2002	550.11
1991	115.54	2003	561.40
1992	192.03	2004	640.72
1993	389.60	2005	638.05
1994	432.13	2006	698.76

① 世界银行数据库,https://data.worldbank.org/。

续　表

年份	实际使用外资	年份	实际使用外资
2007	783.39	2014	1197.05
2008	952.53	2015	1262.67
2009	918.04	2016	1260.01
2010	1088.21	2017	1310.35
2011	1176.98	2018	1349.66
2012	1132.94	2019	1381.35
2013	1187.21	2020	1443.70

数据来源：国家统计局. 中国统计年鉴 2020[M]. 北京：中国统计出版社，2020；中华人民共和国 2020 年国民经济和社会发展统计公报[EB/OL]. 国家统计局网站，2021-02-28.

(2)成为全球第二大对外投资国。2019 年，我国对外直接投资流量蝉联全球第二，对全球对外投资流量的贡献度连续 4 年超过 10%，存量规模保持全球第三，全球占比保持稳定。根据《2019 年度中国对外直接投资统计公报》显示，2019 年我国全口径对外直接投资 1369.10 亿美元，同比减少 4.3%，降幅较上年收窄 5.3 个百分点；对外直接投资流量高出美国 120.1 亿美元，为日本同期的 60.4%，全球占比 10.4%(见表 6.2)。2020 年，在新冠肺炎疫情冲击下，我国全年对外非金融类直接投资额 7598 亿元，比上年下降 0.4%，折 1102 亿美元。①

表 6.2　2010—2019 年中国对外直接投资情况

年份	流量/亿美元	全球占比/%	全球位次
2010	688.10	4.9	5
2011	746.54	4.8	6
2012	878.04	6.4	3

① 国家统计局. 中华人民共和国 2020 年国民经济和社会发展统计公报[R]. 国家统计局网站，2021-02-28.

续　表

年份	流量/亿美元	全球占比/%	全球位次
2013	1078.44	7.8	3
2014	1231.20	9.0	3
2015	1456.67	8.5	2
2016	1961.49	12.7	2
2017	1582.88	9.9	3
2018	1430.40	14.5	2
2019	1369.10	10.4	2

数据来源:中国对外投资合作发展报告 2020[EB/OL].商务部网站,2021-02-02.

3.成为“世界工厂”和“世界市场”

(1)我国成为世界第一制造业大国。工业领域的市场开放极大地提升了我国制造业的生产能力。世界银行数据显示,按现价美元测算,2010年,我国制造业增加值首次超过美国,成为全球制造业第一大国,自此以后连续多年稳居世界第一。2017 年,我国制造业增加值占世界的份额高达27.0%,成为驱动全球工业增长的重要引擎。[①] 从制造业产值看,2018 年我国制造业产值为 40027 亿美元,与美国 21733 亿美元(2017 年)、日本10073 亿美元(2017 年)、德国 8324 亿美元(2018 年)、韩国 4409 亿美元(2017 年)远远拉开了距离。相比之下,我国制造业产值分别是美国的184%,日本的 397%,德国的 481%,韩国的 908%。[②]

(2)我国成为“世界市场”。2019 年,我国社会消费品零售总额达 5.96万亿美元,而美国同期为 6.22 万亿美元。从进口规模看,我国是仅次于美国的第二大进口国,进口规模的全球占比由 2001 年的 3.8%提升至 2019

① 中国成为世界第一工业制造大国[EB/OL]. 中国新闻网,2019-07-10.

② 王继祥.中国制造业供应链的实力与短板[EB/OL]. 国家邮政局发展研究中心网站,2020-05-06.

年的 10.8%。①

二、推进规则等制度型开放的主动选择

14 亿人口的大国，在经济发展达到一定水平后，既需要进一步推进商品和要素流动型开放，更需要加快推进规则等制度型开放。

1. 商品和要素流动型开放红利逐步衰减

从净出口对经济增长的拉动作用来看，2009—2018 年的 10 年间，有 7 年净出口对经济增长的拉动作用为负；从拉动效果来看，2009—2018 年，净出口对经济增长的拉动作用均低于 10%，与金融危机前有明显的差距。也就是说，未来依托国际市场促进出口固然重要，但更重要的是依托我国巨大内需潜力的突出优势，通过积极主动扩大进口、打破边境内市场壁垒等方式吸引国际高质量产品、服务、技术、资金等要素，进一步激发我国市场活力，实现我国由投资外贸拉动向消费拉动转变，由要素投入向转型驱动转变，这很大程度上依赖于制度型开放的突破。

2. 比较优势发生历史性转换

改革开放以来，我国通过商品和要素流动型开放，旨在打开国门、降低流动壁垒，并依靠低成本优势要素及优惠政策形成的“成本洼地”，产生对外资、技术、企业等要素的吸引效应。当前，一方面，随着我国进入高质量发展阶段，不能再以牺牲公平竞争的超国民待遇开放政策吸引国际要素。另一方面，我国要素成本快速上升与发达国家吸引制造业回流等政策叠加，进一步降低了商品和要素流动型开放效果。例如，2000—2019 年，我国城镇单位就业人员平均工资由 9333 元增长至 90501 元，其中大部分年份的工资实际增速高于 GDP 增速（见

① 张茉楠．打造中国超大规模市场须改革与开放相互促进[N]．中国经济时报，2020-12-29.

表 6.3)。劳动力成本优势的逐步减弱,使得我国仅仅依靠商品和要素流动型开放难以有效吸引国际优质要素。

表 6.3 2000—2019 年我国城镇非私营单位就业人员平均工资及实际增速

年份	城镇非私营单位就业人员平均工资/元	平均工资实际增速/%	GDP 增速/%
2000	9333	11.3	8.5
2001	10834	15.3	8.3
2002	12373	15.4	9.1
2003	13969	11.9	10.0
2004	15920	10.3	10.1
2005	18200	12.5	11.4
2006	20856	12.9	12.7
2007	24721	13.4	14.2
2008	28898	10.7	9.7
2009	32244	12.6	9.4
2010	36539	9.8	10.6
2011	41799	8.6	9.6
2012	46769	9.0	7.9
2013	51483	7.3	7.8
2014	56360	7.2	7.3
2015	62029	8.5	6.9
2016	67569	6.7	6.7
2017	74318	8.2	6.8
2018	82461	8.7	6.6
2019	90501	9.8	6.1

数据来源:国家统计局数据库。

3. 以服务贸易发展为重点的特定要求

与制造业为主的开放不同，服务贸易开放既涉及市场准入制度，更涉及公平竞争制度、市场监管制度，以及规则、规制、标准等方面的制度性、结构性安排，其复杂程度与敏感程度远超制造业。例如，准入制度不完善，不少服务业初创企业遇到“准入不准营”问题；监管体制和方式不适应“互联网＋”“智能＋”背景下服务业新业态、新模式的发展；对新出现的不规范价格行为、垄断行为缺少法律规制；融资支持、知识产权保护还不适应新动能发展的要求；对国际创新资源的利用和布局缺少机制性安排；等等。为此，需要以制度型开放释放服务业发展的新动力，并在内外规则对接融合中推进深层次的体制机制变革。

4. 构建高水平社会主义市场经济体制的主动选择

制度型开放对建设高质量市场经济具有重大影响。建设高标准市场经济体制，需要在规则对标中形成强大的改革动力。例如，为保证《中华人民共和国外商投资法》的全面落实，相关机构已开始对有关法规、规章和规范性文件进行全面清理。未来几年，随着竞争中性的原则确立、营商环境的逐步优化，将对改革形成更大倒逼压力，有可能使得服务业领域行政垄断等多年来未得到有效解决的体制机制问题得到集中解决，实现各类所有制企业公平竞争的基本格局。未来，应加快推进制度型开放，形成开放与改革相互促进的新格局。一方面，面对经济社会发展中存在的体制性、结构性弊端，需要继续深化供给侧结构性改革，对计划经济遗留的、转型进程中产生的、发展趋势新要求的体制机制进行主动改革和完善。另一方面，面对经济全球化新趋势新挑战，需要加快推进高水平开放，以开放倒逼深化改革，并以改革更好地推进高水平开放。

三、把握制度型开放的突出特点

制度型开放体现了改革与开放的高度统一。以制度型开放为突出特点的高水平开放,其重点聚焦于“边境后”,开放举措更加强调以制度集成创新形成高水平开放的制度性安排。

1. 开放更加强调“边境后”领域

改革开放以来,我国对外开放的制度安排主要集中在“边境上”领域,而在公平竞争、贸易和投资便利化、标准对接等边境内方面的制度安排明显滞后。从商品要素流动型开放向制度型开放转变,主要体现为开放措施从边境措施向边境内措施延伸。如当前受关注度较高的产业政策、知识产权保护、环境政策、投资政策、竞争政策等都属于“边境后”措施。

2. 开放举措更加强调制度集成创新

从国内自由贸易试验区的实践看,虽然在制度创新的某些方面取得明显成效,但也面临着制度创新成果碎片化、集成度不高等共性问题。当前,加快推进制度型开放进程,依赖于整体性的制度创新,具有集成创新的鲜明特点。例如,推进服务贸易自由化便利化,包括投资贸易、跨境资金流动、人员进出、海关监管,以及以提升政府效率为重点的优化营商环境等方面,这不仅依赖于投资贸易体制改革,而且依赖于行政体制与社会体制改革进程。

3. 开放举措更加强调国内国际规则标准的联动

2014 年全国“两会”期间,习近平总书记强调:“要牢牢把握国际通行规则,加快形成与国际投资、贸易通行规则相衔接的基本制度体系和监管模式,既充分发挥市场在资源配置中的决定性作用,又更好发挥政府作用。要大胆闯、大胆试、自主改,尽快形成一批可复制、可推广的新制度,加快在促进投资贸易便利、监管高效便捷、法制环境规范等方面先试出首批管用、有效的成果。”①在以制度型开放为主要特征的高水平开放新阶段，一方面，需要跟踪研究能够代表未来发展方向的国际经贸规则演变趋势和主要内容，明晰其可能的运行环境和需要的基础条件，在保证风险可控的条件下，更加注重对照国际高标准国际经贸规则，以此为目标导向倒逼国内改革。另一方面，要充分利用全球经贸规则重构的时间窗口期，把握和利用好各种开放平台在规则变革和制度优化中的先试先行作用，逐步形成一些“可复制”与“可推广”的规则体系，在推进与国际经贸规则相衔接的同时，引领国际经贸规则高标准化发展。

第二节　推进规则、规制、管理、标准的对接

健全外商投资准入前国民待遇加负面清单管理制度，推动规则、规制、管理、标准等制度型开放，以加快推进与国际通行规则的对接，并主动对标高标准的国际经贸规则。

一、完善“准入前国民待遇＋负面清单”管理制度

“准入前国民待遇＋负面清单”管理制度是我国制度型开放的重大举措，不仅涉及边境开放，更涉及各类企业平等待遇。未来几年，全面实施“准入前国民待遇＋负面清单”管理制度，需要加快建立与之相适应的制度与政策体系，在取消外资准入负面清单之外限制的基础上，实质性降低准入后壁垒。

① 习近平.推进上海自贸区建设 加强和创新特大城市社会治理[EB/OL].中国共产党新闻网，2014-03-06.

1. 大幅缩减市场准入负面清单

(1)缩减市场准入负面清单限制措施数量。市场准入负面清单制度的全面实施,意味着清单以外的行业、领域、业务等,各类市场主体皆可依法平等进入。目前,市场准入负面清单包括“禁止准入类”和“许可准入类”两大类、123 项事项、541 条具体管理措施。尽管与 2016 年的《市场准入负面清单草案(试点版)》相比,2020 年版事项减少了 205 项,具体管理措施减少了 328 条,但与自由贸易试验区外商投资准入负面清单 30 项、外商投资准入负面清单 33 项相比,差距还是比较大(见表 6.4)。

表 6.4 全国三份负面清单限制措施数量对比

单位:项

行业	自由贸易试验区外商投资准入负面清单(2020 年版)	外商投资准入负面清单(2020 年版)	市场准入负面清单(2020 年版)
农、林、牧、渔业	3	4	11
采矿业	1	1	1
制造业	2	4	19
电力、热力、燃气及水生产和供应业	1	4	1
建筑业	无此项	无此项	1
批发和零售业	1	1	7
交通运输、仓储和邮政业	4	4	7
住宿餐饮业	无此项	无此项	1
信息传输、软件和信息技术服务业	2	2	5
金融业	无此项	无此项	10
房地产业	无此项	无此项	1
租赁和商务服务业	3	3	6

续　表

行业	自由贸易试验区外商投资准入负面清单(2020年版)	外商投资准入负面清单(2020年版)	市场准入负面清单(2020年版)
科学研究和技术服务业	3	3	8
水利、环境和公共设施管理业	无此项	无此项	6
居民服务、修理和其他服务业	无此项	无此项	2
教育	2	2	2
卫生和社会工作	1	1	4
文化、体育和娱乐业	7	7	7
禁止准入类	无此项	无此项	5
其他行业	无此项	无此项	19
总计	30	33	123

数据来源:根据《自由贸易试验区外商投资准入负面清单(2020年版)》《外商投资准入负面清单(2020年版)》《市场准入负面清单(2020年版)》内容整理。

(2)放宽服务业市场准入限制。目前,市场准入负面清单123项事项中针对农业和工业领域的限制举措较少,但针对服务业领域的限制举措仍多达70余项。这既不适应服务业市场开放的大趋势,也难以满足人们日益增长的服务型消费需求。为此,需要在教育、医疗、电信等服务业领域进一步放宽市场准入门槛,大幅缩减负面清单条目,使各类市场主体平等进入负面清单之外的行业与领域。

(3)建立负面清单动态调整机制。在全球新一轮科技革命与产业变革交汇期,我国产业变革全面加快。适应我国产业变革的大趋势,制定负面清单动态调整机制。根据我国产业结构变化情况,建立市场准入负面清单的效果评估机制,鼓励第三方机构参与评估,及时对负面清单进行动态调整,不断完善市场准入制度体系。

2.完善外商投资负面清单配套管理措施

(1)进一步提升负面清单透明度。参照国际经贸谈判负面清单模板,详细列明负面清单管理措施与相关描述,建立健全外资投诉机制;管理措施描述尽可能细化到具体业务,以提高负面清单的可操作性;更多采取比例限制、岗位限制、差别待遇等方式,降低负面清单的行业限制强度;完善负面清单的附件体系;为关键领域及未来新业态预留空间。

(2)提升外商投资负面清单的法律效力。通过立法明确规定,凡是与负面清单的开放承诺相冲突的部门规章,一律按照负面清单执行,提升负面清单的稳定性与可预期性;建立"棘轮机制",明确负面清单限制措施"只减不增"。

3.全面清理各类"隐性壁垒"

(1)全面清理不合理审批事项。当前,我国开办企业耗时9天,已超过经合组织高收入经济体。从现实情况看,负面清单之外的市场准入环节或多或少还存在某些审批事项。这就需要全面清理清单之外的审批事项,彻底消除各种"隐性壁垒"。尤其是不得对民营企业与外资企业设置不合理的市场准入条件,真正实现各类市场主体依法平等进入清单之外的行业或领域。

(2)尽快制定与准入负面清单相配套的审批清单。在全面清理审批事项的同时,制定准入后审批事项负面清单,将涉及国家安全、公共安全的资格事项纳入负面清单,给各方投资者明确市场预期。

(3)开展负面清单外无审批试点。例如,在自贸试验区、海南自贸港等便于管理、相对集中的区域实行负面清单外无审批试点,率先在商贸物流、批发零售、交通运输等开放风险较小的领域实行企业自由生、自主营、自由死等政策,最大限度提高企业自主权。同时,完善推广法人承诺制,形成以企业信用为基础的事后监管:对必须保留审批的事项,由监管部门向申请企业提供责任承诺书和审批要件清单,企业法人签署对材料真实性负责和对虚假材料承担责任的法人承诺书后，审批部门可当场或当天发放批件和许可证。事后，监管部门在规定时间内组织现场核查，如发现企业造假，再对其进行严厉惩处。

4. 全面落实准入前国民待遇

（1）大幅减少准入前认证。将准入前认证限定在满足最低标准要求的范围以内，除涉及人身健康、生命财产安全、国家安全、系统性风险和生态环境保护等特定事项保留前置审批外，放宽对市场准入前置条件的限制，并最大程度上在市场准入后和管理过程中保持中性，保障任何市场主体都能够不受歧视地获得认证许可。

（2）明确并细化国民待遇标准。进一步细化准入阶段的管理权力、要素供给、融资方式、进出口权、税收政策、法律保护、司法救济等一系列待遇标准，给内外企业明确预期。

二、加快服务业领域规则对接的重大任务

未来几年，推进高水平开放，重大任务之一是深化服务业市场化改革，着力解决制约服务业市场开放的体制瓶颈，打破制约内需潜力释放的体制掣肘。

1. 规则、规制、管理、标准等不完善掣肘服务业市场开放

（1）服务业领域的规则、规制、管理、标准对接相对滞后。一方面，我国部分服务行业的强制性标准、技术法规和合格评定程序不完全符合国际通行的原则和要求。一些标准要求内容存在重复，相互间缺乏协调，全国范围和国内外间的标准互认仍有待加强。另一方面，法律、会计等专业服务领域缺少国际职业资质互认制度，很大程度上限制了我国利用国际化人才提供专业服务的有效性。

(2)消费结构升级倒逼服务业领域规则、规制、管理、标准等对接进程。目前,我国产品领域国家标准采用国际标准的比例为85.47%,但在医疗、健康、旅游、金融、会计等领域内相当一部分行业仍低于国际标准,由此造成大量服务性消费外流。2019年,我国出境旅行服务(旅游、留学、就医等)消费1.7万亿元。① 为适应全社会日益增加的服务型消费需求,需要尽快形成国家服务业监管标准体系,并率先在海南等地引入欧美服务业管理标准,在倒逼企业转型的同时,提升监管的国际化水平。

(3)部分服务业领域规则缺失降低监管有效性。近几年,我国服务业对内对外开放进程明显加快,虽取得一定成效,但仍在一定程度上滞后于市场化改革与经济转型进程。例如,2017年,我国取消了养老护理员、家政服务员、保健按摩师等国家职业资格证书鉴定。但某些监管标准的缺失使市场监管难以到位,由此出现某些全社会关注的突出问题。再如,在电商平台不断做大的背景下,市场份额是不是界定新经济垄断的重要指标,如何判定垄断和不正当竞争?如何避免用“旧制度管理新经济”?这些都是需要研究的重大课题。

2.在规则、规制、管理、标准等对接中推进服务业市场化改革

以全球视野谋划和促进服务业创新,建立广泛利用国内外创新资源的体制机制,深化和拓展贸易、投资、人才、科技等方面合作,有利于站在更高起点加快服务业准入、监管等方面的深层次改革,培育服务业新增长点和优势行业,促进“走出去”服务业企业构建区域产业链和分工体系,不断增强国际竞争力,以开放的最大优势谋求服务业更大发展空间,加快新旧动能转换和高质量发展。例如,“非禁即入+过程监管”是国际高水平市场经济体的基本做法,也是国际高标准经贸规则的基本要求。能否尽快对标,在大幅放宽市场准入的同时,最大限度地取消准入后限制,建立既准入又

① 国家统计局.中国统计年鉴2020[M].北京:中国统计出版社,2020.

准营的服务业企业管理规则，并带动监管模式、监管体制的系统性变革，也是值得研究的课题。

3.分类推进服务业领域规则、规制、管理、标准等对接

(1)率先在医疗健康领域引入发达国家管理、标准。抓住疫情冲击下国内医疗健康消费回流及全社会日益增加的医疗健康需求等有利契机，率先引进欧美日医疗药品管理标准，使国内居民不用出门就可以享受到国际化的医疗健康服务。例如，实行单向认可清单制度，对符合清单内国家或地区标准的药品与医疗器械，可自动获得认证，无须开展临床试验直接使用，逐步实现已经上市但未达到新标的药品退市；允许符合当地标准的服务业企业、具备相关职业资格的人员，经备案审核后直接开展相关经营与业务活动。

(2)加快推进生产性服务业领域的规则、规制、管理、标准等对接。对制造服务、建筑服务等具备优势的服务业领域，积极同发达国家签订认可经营商计划，实现管理标准的互认，并积极参与国际经贸规则重构；对金融、法律、会计等商务服务业，在强化国家安全审查基础上，推动与主要贸易国家间的规则、规制、管理、标准对接；对研发服务业，加快建立职业资格认可清单，最大限度吸引全球优质创新人才。

(3)稳步推进数字领域的规则、规制、管理、标准等对接。在保证国家安全前提下，积极推进与我国数字经济治理规则态度相近的国家间就电子商务、电子交易、电子支付等领域的规则标准互认，并以此为基础，参与全球数字经济治理与数字贸易规则构建。

三、积极对标国际高标准经贸规则

抓住全球经贸规则重构的时间窗口期，在全面对接国际高标准经贸协定中传统议题基础上，加大对新兴议题的探索试验，以此实现制度型开放

的重要突破,并在推动我国引领全球经贸规则重构中赢得主动。

1.推进边境上领域的规则对接

(1)持续降低关税。争取到2025年,我国关税总水平由目前的7.5%下降至4%左右。其中,零关税商品占比由目前的50%左右提升至60%以上。

(2)推进负面清单规则的对接。一是尽快与国际接轨,对负面清单内的每一项限制性措施标明国内法律依据,并写明限制性措施的具体内容和详细要求。二是负面清单的体例应更加明了,例如,将限制性措施和禁止性措施分开规定。三是尽快完善一些无具体限制条件的特别管理措施,最大程度消除市场开放的隐性壁垒,减少寻租空间。四是参照国际标准,在负面清单内设定"未来不符措施",为未来投资管理动态调整预留空间。

2.推进"边境后"规则的对接

(1)推动货物贸易进口便利化规则对接。在进一步简化通关、检验检疫、入境、港口及边境机构等的边境上相关手续基础上,将重点放在大幅降低政府行政效能、市场规则、要素成本、基础配套等边境后壁垒。例如,在全国范围内推广"单一窗口",并进一步拓展"单一窗口"包含的贸易服务功能;充分利用现代信息技术,整合海关、商检、外管等各部门的信息集成单一的系统,建设全国统一的综合性公共电子信息服务平台;建立全国统一的"单一窗口"检测平台,通过利用电子锁等新兴方式实现一地检验、全国通用等。加快实现通关制度与主要贸易伙伴的对接,探索实施经认可的经营商制度。

(2)以标准对接为重点提升服务贸易自由化便利化水平。率先实现健康养老、医疗旅游等非敏感服务业标准与美欧日等发达国家对接;尽快在自贸试验区等区域探索教育、文化、电信、金融等敏感服务业的国际标准对接工作;借鉴发达国家实行的认可经营商制度,建立服务贸易认可经营商清单,允许清单内的服务业企业直接向国内提供跨境服务;加快上海自贸区对跨境服务贸易负面清单的试验工作,并尽快推广至全国。

3. 加强"新兴议题"的试验对接

(1)要加强数据跨境流动的先行试验。在吸收自身和 CPTPP 等高标准数字服务贸易规则的经验和教训的基础上,充分利用 RCEP、上合组织、金砖国家、"一带一路"等经贸平台,探索构建一套能够反映发展中国家利益和诉求的数字贸易规则体系,使我国能够在国际数字贸易治理中发挥更大的影响力。

(2)实现环保标准的对接。以 2060 年前实现碳中和为目标加快环境保护标准的对接,并探索将环保标准引入新签订的自贸协定中。

(3)以强化竞争政策的基础性地位为重点实现国内政策与国际对接。改变以往以倾斜性的行政力量对市场资源的直接配置,大幅减少现有中央各部门、地方产业补贴与扶持项目;实质性打破市场垄断与行政垄断。

第三节　打造市场化、法治化、国际化营商环境

加快完善市场化、法治化、国际化的营商环境,是推进制度型开放的迫切需求,也是激发市场活力、稳定各方预期的重大举措。适应制度型开放的现实需求,对标国际先进水平,为各类市场主体营造稳定、公平、透明、可预期的良好环境。

一、推动落实竞争中性原则

逐步确立竞争中性原则,符合全球经贸规则重构的新趋势,符合我国深化市场化改革的客观要求,是优化营商环境的首要关键。

1. 符合经济全球化的基本要求

当前,有关竞争中性原则的相关内容逐步成为全球新一轮经贸规则的

基本要求。据统计,目前全球已有40多个国家适用竞争中性原则。同时,美国、澳大利亚、韩国、以色列、智利等18个国家通过签署双边FTA强调或蕴含了竞争中性原则,适用竞争中性原则国家的GDP比重达到全球经济总量的60%以上。[①] 经济合作与发展组织、联合国贸易和发展会议先后通过制定竞争中性的指引文件、发表文章及调研报告等方式,致力于推进竞争中性原则在全球的应用。未来几年,竞争中性有可能成为高标准区域自贸协定的标配与WTO改革的重要议题。

2.降低边境后市场壁垒的关键之举

(1)提升“边境后”开放的实际效果需要确立竞争中性原则。推动“边境后开放”,是我国市场开放的深水区,也是加强制度性、结构性安排的重点领域。如果不能有效降低边境内市场壁垒,社会资本与外资仍然难以进入,单纯放开市场准入的开放举措就会大打折扣;如果不能有效打破市场垄断与行政垄断,各类市场主体很难实现公平竞争,服务业市场对内对外开放也难以真正实现;如果国有企业、民营企业与外资企业难以公平使用土地、人才、资金等生产要素,即便开放政策实现重大突破,仍难以形成开放的吸引力;如果不改变目前国有企业和民营企业在产权保护、行业准入、银行贷款、上市融资、产业政策支持、创新政策支持、政府监管等方面差别化待遇的格局,就很难有效激发市场活力。

(2)在确立竞争中性原则中提升对外开放水平。当前,随着我国进入高质量发展阶段,超国民待遇吸引国际要素难以为继。同时,我国要素成本快速上升,对外资的吸引力逐步减弱。在此背景下,需要按照竞争中性原则,实现对各类企业一视同仁、平等对待,由此进一步增强我国巨大内需市场的对内、对外吸引力。

---

① 张茉楠.中国应加快适应新一轮国际经贸规则演变[N].中国经济时报,2020-07-27.

3. 更好参与全球规则重构的重要条件

从全球经贸规则重构的趋势来看，其涵盖议题由市场准入向“边境后议题”拓展。例如，欧日自贸协定不仅包含关税等传统议题，还包括国有企业、知识产权、监管合作等高标准内容。这需要按照竞争中性原则，在加快实现规则对接的基础上，积极参与并推动全球经贸规则制定。

二、全面强化产权保护与知识产权保护

产权保护是激励创新创业的最大动力，是振兴实体经济的最大激励，也是规则对接的重点领域。当前，我国进入经济转型升级的关键时期，要形成以创新引领高质量发展的格局，关键在于建立产权保护的长效机制，实现产权保护与知识产权保护相一致。

1. 依法保护企业家的财产权和创新收益

(1)建立产权平等保护的长效机制。增强各类企业家的财富安全感，给企业家一颗“定心丸”，需要约束行政权力，严格规范行政机关和执法机关的执法行为。为此，需要尽快出台对没收或者冻结财产的具体实施细则，使执法机关查封收缴私产时，对合法财产和非法财产区别对待，防止企业家的合法财产受到侵害。

(2)保护企业家创新收益。创新型企业主要是依靠商业模式、文化创意等要素经营，一旦知识产权得不到有效保护，企业创新成果被他人复制，不仅会给企业可持续发展带来严重后果，而且会严重影响全社会创新活动。这就需要政府加快出台商业模式、文化创意等创新成果的知识产权保护办法，为企业创新发展提供法治保障。

(3)严格纠正以公权侵犯私权行为。例如，严惩各类利用公权力侵犯私有产权的违法犯罪行为；严格区分企业家的违法所得和合法财产，区分

涉案人员个人财产和家庭成员财产,在处置违法所得时不牵连合法财产;不得查封、扣押、冻结与案件无关的财产;因公权侵犯私权造成损失的,受害人有权申请国家赔偿。

2.健全产权执法司法保护制度

(1)严格规范涉案财产处置的法律程序。产权执法司法处置是否适当,是产权保护的重大现实问题。如果不应当被剥夺的财产权被剥夺,就会导致社会对财产权保护缺乏信心和稳定的预期。近年来,我国司法实践中出现过对经济犯罪案件中的企业家和个人的涉案财产处置不依法依规、行政和司法腐败侵犯企业产权等现象,不仅给企业家和个人的合法财产造成严重损失,而且不利于稳定社会的预期。为此,需要尽快规范企业家和个人财产处置的法律规则,形成具体的执法操作程序,使其变成行政实践和司法实践。

(2)建立完善补偿救济机制。从实践看,一些地方政府在财产权保护方面力度不够,有些甚至因为当地政府自身的不当行为造成企业和公民财产权受损。在这个背景下,不仅要建立对政府相关人员的问责与追责机制,而且要完善赔偿与救济机制。对因政府规划调整、政策变化造成企业合法权益受损的,要依法依规进行补偿救济。

3.加强知识产权保护国际化、法治化水平

(1)加强知识产权保护国际合作。从2001年开始,我国对外支付知识产权费增长加快,2019年达到340亿美元。2019年,国家知识产权局受理的专利申请量达到140万件,连续9年居世界首位。世界知识产权组织数据显示,2019年,我国通过《专利合作条约》途径提交的专利申请受理量达5.899万件,跃居世界第一位。[①] 在此背景下,我国知识产权案件呈逐年增加趋势。据统计,2019年,法院系统共新收一审、二审、申请再审等各类知识产权案件481793件,审结475853件(含旧存),比2018年分别上升44.

① 2019年我国PCT国际专利申请量跃居世界第一[EB/OL]. 央视网,2020-04-23.

16%和48.87%。[①]

(2)研究出台《知识产权法》。将现有的《专利法》《商标法》《著作权法》等纳入《知识产权法》中;参考《建立世界知识产权组织公约》与《与贸易有关的知识产权协定》,明确我国知识产权保护范围;对侵犯知识产权行为的惩治作出具体规定,做到有法可依。

(3)完善知识产权保护国际合作机制。加强与世界知识产权组织、世界贸易组织、亚太经合组织等国际和地区性组织的交流与合作,提升我国知识产权保护水平;深化与发达国家知识产权、经贸、海关等部门的合作,鼓励国内服务机构加强与国外相关组织的合作交流;推动相关国际组织在我国设立知识产权仲裁和调解分中心;探索建立"一带一路"沿线国家和地区知识产权合作机制。

(4)积极参与国际知识产权规则制定。我国已经加入《保护工业产权巴黎公约》《关于集成电路知识产权的华盛顿公约》《保护文学和艺术作品伯尔尼公约》《视听表演北京条约》等近20个国际公约。未来几年,适应服务业市场对外开放的需要,积极推动《TRIPS协定与公共健康多哈宣言》;主动参与《专利合作条约》《保护广播组织条约》等国际规则修订的国际谈判;加快推进加入《工业品外观设计国际注册海牙协定》和《马拉喀什条约》进程。

三、推进政府采购公开化、市场化进程

当前,实现政府采购公开透明不仅是大趋势,而且是制度型开放的客观要求,更是优化营商环境、拓展市场与企业发展空间的重大举措。

1.政府采购公开化、市场化是一个大趋势

尽管这些年来我国政府采购规模增长较快,但由于受采购范围限制,

① 中国法院知识产权司法保护状况(2019)[EB/OL].最高人民法院网站,2020-04-21.

我国政府采购占 GDP 和财政支出的比重与发达国家相比,仍有较大提升空间。2019 年,我国政府采购规模为 33067 亿元,较上年减少 2794.4 亿元,占全国财政支出和 GDP 的比重分别为 10.0%和 3.3%[①],明显低于 2015 年经合组织国家 13.3%、30.1%的平均水平。[②] 从结构来看,服务类采购规模一般占政府采购规模的 50%左右,而我国仅为 28.6%,仍不足 30%。[③] 适应 14 亿人口公共服务需求变化的大趋势,把形成多元供给主体、多元竞争主体作为完善政府采购商品与服务的基本目标,重点扩大政府向社会组织购买公共服务的规模,尽快取消政府购买对市场组织和社会组织的某些歧视性规定。争取到 2025 年,形成法治化、规范化、透明化的政府购买公共服务的体制机制安排;使政府采购规模占财政支出比重达到 20%左右,服务类采购占政府采购的比重达到 40%左右。

2. 将政府购买公共服务纳入《政府采购法》

适应我国政府采购公共服务的大趋势与加入世贸组织《政府采购协定》的现实需求,应尽快将政府购买公共服务纳入《政府采购法》,使其于法有据。应进一步理顺《政府采购法》和《招标投标法》的关系,修订《政府采购法》应考虑《招标投标法》的调整范围,使两个并行的法律体系适用范围互补,便于政府采购和招标投标的相关当事人执行。

3. 出台政府采购负面清单

除明令禁止社会资本参与的政府采购项目外,其他领域政府采购项目均向社会资本开放;参与政府采购和招标投标、高新技术企业认定、申报政府计划项目、科技奖励、取得许可证和资质等级证书以及安排使用的各类财政专项扶持资金,对各类所有制企业一视同仁,实行同等待遇。

---

① 2019 年全国政府采购规模为 33067 亿元[EB/OL]. 中国政府采购网,2020-08-26.

② 章辉,张翼飞. OECD 发达国家政府采购管理经验与启示[J]. 地方财政研究,2018(9).

③ 2019 年全国政府采购规模为 33067 亿元[EB/OL]. 中国政府采购网,2020-08-26.

4. 完善政府采购的政策体系

目前，对中小企业在政府采购中实施优惠政策是国际普遍做法。总的来看，我国尚未形成系统的鼓励中小企业参与政府采购的政策体系。为此建议，系统梳理目前有关对支持中小企业发展、绿色采购、科技创新产品、残疾人就业企业等政府采购政策，进一步完善政策措施，为供应商参加政府采购活动提供全国统一的政策支持；出台鼓励中小企业相关政策，通过预算预留、消除门槛、评审优惠等政府采购相关措施，加大对中小企业发展的政策支持；尤其是在政府采购活动中，加大向高新技术中小企业倾斜力度，提升创新发展能力。

5. 积极加入世界贸易组织《政府采购协定》

按照《政府采购协定》中的相关规则，加快修订与完善《政府采购法》《招投标法》；进一步细化政府采购对招标程序，标书的提交、接受、开启，以及谈判程序等进行管理的条款，实现政府采购全流程与国际对接。加快制定相应政策，鼓励政府采购中介组织与人才培养机构发展。未来5—10年，如果我国政府采购规模达到GDP的10%，并且逐步向全球开放市场，不仅有利于提升采购质量，还将有效提升我国在全球自由贸易进程中的话语权。为此，建议针对分歧性问题，制定相关举措，尽快加入世贸组织《政府采购协定》(GPA)。

(1)将部分国有企业列入出价清单。这并不意味着国有企业的所有采购就都要受GPA管辖。可考虑将一些从事基础设施建设的大型国有企业列入出价清单，如铁路、地铁、港口、机场、电力、供水、能源等垄断性或公益性国有企业，然后参考其他参加方所列的例外情形，结合我国实际列出相应的例外。

(2)增加更多服务贸易出价。我国服务贸易出价还有扩大空间，可以考虑增加建筑设计服务和工程服务、增值电信、海运中的货运、货运代理服务、其他运输服务与装箱货物的运输等领域的出价。

(3)完善总备注(例外情形)。一是总备注列入的例外需明确、具体,至少具体到某一种货物或服务门类。二是 GPA 第三条“安全例外与一般例外”、第十五条“招标处理与合同授予”中的“公共利益”例外已经涵盖了我国总备注中有关国民待遇的例外。三是《外商投资法》第二十二条规定:“技术合作的条件由投资各方遵循公平原则平等协商确定。行政机关及其工作人员不得利用行政手段强制转让技术。”第十六条规定:“国家保障外商投资企业依法通过公平竞争参与政府采购活动。政府采购依法对外商投资企业在中国境内生产的产品、提供的服务平等对待。”因此可忽略关于政府采购项目的本国比例、补偿交易或者技术转移要求。

(4)改革我国政府采购体制,实现与 GPA 的有效衔接。协调《政府采购法》《招标投标法》两法之间的关系。将公共工程建设由《招标投标法》管辖范围调整到《政府采购法》管辖范围;扩大政府采购主体。只要主体的采购活动受到政府的控制或影响,都应属于《政府采购法》调整;加快推进国有企业改革,适应加入 GPA 的谈判进程,以“竞争中性”为目标,加快推进国有企业“管资本”、混合所有制和划拨部分国有股权到养老保障体系等改革,通过落实 OECD 公司治理原则,保证所有国有企业和国有资本参股企业在参与市场竞争时,仅依据商业考虑购买和销售相关货物和服务。[①]

第四节　强化竞争政策的基础性地位

“十四五”规划纲要提出,“推动产业政策向普惠化和功能性转型,强化竞争政策基础性地位”。未来几年,推进制度型开放,需要强化竞争政策的

---

① 民盟中央:尽早加入世界贸易组织《政府采购协定》[EB/OL].中国政府采购网,2020-05-29.

基础性地位，使得要素在市场价格引导下实现优化配置，进而推动产业政策转型。

一、改变差异化的产业政策

强化竞争政策的基础性地位，既是形成市场决定资源配置新格局的内在要求，也是扩大开放、实现高质量发展的迫切需求。

1. 差异化、选择性的产业政策难以适应产业变革需求

改革开放40多年来，我国制定并实施了一系列产业政策，在推动我国快速工业化进程中发挥了重要作用。当前，我国已进入工业化后期，产业变革呈现经济服务化的历史性趋势。一方面，产业结构正由工业主导向服务业主导转变；另一方面，制造业将由生产型制造向服务型制造转变。尤其是新一轮科技革命与产业变革历史交汇的背景下，我国产业变革既面临难得的历史机遇，也面临严峻挑战。以行政力量为主导的差异化、选择性的产业政策越来越不适应新技术、新兴产业发展的趋势。例如，依赖产业政策扶持的光伏等行业出现了产能过剩，造成了资源浪费。

2. 体制内外政策待遇不平等抑制社会资本活力

当前，无论是在生产要素使用上，还是在相关的政策支持上，体制内外依然存在某些不平等。例如，多年来由于体制内外社会保障政策、评价政策的差异，绝大多数中高级人才更愿意到体制内工作，而不愿意到民营企业工作，尤其是教育、医疗等行业。这不仅抑制了社会资本活力，还加大了我国在生活性服务业、生产性服务业领域“有需求、缺供给”的突出矛盾，客观上制约我国内需潜力释放及经济转型升级进程。例如，在服务业领域，国有或集体控股企业固定资产投资占比普遍高于50%，其中在交通运输业占比81%，水利、环境和公共设施管理业占比81%，金融业占比51%，教

育占比79%,卫生和社会工作占比62%。[①] 且这些领域均存在外商投资占比偏低的问题,不得不说与体制内外政策差异有很大关系。

3.政策实施机制不合理带来某些领域的不公平竞争

以行政为主导的政策实施方式在推动我国经济快速发展的同时,也会导致所有制歧视、不公平竞争,而且还可能会造成产能过剩、资源配置效率不高、环境污染加剧等问题,影响市场主体稳定预期。近年来,某些地方以强制清除、限制开工等行政性手段为主推动的"去产能"政策,"有保有压"的特征明显,客观上在多方面增大了民企的压力,造成了民企与国企间的不平等竞争。

二、推动产业政策向普惠化和功能性转型

习近平总书记在民营企业座谈会上的讲话中指出:"要推进产业政策由差异化、选择性向普惠化、功能性转变。"[②]以竞争政策为基础,并用竞争政策协调相关经济政策,是我国经济政策调整与转型的基本趋势。

1.统筹做好增量审查与存量清理

(1)全面清理妨碍公平竞争的产业政策。减少行政力量对市场资源的直接配置,大幅减少现有中央各部门、地方的产业补贴与扶持项目;按照"非禁即准"的原则,清理与法律法规相抵触、制约各类市场主体进入各行业的规定和程序,严禁和惩处各类违法实行优惠政策的行为。

(2)全面实施普惠化的产业政策。提高民营企业、外资企业等使用资金、土地等要素以及政策资源的可得性,在各类企业充分竞争中提高经济运行效率。从这个角度来看,推进产业政策转型不是要取消补贴,而是实

① 国家统计局.中国统计年鉴2020[M].北京:中国统计出版社,2020.
② 习近平.在民营企业座谈会上的讲话[N].人民日报,2018-11-02.

现补贴政策的普惠化与非专项化。

(3)全面实施功能性的产业政策。从实践经验看，在工业化初期和中期，为了快速实现工业化，一些国家普遍实行选择性的产业政策；到了工业化后期，则逐步过渡到以功能性为主的产业政策。目前，我国已进入工业化后期。全面实施功能性产业政策，关键在于加大基础研发、人力资本、信息等投入，加快构建实体经济、技术创新、人力资源协同发展的产业体系，形成创新驱动的基本格局。

(4)制定适用产业扶持政策的负面清单。减少选择性补贴、投资补助等举措，将产业政策严格限定在具有重大外溢效应或关键核心技术的领域。更多采用普惠性减税、政府采购、消费者补贴等手段，维护市场公平竞争。

2.加快实现体制内外服务业企业政策待遇平等

在加快推进事业单位去行政化改革的基础上，将国家对事业单位的财政投入转变为引导基金，平等支持各类公益性服务主体。尽快取消政府购买对市场主体和社会组织的某些歧视性规定，鼓励市场主体和公益性社会组织参与。凡政府购买公共服务，除明令禁止社会资本参与的项目外都应向公益性社会组织放开；对义务教育、基本医疗卫生、基本住房保障、基本社会保险、就业服务、公共文化等基本公共服务，尽可能采取政府购买公共服务的办法，对事业单位、民营企业、公益性社会组织实行同等待遇。

3.加快确立以市场手段为主的产业政策实施机制

将供给侧结构性改革与市场化改革有机结合，既可以为激发市场活力提供重要的制度条件，也可以为深化供给侧结构性改革找出一条新路。例如，打破城乡二元户籍制度，不仅将释放近百万亿元的资本需求，也将为房地产去库存找到现实出路；尽快完善科技成果市场化激励机制、打破体制内外科技人才流动障碍,将为我国补齐关键核心技术的短板提供重要条件;按照公平竞争的要求,以"管资本"为核心优化国企内部治理结构,有助于形成国企市场化的决策、运营、激励约束等机制。

三、强化公平竞争审查制度的刚性约束

健全公平竞争审查机制,增强公平竞争审查制度刚性约束,是强化竞争政策基础性地位的重要保障。未来几年,需要以完善公平竞争审查工作机制为重点进一步完善和发展公平竞争审查制度,强化竞争政策基础地位。

1. 提升公平竞争政策审查的专业性、权威性

(1)赋予市场监管机构对经济政策的审查权。以《反垄断法》修订为契机,将公平竞争审查制度纳入《反垄断法》,依法规范市场监管机构与政策制定部门在竞争倡导和竞争政策审查中的职能分工,为公平竞争审查提供法律基础。

(2)建立政策制定机构和市场监管机构双重审查机制。考虑到我国市场监管机构级别较低等现实情况,完全由市场监管机构审查各类政策并不现实。可以建立双重审查机制,由政策制定机构和市场监管机构共同审核。

(3)形成经济政策的审查标准和审查程序。突出权威性和专业性,由市场监管机构制定公平竞争政策的审查标准和审查程序,处理好市场监管机构与政策制定机构之间的关系,调动两个机构的积极性形成竞争倡导的合力。

(4)强化对公平竞争审查的制度激励。在逐步调整地方政府以 GDP 为导向的政绩考核体系的同时,将公平竞争审查绩效纳入地方政府业绩考核体系和地方官员的政绩考核体系。参照澳大利亚等发达国家的经验,对

地方政府设置竞争补偿，让地方政府享受到公平竞争政策审查制度改革的红利。

2. 完善公平竞争政策审查第三方评估机制

(1)鼓励支持政策制定机关在公平竞争审查工作中引入第三方评估。近几年，我国各级政府对政策的制定与执行开展了第三方评估。第三方评估的总体效果比较好，评估的专业性和客观性有所提高。

(2)注重社会性机构与社会智库参与评估。社会性机构与社会智库评估的客观性较强，容易得到社会的认可。与此同时，在政策评估中要委托专家学者、法律顾问、专业机构参与，尽可能征询经营者、上下游相关企业、消费者等意见。

(3)公平竞争审查向社会公开，避免出现因串谋导致公平竞争审查的失灵。建立健全投诉举报机制，及时回应社会关切，强化社会监督约束。

3. 强化重点领域的公平竞争审查

(1)强化内外资企业公平竞争审查。强化竞争政策基础性地位不仅要取消“超国民待遇”，也要取消“次国民待遇”，按照内外资一致的要求实行普惠性政策体制安排。建议加强对内外资企业在准入条件、政策待遇、资源要素获取、产权保护等重点环节的公平竞争审查。

(2)强化国有企业与民营企业公平竞争审查。把消除竞争性国有企业与民营企业的政策待遇不平等作为建立公平竞争审查机制的重要目标，重点强化在产权保护、行业准入、银行贷款、上市融资、产业政策支持等领域的公平竞争审查，倒逼以“管资本”为主的国有资产管理体制改革。

(3)强化政府采购中的公平竞争审查。相关政策法规明确了政府采购当事人、采购方式、采购合同、采购程序等方面的规定。但是目前在政府采购过程中，不同所有制区别对待、限定供应商交易对象、实行区域性保护、设置竞争障碍等行为依旧存在。为此,需要加快推进采管分离改革,将政府采购行为纳入市场监管领域,由市场监管机构进行审查。同时,强化对政府采购成本收益的评估与审核,破解目前政府采购“重招标、轻验收”的问题。

第七章　以构建高水平社会主义市场体制为重要保障

开放是最大的改革，要以高水平开放建设高标准市场经济体系。适应经济全球化新形势与我国高水平开放新要求，全面深化改革要推进相关政策转型与深层次体制机制变革，以此形成高水平开放的重要保障。建设高水平市场经济体制的核心在于深化要素市场化改革，充分发挥市场在资源配置中的决定性作用。

“十四五”规划纲要提出“全面深化改革,构建高水平社会主义市场经济体制”。未来5年,适应高水平开放需求加快构建高水平社会主义市场经济体制,关键是充分发挥市场在资源配置中的决定性作用,更好发挥政府作用,推动有效市场和有为政府的更好结合。

第一节　构建高水平社会主义市场经济体制

把握高水平开放与深层次市场化改革互促共进的时代特征,以高水平开放推进深层次的体制机制变革,建立高水平的市场经济体制,并以此形成我国高水平开放的重要保障。

一、高水平开放依赖高水平市场经济体制

高水平开放要求加快促进国际国内要素有序自由流动、资源全球高效配置、国际国内市场深度融合,加快推进与开放型经济相关的体制机制改革,建立公平开放、竞争有序的高水平市场经济体制。

1. 构建双循环新发展格局依赖于高水平市场经济体制

加快构建以国内大循环为主体、国内国际双循环相互促进的新发展格局,关键在于扩大内需,在于14亿人口的消费升级。要释放14亿人口的消费潜力,其核心是高水平的市场经济体制。畅通国内大循环,要求贯通生产、分配、流通、消费各环节,要求打破行业垄断和地方保护。目前,我国服务业民营固定资产投资占比仅为50%左右,远低于农业70%、工业80%的水平。① 其中在教育、卫生、文化、商务服务等现代服务业领域的投资占比不足5%;我国物流前50强企业中,80%是国有或国有控股企业。②

2. 推动服务贸易为重点的开放转型依赖于高标准市场经济体制

无论从服务业市场开放的要求看,还是从实际效果看,仅靠不断缩减外资准入负面清单,放宽准入限制,仍无法解决影响服务业高水平开放的全部问题。例如,对于运销供应链服务业而言,与OECD平均水平相比,面临较为突出的矛盾是事中事后监管的一致性、透明度与有效性,这直接依赖于监管变革。再例如,垄断行业不改革,社会资本就难以全面进入服务业市场;事业单位不改革,体制内外的政策差异鸿沟不填平,体制外的企业与事业单位就难以形成平等竞争的新格局;服务业用地价格机制不调整,中小服务企业的成本就难以降下来。

3. 推进双边、多边自由贸易进程依赖于高水平市场经济体制

新一轮国际经贸规则中的"中国议题"凸显,成为我国推进双边、多边自由贸易进程必须要面对的现实问题。例如,"非市场经济地位问题"是我国与发达国家博弈的核心问题之一。非市场经济地位导致我国出口企业在贸易战以及对外反倾销应诉中处于极为不利的地位。目前,全球已有包

① 国家统计局. 中国统计年鉴2020[M]. 北京:中国统计出版社,2020.

② 物流五十强国企占8成 物流企业试行新混改[N]. 21世纪经济报道,2017-11-22.

括俄罗斯、巴西、新西兰和澳大利亚等在内的80多个国家承认我国具备市场经济地位。然而，美国、欧盟和日本等多年来一直拒绝认可。美国在与加拿大和墨西哥签订的美墨加协议中设置了“毒丸”条款，要求缔约国一旦与非市场经济国家谈判自贸协定，就有可能被其他缔约国排除出USMCA。未来几年，“非市场经济国家”自贸区限制性条款有可能被美国塞入美欧贸易协定以及其他美国主导的区域自贸协定当中。

二、适应高水平开放推动市场体制改革全面深化

经济社会发展中存在的体制性、结构性弊端制约了我国的高质量发展，这就需要继续深化结构性改革，妥善处理好经济转型升级进程中的突出问题，提前谋划好发展趋势新要求的体制机制。

1.以公开市场、公平竞争为基本要求

目前，我国有《外商投资准入负面清单》《自由贸易试验区外商投资准入负面清单》和《市场准入负面清单》等负面清单，以及《鼓励外商投资产业目录》《中西部地区外商投资优势产业目录》等正面清单。下一步，需要加快推动现有负面清单与正面清单的合并对接。例如，在保持现有自贸试验区探索更大开放的同时，率先合并《外商投资准入负面清单》与《市场准入负面清单》，形成全国统一的、内外资一致的《市场准入负面清单》，并逐步推动符合正面清单内企业优惠政策的普惠化。在此基础上，以公平竞争为基本原则，推动竞争环境的优化和创新动能的培育，使得各类企业主体、创新主体通过强化竞争提高产品与服务质量，通过公平竞争激发企业家精神和创新活力。

2.以全面激发各类市场主体活力为重大任务

当前，民营经济预期不稳、活力不足已成为经济转型升级与结构性改

革的突出矛盾。建议把全面激发市场主体活力,尤其是民营经济活力作为构建高水平市场经济体制的重点。争取到 2025 年,我国民营经济增加值占 GDP 的比重提升至 65%以上;民间固定资产投资占比提升至 65%以上;民营企业与国有企业基本实现资源要素获取与成本平等;产权保护制度化法治化水平明显提升,企业家精神和创新活力得到有效激发。

3. 以市场在资源配置中的决定性作用为主要目标

市场决定资源配置是市场经济的一般规律。"十四五"时期市场化改革,要把资源配置效率作为基本衡量标准之一。这就要求:推动市场的进一步开放,尤其是推进服务业市场的全面开放;加快推进以土地为重点的要素市场化改革,在试点的基础上建立要素市场化配置的新机制;减少政府,尤其是地方政府干预资源配置的范围和幅度,把政府干预资源配置的范围严格限制在公共资源领域,建立资源配置政府干预负面清单;加快形成全国统一大市场,打破地区壁垒、行政壁垒,降低资源要素流动的壁垒,显著提升要素配置效率。适应高水平开放加快形成高水平的财税体制、金融体制等框架性安排,并在重点环节实现重大突破。

三、核心是处理好政府与市场关系

推进制度型开放,需要同步推进政府治理变革,以实现有效市场和有为政府更好地结合。

1. 理顺政府与市场的关系在市场经济中居于核心位置

我国改革开放 40 多年的宝贵经验之一,就是探索适应不同阶段的政府与市场关系。总的脉络是,从承认市场、放开市场到扩大市场,由此激发了市场的活力,形成了爆发式增长的态势。当前,理顺政府与市场关系,是解决发展不平衡、不充分问题的关键,是进一步推动经济体制改革的"牛鼻子”。只有把政府与市场关系这个具有全局性和牵引作用的改革牢牢抓在手上，才能全面推动各领域改革向纵深迈进，解决好经济体制中的深层次问题。

2.理顺政府与市场关系还有较大空间

党的十八届三中全会提出，使市场在资源配置中起决定性作用和更好发挥政府作用。过去几年，各级政府在理顺政府与市场关系方面取得了多方面的进展，但仍有进一步优化的空间。总的来看，由于政府与市场关系尚未理顺，经济转型与增长面临着体制成本过高、市场开放不足等突出问题；服务业市场开放与国有企业改革相对滞后、政府直接配置资源的范围仍然过宽、政府对经济的干预仍然较多；等等。

3.处理好重点领域的政府与市场关系

（1）处理好深化国企改革中的政府与市场关系。以“管资本”为主是国有资本做活、做优、做强的重要条件，但目前尚未破题，使混合所有制改革难以有大的突破。为此，需要加快推进政府由“管企业”为主向“管资本”为主的转型，抓紧出台国有资本投资、运营的改革方案，尽快形成国有资本管理新体制；尽快向社会资本推出一批垄断行业重大项目，使重点领域和关键环节的混合所有制改革能有实质性进展。

（2）处理好服务业发展中的政府与市场关系。破解服务业领域有需求、缺供给的突出矛盾，关键是打破行政垄断与市场垄断。要把服务业市场开放作为供给侧结构性改革的重大任务之一，尽快出台改革行动方案。为此，需要在1—2年内，实现服务业竞争性领域对社会资本全面放开，非竞争性领域引入竞争机制。争取到2023年，使服务业市场化程度接近工业；推动服务业市场双向开放，到2025年服务贸易占外贸的比重要达到20％以上；以服务贸易为重点推进国内自贸区转型，大幅缩减负面清单；全面推进粤港澳服务贸易一体化，打造世界级的大湾区；加快推进某些产业项下的自由贸易进程,支持具备条件的地区先行先试。

(3)处理好深化要素市场化改革中的政府与市场关系。以土地市场化改革为例。盘活农村土地资源,释放城乡一体化的巨大红利,是农村改革的重要任务。为此,需要在严格用途和规划管制的前提下,发挥市场在农村土地资源配置中的决定性作用。要尽快实现农村集体经营性建设用地与国有土地同等入市、同权同价;修改相关法律,赋予农民土地使用权以物权性质,包括占有、使用、收益、转让、抵押、继承等在内的完整产权;打通城乡资本、土地和住宅市场双向流通。

(4)处理好监管变革中的政府与市场关系。把监管变革作为政府改革的重点,加快推进审批与监管严格分开,提高监管的独立性、专业性和权威性。着眼于防范系统性、区域性金融风险,尽快组建综合性国家金融监管机构,强化监管的统筹协调;尽快组建统一的国家反垄断机构,统一反垄断执法权,建立行政垄断的审查机制;从中央到地方建立统一权威的食品药品监管体制,实现职能、机构、队伍"三统一"。

第二节　激发各类市场主体活力

"十四五"规划纲要提出:"毫不动摇巩固和发展公有制经济,毫不动摇鼓励、支持、引导非公有制经济发展,培育更有活力、创造力和竞争力的市场主体。"从近几年经济生活实践看,有效激发各类市场主体的活力,既是缓解短期经济下行压力的迫切需求,更是形成中长期增长动力的重要基础。这就需要充分发挥市场在资源配置中的决定性作用,更好发挥政府作用,推动有效市场和有为政府更好结合。

一、加快国有经济布局优化和结构调整

按照党的十九届五中全会确立的深化国资国企改革目标，围绕服务国家战略，统筹国有企业改革与国有经济优化布局和结构调整，增强国有经济竞争力、创新力、控制力、影响力、抗风险能力。

1. 深化混合所有制改革

(1)在更多领域允许社会资本控股。近年来，社会资本对参与国有企业改革积极性很高，但仍有较多的顾虑。主要是担心参股之后，难以参与企业治理和决策，对自身收益缺乏稳定预期。建议率先在能源、运输、民航、电信等一般竞争性领域，支持鼓励社会资本控股，注重发挥民营企业家作用，实现国有资本保值增值。将国有独资形式的企业严格限定在对涉及国家安全的少数国有企业和国有资本投资公司、国有资本运营公司；将国有绝对控股的企业严格限定在涉及国民经济命脉的重要行业和关键领域；在支柱产业和高新技术产业等行业，主要采取相对控股；在不需要国有资本控制、可以由社会资本控股的国有企业，可采取国有参股形式或者全部退出。

(2)推进混合所有制企业员工持股。实行员工持股有利于调动员工积极性，有利于发展创新型国有企业，有利于员工持之以恒地关心企业命运。尽快形成国有企业员工持股的可操作性方案，形成国有企业员工与企业发展的命运共同体，避免员工的短期行为，形成国有企业可持续发展的体制机制。

(3)加快实现国有资本自身多元化。例如，在东北地区国有企业混合所有制改革中，推进国有资本自身的多元化，比简单降低国有经济比重，更具可操作性和现实性。推动国有资本所有者的多元化，例如引入社保基金，由不同股东作为出资人代表，着力避免企业重要决策由大股东独断，提

高决策科学性,提升风险防范能力。

2. 健全"管资本"为主的国有资产监管体制

(1)实现"管企业"向"管资本"的实质性破题。党的十九届五中全会提出,"做强做优做大国有资本和国有企业"。近年来,我国通过改组、组建国有资本投资、运营公司,初步形成了国有资本授权经营体制。但总的来看,政府相关部门尚未把主要精力放在"管资本"上,仍存在过多过细的"管企业、管人"等突出问题。当前,深化国有企业改革的核心是搞活国有资本,这就需要尽快实现从"管企业"向"管资本"转变。

(2)进一步细化国有资本的分类管理。当前,我国将国有企业分为商业类和公益类,实行分类改革、分类发展、分类监管、分类定责、分类考核。但实践中,对于"管资本"具体管什么、如何管等问题尚无明确指引;仅分为商业类和公益类过于简单,难以适应"管资本"的现实需求。为此建议,以实现各类企业充分竞争为导向划分国有资本类别,并形成明确的指引清单,为国有资本进出提供依据。

(3)形成以"管资本"为主的国有资本管理格局。一是明确国有资产监管机构的职能主要是优化国有资本布局和实现国有资本保值增值。二是加快建立"管资本"主体的权责清单,按照国有资本的分类,尽快形成全国统一的国有资本投资、运营公司权责清单,重点在国企产权转让、企业领导任免、企业重组方案审核、企业改制方案审核、公司章程修改、企业业绩考核和薪酬标准、企业财务预算管理等方面实现制度性安排。三是进一步理顺相关部委、国有资本投资及运营公司之间的关系。

3. 加快国有经济布局优化和结构调整

(1)加大国有资本在国家安全、国民经济命脉行业的布局。例如,对关系国家战略安全和涉及国家核心机密的核心军工能力领域,实行国有独资。加大粮食安全行业布局。加大能源安全行业布局,聚焦能源清洁化、电气化、智能化、集成化等事关能源转型发展全局的关键领域，加大能源设备芯片、软件等关键技术开发，推动能源开发、转换、配置、使用全环节技术和装备创新。在跨区域电网、路网及枢纽型管道等重大基础设施建设中发挥国资国企的特殊作用。

(2)加大国有资本对战略性、前瞻性行业的投入。支持以战略性新兴产业领域的骨干央企为中心组建国家重点实验室，鼓励支持国有企业与高校院所合作加快布局一批高水平研究机构、跨学科研究室等科技创新平台。探索通过课题委托、设立研发基金等机制开展与高校、科研院所等更广泛的研发合作。通过税前加计扣除、设立风险基金等方式，鼓励国有企业，特别是大型骨干集团型公司开展本行业领域对应的基础研究。同时，发挥国有资本在强基补链方面的特殊作用。围绕航空发动机、集成电路、生物技术、元器件等领域的“卡脖子”问题，以骨干央企为主体加强上下游相关国企、民企合作，牵头组建创新联合体，合力开展关键核心技术攻关。

(3)加大国有资本在公共服务领域的布局。重点是将服务业领域的国有资本主要配置在公共服务领域。一方面，推动国有资本有序退出批发零售、住宿餐饮、旅游、房地产等竞争性行业，将其布局在提供公共产品和服务的行业和领域，提升国有资本在公共服务领域的集中度。另一方面，加大国有资本经营预算用于公共服务的支出比重，统筹用于保障基本民生，使国有资本能够更多满足全社会日益增长的公共需求，在公共服务领域做出更大贡献。此外，考虑到老龄化社保基金缺口相对较大等因素，将部分地区企业国有股权划转社保比例由目前的10%提升至20%。

二、优化民营经济发展环境

当前，在内外环境明显变化的新背景下，尤其是疫情对民营企业产生重大冲击的背景下，要把营造良好的民营经济发展环境作为激发市场主体活力的重要举措。

1. 尽快出台《民营经济促进法》

民营经济贡献了我国经济50%以上的税收、60%以上的GDP、70%以上的技术创新成果、80%以上的城镇劳动就业,以及90%以上的企业数量。进入新发展阶段,破解民营经济发展的政策与制度"玻璃门",关键在于形成支持民营经济发展的法律规则。为此,建议抓紧研究制定《民营经济促进法》,为民营经济稳定发展奠定更为坚实的法治保障基础。同时,鼓励、支持有条件的地方制定出台《民营经济促进条例》。

2. 实现不同所有制经济产权平等保护

有民营企业家反映,现实经济犯罪中对民营企业的司法保护远不如国有企业好。例如,有些民营企业家的行为并没有构成犯罪,但由于企业股东之间内讧或企业间的恶性竞争,使得当地行政部门使用刑事手段介入民事经济纠纷,从而导致民营企业正常经营受限。在这个特定背景下,需要按照中央精神,依法平等保护国有、民营、外资等各种所有制企业产权和自主经营权,完善各类市场主体公平竞争的法治环境。例如,坚持机会、规则、权利平等,废除对非公有制经济多种形式的不合理规定;尽快梳理和消除各种隐性壁垒,支持各种所有制经济依法平等使用生产要素、公平参与市场竞争、同等受到法律保护、共同履行社会责任;适应新形势扩展产权保护的内涵和外延,尽快建立并完善有利于创新创业的激励约束机制。

3. 强化政府守信践诺的约束机制

(1)着力解决"新官不理旧账"问题。实践中,"新官不理旧账"被认为是政府诚信存在的突出问题。民营企业与政府签订相关服务合同后,最大的担忧是政府单方面毁约,或是"新官不理旧账"。例如,在环保领域,就发生因地方政府换届、领导人员更替等带来的违约问题。环保企业和地方政府在垃圾处理、污水处理等市政领域签订合同,合同中规定服务的要求和价格，但地方政府换届、领导人员更替后，作为合同付款方的地方政府，时而会出现不能足额支付服务费的情况，导致一些环保设备不能稳定运行。[①] 针对一些地方政府政策不连续、"新官不理旧账"等问题，需要加快形成"新官要理旧账"的制度约束。

(2)加快建立政府政策承诺诚信制度。从国际经验看，发达国家通过建立以"信赖保护制度"为重点的政府诚信制度体系、完善公务员管理制度与监督惩戒制度等途径，致力于打造高效透明诚信的政务环境，并将其作为营造一流营商环境的重大举措。建议在借鉴先进经验的基础上，建立政府政策承诺诚信制度，通过政策承诺公开公示、政策承诺兑现标准化、全流程管理、政策落实质量考核与社会监督等制度建设，明显提升政府政策落实效率与质量，并在政策高效落实中提升政府公信力。

(3)强化政府守信践诺的刚性约束。一是企业与政府的合同要以公平为基本原则，双方均应该按照法律和合同约定履行义务，如果任何一方违约都应该承担违约责任，承担相应后果。二是对有关政府违反承诺，尤其是因政府换届、领导人员更替等原因违约毁约侵犯合法权益的，要承担法律和经济责任。三是因国家利益、公共利益等事由改变政府承诺时，应严格依法进行，并给予相应的财产损失补偿。[②]

4. 构建亲清政商关系

(1)从制度上确保政商关系的"清"。需要加强对权力运行的制约和监督，也需要完善企业家产权保护制度，让企业家清清白白地获得他们应该得到的收入。在这个前提下，实现政商关系清白、纯洁就有了可靠的保障。对政府来说，实现政商关系的"清"，不是无所作为，不是做"甩手掌柜"，而是要着力保护企业家合法财产和创新，尤其是加强制度供给。

① 防止"新官不理旧账"地方政府违约要承担法律经济责任[N/OL]. 每日经济新闻，2016-11-27.
② 中共中央国务院关于完善产权保护制度依法保护产权的意见[EB/OL]. 新华网，2016-11-27.

(2)以政企沟通机制强化政商关系的"亲"。建立本级党政主要领导与重点企业的联系会议制度,每个月至少开一次,倾听企业诉求,现场解决企业实际难题,形成政府与企业之间常态化的沟通渠道。同时,借鉴日本经验,在各地中小企业发展促进局内建立中小企业相谈部门,专门负责本地中小企业的相谈业务。

三、着力降低制度性交易成本

应对经济全球化新挑战,尤其是疫情的中长期影响,释放经济转型蕴藏着的增长潜力,需要加快以减税降费为重点降低制度性交易成本。

1. 进一步降低企业税费负担

近年来,我国适应经济发展需要,减税力度不断加大。2016—2019年,我国年新增减税降费额由5736亿元增长至2万亿元,占GDP的比重超过2%。[①] 2020年,在疫情影响下,我国减税降费力度进一步加大,全年新增减税降费超过2.5万亿元。[②] 总的来看,我国税费仍有下降的空间。一方面,我国政府债务率仍然较低。截至2019年底,我国政府债务率为38.5%,远低于欧盟60%的警戒线,也低于主要市场经济国家和新兴市场国家水平。[③] 另一方面,我国税费负担仍然相对较高。《2019年营商环境报告》数据显示,我国总税率和社会缴纳费率(占利润百分比)为64.9%,全球排名第114位。尤其是在疫情对民营企业产生严重冲击的背景下,需要以更加积极的税收政策进一步降低企业税费负担。

2. 加快推进税制由间接税为主向直接税为主转变

(1)以间接税为主造成企业减税感受不明显。当前,我国税收结构仍

---

① 赵鹏. 2019年我国减税降费超2万亿元[N]. 北京日报, 2020-01-07.

② 陈晨. 2020年我国新增减税降费超2.5万亿元[N]. 光明日报, 2021-01-10.

③ 财政部:2019年底我国政府债务率38.5%风险整体可控[EB/OL]. 环球网, 2020-04-03.

然以间接税为主。2017 年，我国企业税费中企业所得税占比 27%，而以增值税、消费税为主的间接税占比则超过 70%，其中增值税一项占比达到 47%[①]；而在欧美等多数国家，直接税占比均在 70%—90%。[②] 以间接税为主的税收结构是造成企业减税感受不强的重要因素之一。

(2)改革以企业税、流转税、增值税为主的税制。进一步提高直接税比重，改革个人所得税征收方式，扩大财产税征收范围，探索开征遗产税、赠予税等新型税种；以财产税为主体形成地方政府稳定的税源。加快房地产税立法，推进消费税改革，逐步将房地产税和消费税作为地方政府的主体税种，降低对增值税的依赖。

(3)进一步降低企业税费负担。2017 年，我国企业所得税是个人所得税的 2.7 倍，而发达国家则主要以个人所得税为主，企业所得税一般仅为个人所得税的 20%—40%。[③] 为此，需要进一步降低以企业所得税为重点的直接税税率。同时，进一步下调或取消广义税负中的各种费用、土地出让金和社保费用，切实减轻企业税费负担。

3. 全面实施企业自主登记制度与简易注销制度

(1)全面实施企业自主登记与简易注销制度。进入“互联网＋”时代，实现企业自主登记注册的技术条件和时机已经成熟。建议借鉴香港模式，在全国推行“注册易”一站式服务，最大限度地实现企业注册登记便利化，全面实施企业简易注销，最大限度提高企业自主权，实现企业“自由生、自由死”。

(2)取消企业一般投资项目备案制。企业一般投资项目备案制仍属于前置性的行政控制，并不能有效减少企业在经营过程中的违法违规行为。建议在政府严格管理城乡规划、土地利用、环境保护等事项的前提下，除涉及国家安全、某些重大国有投资项目之外，企业的一般项目由企业依法依

① 姜超. 中国宏观税负高在哪里从哪里降？[EB/OL]. 凤凰网国际智库，2018-09-05.

② 黄志龙. 减税究竟要减哪些税？[EB/OL]. 新浪财经，2018-10-17.

③ 姜超. 中国宏观税负高在哪里从哪里降？[EB/OL]. 凤凰网国际智库，2018-09-05.

规自主决策,不再要求备案。

(3)全面推行“最多跑一次”。全面推广浙江“最多跑一次”的经验,着力推进“一窗办、一网办、简化办、马上办”改革,推动审批智能化、服务自助化、办事移动化为重点,实现政务服务事项“一网通办”,大幅提升政府办事效率。

第三节 深化要素市场化配置改革

当前,无论是畅通国内国际双循环,还是释放强大的国内市场潜力,都对推进要素市场化配置改革、提高要素配置效率提出现实需求。推进要素市场化配置、构建更加完善的要素市场化配置体制机制,是加快构建高水平社会主义市场经济体制的基本要求,是市场在资源配置中起决定性作用的基础和条件。

一、深化要素市场化配置改革的迫切性全面增强

深化要素市场化配置改革,实现要素价格市场决定、流动自主有序、配置高效公平,既为降低“边境后”壁垒、促进各类市场主体公平竞争提供制度性保障,也为主动参与国际合作竞争提供重要条件。

1.实现要素市场化配置改革的重要突破

未来几年,我国经济发展面临着结构性、体制性、周期性等问题相互交织,短期与中长期问题相互叠加的状况,依靠要素规模投入促进经济增长的难度明显加大。在此背景下,无论是应对外部环境变化、有效抵御外部风险挑战,还是适应国内发展的阶段性特征、充分发挥国内超大规模市场优势推进高水平开放,都需要加快实现深化要素市场化配置改革的重要突

破，明显提升要素配置效率，在畅通国内大循环中促进国内市场和国际市场更好联通，更好利用国际国内两个市场、两种资源，赢得大变局下国际合作竞争的主动。

2. 推动要素流动领域的制度集成创新

在内外环境明显变化的背景下，深化要素市场化改革，需要在经济体制关键性基础性重大改革上突破创新，需要更加突出改革的系统性"集成"。以此突出改革实效，推动改革更好地服务经济社会发展大局。例如，要素市场化改革离不开产权制度改革，离不开价格制度改革；推进要素市场化改革的重要任务是包括土地等在内的要素确权；要把要素市场化改革和产权改革、价格改革等有机结合起来，统筹设计、同步推进，形成制度集成创新的新格局。

3. 分类推进要素市场化配置改革

一方面，深化要素市场化配置改革，核心是充分发挥市场在要素资源配置中的决定性作用，打破要素自由流动的体制机制壁垒，保障各类市场主体平等获取生产要素。另一方面，从实际出发深化要素市场化配置改革，需要突出重点、分类推进。例如，随着科技革命的推进，要素的范畴也在不断拓展，除了传统要素外，数据等成为新的要素。在传统生产要素领域，重点是消除资源配置扭曲，把劳动力、土地、金融等配置到生产率更高的领域，使实际经济增长达到潜在生产可能性边界；在数据等新的生产要素领域，重点是加快产业数字化、智能化改造，推动先进技术市场化转化与扩散。

二、着力推进土地要素市场化配置改革

加快建立城乡平等的土地产权市场交易制度，在严格土地规划和严格

用途管制下，发挥市场在资源配置中的决定性作用，是释放巨大内需潜力的重中之重。

1. 以土地要素市场化配置改革释放我国高质量发展的新动力

土地成为我国要素市场化配置改革的突出短板。城乡土地要素市场分割，农村土地要素市场化配置改革滞后，农村土地产权交易市场缺位，成为制约农村巨大消费潜力与城乡融合发展潜力的重要因素。有数据显示，10 年来平均每年供地 880 万亩左右；2018 年国有建设用地的供给总量中，政府划拨的仍占 60％，通过招拍挂出让的土地不到 40％。土地要素市场化配置改革将释放巨大的增长潜力，并在提升农民财产性收入、促进城乡要素合理双向流动中发挥重要作用。这就需要以新的思路开辟土地要素市场化配置改革新路径。

2. 发挥市场在土地资源配置中的决定性作用

（1）要逐步减少中央政府对土地指令性计划管理。取消行政集中的用地指标管理制度，并赋予省级政府更大的用地自主权。

（2）要进一步深化产业用地市场化的配置改革。充分利用市场经济盘活存量用地和低效率用地，扩大国有土地有偿使用的范围，推进国企存量用地的盘活利用，完善盘活存量建设用地的税费制度。

（3）实现政府的土地管理与经营职能分开。推动地方政府摆脱土地财政依赖。

（4）改革土地要素价格形成机制，由市场竞争决定土地价格。

3. 加快建立健全城乡统一的建设用地市场

（1）全面推进农村土地征收制度改革。实行农村集体经营性土地和国有土地同等入市、同价同权，并建立公平合理的集体经营性建设用地入市增值收益分配制度与入市激励机制。

（2）尽快实现农村宅基地制度改革的实质性突破。建立农村宅基地自愿退出机制，盘活存量闲置宅基地，并按照“适度放活宅基地和农民房屋的使用权”的要求，进一步探索宅基地“三权”分置改革。按照立足存量、先房后地的原则，优先推进农村住房财产权的对外流转，通过自主经营、租赁经营、委托经营等多种方式盘活农村住房。在此基础上，逐步实现房地一体的农村宅基地使用权跨集体流转。

(3)进一步完善跨地区耕地占补平衡、增减挂钩的政策。建立全国性建设用地、补充耕地指标跨区域交易机制，允许各地区用地指标通过市场化方式自由交易。

(4)推进土地管理制度逐步由城乡二元向城乡统一过渡。实现各类土地在明细产权前提下在一个平台上无障碍交易。考虑到土地改革全面性和重要性，建议制定“十四五”时期土地要素市场化单项改革的行动方案。

三、推进人才要素市场化配置改革

人才是创新的第一资源。无论是用好现有人才，还是引进国际化人才，关键是发挥市场在人才资源配置中的决定性作用。

1. 以人才价值实现为导向形成开放型人才政策

(1)克服人才价值实现的突出短板。从国际经验看，绝大多数优秀人才都集中在企业是一个普遍现象。例如，据统计，美国有80%左右的优秀人才集聚在企业[①]，使得优秀人才能够在引领经济领域的创新中充分发挥作用。尽管我国有全球规模最大的科技人力资本总量，但主要的科技人才集中在机关、高校、科研院所和国有企业，科研人员过多地分布在体制内。例如，2018年，我国规模以上工业企业设立研发机构的比例为19.2%。全国研发人员中，博士毕业生愿意去企业从事研发工作的少之又少。现有的

① 辜胜阻. 科技改革要缝合科技经济两张皮[EB/OL]. 新华网，2013-10-25.

人才没有创造出应有的市场效益,是我国走向人力资本强国面临的首要问题。

(2)人才政策构建需要突出人才价值实现。一是要缩小我国与主要人才强国之间的差距,主要矛盾是形成充分实现人才价值的政策安排。二是人才向人力资本价值实现程度高的国家流动,仍将是全球化的重要趋势,充分实现人力资本价值,才能有效避免高层次人才外流。三是人才的总量优势,是我国经济转型升级和产业变革的突出优势,把这个优势发挥好,关键是充分实现人才价值。

(3)形成具有全球竞争力的人才政策。以促进人才价值实现为目标,促进人才优化配置为手段,建立市场导向人才评价机制,引导中高级人才向企业集聚。到 2025 年,在国内人尽其才的同时,能够广泛集聚全球人才参与国内经济建设;2035 年,成为全球最具有人才竞争力的国家之一。

2.深化人才发展体制机制改革

(1)改变行政主导的人才价值评价机制。科学、合理的人力资本价值评价机制,是引导人力资本价值实现的"指挥棒"。改革开放以来,我国的人力资本价值评价机制已有很大改观,但仍不完善,甚至一些方面仍存在着扭曲现象。以我国高级人才要素为例。多年来,中高级人才要素人力资本价值评价主要采取行政主导的职称评定,一旦评上较高职称,未来的收入就和其直接挂钩。尽管实现了"评聘分开",但一般而言,在体制内的工作岗位上,"高评低聘"的现象还比较少。在行政主导的人力资本价值评价机制下,"唯学历、唯职称、唯论文"等现象比较突出,学历、职称、论文达不到要求的人才难以得到充分的承认。如果仅仅从学历、职称、论文等来评价中高级人才要素的人力资本的价值,不仅失之偏颇,而且会让更多年轻人把追逐学历、职称、论文作为主要追求目标,从而使国家珍贵的人力资本用在脱离经济社会效益的环节,从而导致人力资本配置的低效率。

(2)加快人力资本价值评价机制改革。2016 年 3 月,中共中央《关于深化人才发展体制机制改革的意见》的出台，使我国新时期人力资本价值评价机制改革步入快车道。该文件对创新人才评价机制的顶层设计，充分体现了人力资本价值实现的客观规律。一是从突出品德、能力和业绩评价的角度改进评价标准，能够有效遏制唯学历、唯职称、唯论文等倾向。二是强调发挥政府、市场、专业组织、用人单位等多元评价主体作用，为改变行政主导的传统评价方式指明了方向。三是明确提出改革职称制度和职业资格制度，在人力资本价值评价上充分考虑到了用人单位的现实需求。

(3)区分不同类别的人力资本，形成多元化的价值评价标准。例如，在基础研究领域，可以以同行学术评价为主，强调论文质量而不是数量；对于应用研究和技术开发人才，以科技成果普及推广为主，需要追求实效，追究现实的业绩，应当突出市场评价；对于哲学社会科学人才，应当突出在经济社会变革中的影响，突出强调社会评价。

(4)将人力资本价值评价权力下放到专业组织和用人单位。从多年来的实践看，行政部门不宜作为职业资格的评价和认定的主体。为此建议，一是着眼于充分发挥中高级人才在经济转型升级和产业变革中的重大作用，把职业资格的评价和认定权力下放作为新阶段简政放权的重要任务。二是对于中高级人才的职业资格认定，没有必要反复设置各种头衔的评比和审查，尽可能取消不必要的行政审查程序，取消不必要的重复评比等。三是充分发挥各类专业性的行业组织作用，尽可能将职业资格的评价和认定权力下放到专业化的社会组织。四是为突出实用性，允许用人单位直接作为职业资格的评价和认定主体，在推动高校、科研院所自主评审的同时，尽快让各类企业成为中高级人才职业资格自主评审的主体。

3. 推动中高级人才资源市场化配置

(1)中高级人才资源配置效率低的突出矛盾是市场价值实现不充分。从实践看，人才价值的实现主要不由市场决定，是导致我国中高级人才不愿意到企业工作、科技成果转化率低、产业处于中低端等的重要体制根源。

(2)经济转型升级与产业变革要求中高级人才配置市场化。从发达国家的经验看,大量的中高级人力资本走向企业,面向市场开展科技创新,是一个国家快速实现经济转型升级和产业变革的"秘诀"。以美国的硅谷为例,依托斯坦福大学,从教育、科研机构走出了大批人才,他们带着大量世界领先的科技成果进入了大大小小的企业,帮助企业生产出最具竞争力的产品,成就了惠普、英特尔、苹果、谷歌、Facebook 等一大批知名企业。一个国家的科技成果转化能力,在很大程度上取决于中高级人力资本配置的市场化程度。

(3)推动中高级人才向企业集聚。国际国内经济转型升级的经验都表明,中高级人力资本主要配置在企业,有利于科技成果转化,有利于成就引领产业变革的伟大企业。以美国的惠普公司为例,从 1538 美元起家,短短数十年间便成为美国十大电子公司之一,其成功的秘诀就在于创始人休利特吸引大量中高级人力资本到企业创业的两条管理公式:"人才+资本+知识=财富""博士+汽车库=公司"①。

四、加快推动资金、技术、数据等要素的市场化配置

健全资本、技术、数据等要素市场运行机制,加快破除阻碍要素自由流动的体制机制障碍,完善要素交易规则和服务体系,确保各类市场主体平等使用资金、技术、数据等基础性要素资源。

1. 以完善多层次资本市场为重点推进资本要素市场化配置改革

一是继续放开金融服务业市场准入,增加服务小微和民营企业的金融服务供给,疏通金融和实体经济的传导机制。二是加快深化资本市场改革,拓展多层次资本市场内涵。三是在科创板试点基础上进一步拓展注册

① 田耕. 惠普的公式[J]. 企业改革与管理, 1998(5).

制改革，为新经济提供更加便利快捷的上市渠道，也为承接中概股回归创造条件。四是疏通货币市场和债券市场利率向信贷市场传导渠道，通过加强公开市场操作打造利率走廊，实现利率市场化。

2. 以科技成果产权激励制度改革为重点推动技术要素市场化配置改革

适应全球新一轮科技革命与产业变革相互融合的大趋势，加快构建科技人员职务科技成果产权激励制度。一是赋予科技人员职务科技成果所有权或长期使用权，进一步下放科技成果使用、处置和收益权，让科技项目研发与科技人员受益直接挂钩。二是进一步扩大创新主体自主权，支持科研单位和人员共有成果所有权，将“先转化、后奖励”改变为“先赋权、后转化”，完善科技成果转化激励政策。三是加快发展技术转移机构和技术经理人，支持高校、科研机构和科技企业设立技术转移部门，形成科技成果转化的机制化安排。

3. 以数据产权界定和数据交易市场培育为重点推进数据要素市场化配置改革

随着全球进入数字经济时代，数据对经济增长的作用显著提升，成为数字经济时代关键性的生产要素。根据德勤的一项调查，89％的企业认为工业物联网对企业的成功至关重要，72％的企业已经在一定程度上开始工业物联网应用。为此建议，抓紧制定相关法律法规，明确数据产权界定，对数据的所有权、使用权、收益权、处置权等进行规范。在保障国家安全的基础上，加快形成数据要素市场定价机制、市场交易方式和市场监管上的规范性制度和规则，加快培育数据交易市场，并与国际数据市场在数据确权、数据认证、数据定价、数据监管等方面的规则对接。

第四节 推动高水平开放的监管变革

高水平开放的实际效果直接依赖于市场监管的有效性。在统筹发展和安全前提下,高水平开放对提升市场综合监管能力提出迫切需求。适应高水平开放的基本趋势,推动市场监管变革,既是构建高水平市场经济体制的重大任务,也是优化政府治理体系的重大课题。

一、高水平开放倒逼市场监管变革

客观地看,我国的市场监管体系,无论是制度建设还是标准与能力建设,都在一定程度上滞后于市场化改革与高水平开放进程,市场监管还面临着比较突出的问题。

1.高水平开放直接依赖于市场监管有效性

(1)开放领域依赖于市场监管有效性。例如,在监管标准缺失的情况下,一些部门担忧服务业进一步开放会出乱子,“一禁了之”的现象时有发生,从而制约服务业市场开放进程。尤其是在服务业市场开放与第四次科技革命历史交汇的背景下,以“互联网+”为代表的各类服务业新业态、新模式不断涌现。与新经济快速发展的势头相比,现行的市场监管中,“监管盲区”,监管缺位与某些过度监管的问题同时存在,使得市场开放与对外开放成效大打折扣。

(2)开放深度依赖于市场监管有效性。以 2020 年全国版的《外商投资准入负面清单》为例,共 12 个门类,仅 33 项外资准入特别管理措施。保留在负面清单内的领域,都是敏感性较强、开放风险较大的领域。以演出经济为例,近年来在自贸试验区等放开了外资准入限制,但由于市场监管能力的限制，对演出内容、演出范围仍有诸多限制性规定，没有从产业发展的全环节系统考虑，虽然放开了准入环节，但准入后仍有很多其他限制，并未实现全面开放。

(3)开放效果依赖于市场监管有效性。在扩大“边境后”开放的大背景下，制度性交易成本的实质性降低是衡量开放效果的重要标准。企业的制度性交易成本不仅体现在市场的准入环节，而且体现在监管环节。监管方式由巡查制改变为抽查制，减少了对企业的不合理干扰，是降低企业制度性交易成本的措施之一；将一部分行政处罚，改变为信用约束，是减少企业制度性交易成本的途径。从实际情况看，基层监管部门因怕担责而“慢作为”“不作为”的情况较为普遍。新的监管体制尚未建立健全，对进一步简政放权、扩大开放产生一定的制约作用。

2. 市场监管改革滞后制约高水平开放进程

(1)监管理念变革滞后。在现代监管理念中，监管主要是事中和事后监管，事前的行政审批能取消的尽可能取消，以便能够最大限度地激发市场活力，政府主要对最终产品和服务的质量安全进行监管。从基层监管的实际情况看，我国尚未完全形成行政审批与监管相互分离的现代监管理念，不少行政部门在理念上仍把行政审批和监管当成一回事，“谁审批、谁监管”的传统思维方式在实践中仍普遍存在，有些部门只会审批、不会监管，用审批代替监管，以惩罚代替监管等问题仍然存在。

(2)监管标准缺失。一方面，若服务业领域的监管标准过严，则会阻碍相关领域的创新与突破；另一方面，服务业领域的监管缺失，则会造成市场秩序混乱，并对优质服务业企业形成负面激励效应。

(3)监管方式变革滞后。常规性监管受制于监管能力，一些监管机构在平时满足于低水平均衡，一出事就开展“运动式”“突击式”整治，监管举措往往治标不治本。例如，实行“双随机、一公开”后，如何改变之前的监管方式；哪些监管项目需要日常检查；如何在降低对企业干扰的前提下，改进日常检查的方式和手段,确保监管到位;哪些监管项目采用抽查检查,各级部门没有形成统一的标准。同时,由于整体的社会诚信体系建设滞后,加上不同监管部门之间的信用信息无法共享,难以真正实现对失信者进行适时信用惩戒的效果。

(4)监管体制仍需进一步破题。现有监管体制在较好体现综合性监管的同时,并未很好地实现专业化监管。例如,新组建的海南省市场监督管理局整合了原省工商行政管理局、省质量技术监督局、省食品药品监督管理局的职责,但是省食品安全委员会和新组建的省药品监督管理局都只是省市场监督管理局的部门管理机构,监管队伍的专业化无法得到充分体现。同时,联合惩戒缺乏顶层设计,相关机制不完备,一处违法、处处受限的格局尚未形成。

3. 以形成公平竞争的市场环境为目标推进市场监管改革

(1)把形成公平竞争的市场环境作为市场监管的基本目标。竞争是市场经济的本质,公平竞争是市场经济的核心。当前,无论从推进高水平开放的基本要求出发,还是从缓解短期经济下行压力、释放经济转型蕴藏的中长期巨大增长潜力的现实需求出发,都需要改变以往监管理念,把营造公平竞争的市场环境作为市场监管改革的基本目标。强化竞争政策的基础性地位,充分发挥市场在资源配置中的决定性作用,营造内外企业一视同仁、公平竞争的市场环境。

(2)适应高水平开放需求推进重点领域的市场监管。一是适应我国消费结构升级与服务业市场全面开放大趋势,市场监管的主要对象要由商品为主向服务为主转变。二是要把反垄断,尤其是反行政垄断作为市场监管变革的重大举措。三是进一步深化市场监管体制变革,实现市场监管体制由综合性监管为主向综合性与专业性监管并重转变。四是适应统筹发展与安全新要求,进一步健全国家安全审查和监管制度。

(3)以市场监管改革带动政府职能转变。推动市场监管改革创新，既是推动政府职能转变的重要方向，也是适应市场经济发展趋势的迫切需要。以市场监管改革为突破口，整合监管资源，更新监管理念，创新监管方式，提高监管效能，为经济发展营造良好的市场环境，并以此加快推进产业政策转型，强化竞争政策的基础性地位，加快形成开放、高效、秩序、安全、和谐、法治的现代政府治理新格局。

二、以反行政垄断为重点推进反垄断和反不正当竞争

适应于我国经济转型升级与高水平开放的大趋势，需要把反垄断，尤其是反行政垄断作为强化竞争政策基础性地位的重大举措与突破口。

1. 市场垄断与行政垄断制约市场主体公平竞争

当前，我国市场垄断，尤其是服务业领域的行政垄断依然比较突出。例如，我国前50强物流企业中，80%是国有或国有控股企业。[①] 2019年，我国物流总费用占GDP的比重为14.7%，美国为7%，英国为9%。[②] 此外，在自然垄断领域的竞争性环节仍然没有完全放开。例如，电力供应市场属于“行政垄断＋自然垄断”的复合型垄断市场；在教育、医疗、养老等生活性服务业领域，仍面临较为严重的行政垄断；金融、保险、会计等领域仍面临不合理的经营范围限制。此外，服务领域政府定价行为仍然存在。为此，要把打破垄断尤其是行政垄断作为供给侧结构性改革的重大任务之一，尽快出台改革行动方案。

2. 把反行政垄断纳入反垄断范围

(1)反行政垄断成为反垄断的突出短板。2018年机构改革后，我国将

---

① 物流五十强国企占8成 物流企业试行新混改[N/OL]. 21世纪经济报道，2017-11-22.

② 14.6%的比重仍较高　国务院再提降物流成本[EB/OL]. 华夏时报网，2018-06-28.

原分散在三个不同部委的反垄断职能整合到国家市场监督管理总局。应当说这是反垄断体制改革的重大进展,但从实际效果看,目前国家市场监督管理总局的反垄断局与价格监督检查和反不正当竞争局难以有效履行反垄断职能。例如,目前两个执法机构都是司局级,行政级别较低且授权有限,在反垄断尤其是反行政垄断方面力不从心;执法机构缺乏准司法权和准立法权,难以应对新经济领域的垄断现象;由于缺乏地方派出机构,难以应对跨地区的垄断与不正当竞争行为。

(2)做实"国务院反垄断委员会"。可以考虑将反垄断局与价格监督检查和反不正当竞争局作为其具体执法机构;对不同所有制企业实行统一的市场监管标准和监管规则,实质性增强反垄断的有效性;与国际接轨,尽快建立既适用于内资又适用于外资的法治化、规范化的反垄断体制。

(3)加快修订《反垄断法》。例如,经营者集中"控制权"不明确;经营者集中缺乏量化判断标准;滥用市场支配地位等细节需明确;"上级责令改正"不能防范行政垄断;反垄断执法机关面临独立性挑战。为此建议将反行政垄断纳入市场监管范畴,并尽快修订《反垄断法》,增加并细化反行政垄断的内容,并将竞争政策以及相应的公平竞争审查制度纳入《反垄断法》中;系统清理、修改、废除各类导致行政垄断的规章制度以及滥用行政权力排除、限制竞争的行为;细化《反垄断法》中关于反行政垄断的实施细则,根据不同行业的特点制定不同的反行政垄断措施。

3.强化新经济领域反垄断执法

(1)明确平台型企业的垄断行为认定标准。2021 年 2 月 7 日,《国务院反垄断委员会关于平台经济领域的反垄断指南》正式出台并实施,标志着我国平台经济领域反垄断监管的重要突破,这对营造公平竞争的市场环境是一个重大利好。未来几年,需要在进一步细化相关标准规范的同时,强化新经济领域的反垄断执法。例如,《反垄断法》规定,"一个经营者在相关市场的市场份额达到二分之一的;两个经营者在相关市场的市场份额合计达到三分之二的；三个经营者在相关市场的市场份额合计达到四分之三的，可被认定为具有市场支配地位”。2019 年天猫的市场份额依然占据首位，达到 50.10％，京东的市场份额为 26.51％，两者合计 76.61％。这对新兴产业的反垄断监管提出了挑战。

（2）重点关注平台型企业数据垄断行为。目前涉嫌数据垄断的行为主要表现在拒绝向竞争者开放数据入口、滥用平台上的他人数据、利用数据优势削减消费者的选择权等利益。与传统的方式不同，平台经济是通过特殊算法等技术手段限制竞争、借助平台优势地位采取的排他性交易等方式实现的。为此，需要考虑相关行业竞争特点、经营模式、用户数量、网络效应、锁定效应、技术特性、市场创新、掌握和处理相关数据的能力及经营者在关联市场的市场力量等因素，并通过调查了解市场上的竞争状态、消费者福利水平、行业壁垒情况等方面加强反数据垄断执法。

（3）预防互联网平台不合理并购和内部整合形成的垄断。从实际经济情况看，目前国内互联网平台企业主要通过高估值的收购达到垄断地位，即通过高价收购目标以实现消灭未来的潜在竞争对手。同时，平台企业内部整合导致数据融合、经营规则改变等新情况也成为欧美反垄断调查的重点对象。例如，亚马逊不同业务的整合可能产生结构性的垄断，这会损害消费者的长期利益，包括产品质量、品种和创新。此外，Facebook 在 2019 年 4 月宣布将进一步整合旗下的 WhatsApp、Instagram 以及 Facebook Messenger，也受到美国反垄断执法机构的关注。

4. 实现服务业领域反市场垄断的实质性突破

（1）推进垄断行业竞争环节对社会资本全面放开。一是在以电力、电信、石油、民航、邮政等为重点的行业，除基础设施部分外，在相当多的生产环节都可以放开市场引入社会资本。二是推进资本市场的国有股减持，在非自然垄断环节退出一部分国有资本，为民间资本进入这些领域腾出空间。三是全面实现自然垄断和竞争环节分开，在自然垄断部分强调国有资本主导，在竞争性环节对社会资本放开。四是完善基础领域的准入制度，对垄断行业要逐步放松或解除管制，广泛引入市场竞争机制，鼓励社会资本参与基础领域的公平竞争。

(2)健全城市公用事业的特许经营制度，积极引导社会资本参与。一是对城市公用事业，要尽快健全特许经营制度，形成合理价格形成机制。实现城市公用事业政事分开、政企分开、事企分开，建立完善的市场竞争机制、企业经营机制和政府监管机制。二是打破垄断经营，引入市场竞争机制，提高城市建设运营效率；充分利用资本市场，彻底改变城市公用事业政府投资的单一模式，鼓励社会资本参与投资城市公用事业。三是利用已有的经营性公用事业资产，以特许经营方式向社会资本进行多元化融资，积极引导社会资本参与，有效缓解公用事业建设资金短缺的状况。

三、推进市场监管重心向服务领域转变

进入新发展阶段，释放服务型消费需求的巨大内需潜力直接依赖于服务业市场监管的有效性，推进以服务业为重点的开放进程也与市场监管的能力水平直接相关。适应服务业市场开放的现实需求，推进服务业领域的监管变革的现实性、迫切性全面凸显。

1.服务业成为市场监管的重心

随着我国居民消费结构快速升级、服务型消费规模快速增长，服务领域的市场监管逐步成为监管的重点与主体。2015—2020年，我国消费者服务类投诉数量由18.7万件增加到49.9万件，年均增速达到21.6%，是消费者投诉数量平均增速的2.4倍；占消费者投诉数量的比重由29.3%提升至50.9%，占比过半(见图7.1)。在服务业市场走向全面开放，服务型经济以及服务型消费快速增长的背景下，市场监管的转型与变革都面临

着诸多需要解决的突出问题。

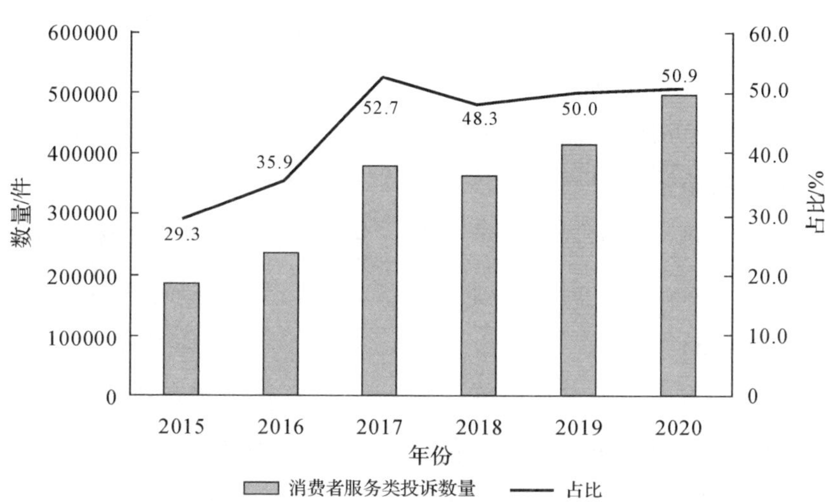

图 7.1　2015—2020 年消费者服务类投诉数量及占比

数据来源:根据 2015—2020 年全国消协组织受理投诉情况分析整理。

2. 加强重点服务业领域的市场监管

(1)加强医疗健康领域的市场监管。有数据显示,到 2030 年,“健康中国”带来的健康服务业总规模将达到 16 万亿元。[①] 在这个大背景下,一方面,国内难以满足这个巨大的市场需求;另一方面,全国每年发生的医患纠纷多达百万起。目前,这个市场开放程度不高,市场失灵程度高,这些都对医疗健康领域的监管提出了巨大挑战。建议在加快健康服务业市场开放政策创新的同时,加强海南医疗健康领域的监管,尤其是加强对威胁公共安全的重点领域实行全过程实时监管,进一步明确监管主体、责任、方式、标准等,加大对专业化人才的吸引力度,提高监管能力。

(2)加强文化领域的市场监管。据统计,2018 年,我国文化产业增加值达到 3.9 万亿元,比 2004 年增长 10.3 倍;文化产业增加值占 GDP 的比

① 中共中央国务院印发《“健康中国 2030”规划纲要》[EB/OL]. 新华社，2016-10-25.

重由 2004 年的 2.15%提高到 2018 年的 4.3%。[①] 我国正处在文化产业加快发展的阶段。为此,需要在明确监管标准前提下,建立分类监管制度。例如,尽快制定更为详细、透明的文化领域“大负面清单”,详细列明进入要求、经营范围、服务标准、监管规则等。同时,依据不同内容实行分类监管方式。例如,对重大题材或者涉及政治、宗教等特殊题材的节目,除加强事前审批外,还要进一步加强事后效果的评估等;对一般性文化体育娱乐项目及服务,进一步减少事前审查,将监管重点放在事中事后领域,并通过事后社会反馈等及时调整。

(3)加强教育领域的市场监管。按照“非营利性”和“营利性”分类管理的政策原则,细化对各类民办学校的办学条件、教师准入资格等作出明确规定,在课程体系、教学内容、师生比、考核评价等方面设置监管标准,进一步提升各类教育的人才培养质量。建立健全以负面清单、信息公开和信用管理为核心的现代教育监管体系;加强对教育政策、教育对外开放和教育服务贸易等领域的专项研究和风险研判,建立风险识别和预警机制,建设风险防控体系,提高解决争端和维护自身权益的能力,维护教育主权和安全。

(4)加强养老领域的市场监管。随着我国人口老龄化进程加快,养老产业成为我国最有潜力的市场之一。据调查,2016 年,我国老年康养产业市场消费需求在 5 万亿元以上,到 2030 年将达到 22 万亿元,占 GDP 的比重将达到 8%。[②] 然而,由于市场开放程度不高,实际的市场供给严重不足,由此制约了养老服务业的发展。建议推进养老服务业制度、标准、设施、人才队伍建设,加快建设全国统一的养老服务标准和评价体系。

---

① 2018 年我国文化产业增加值占 GDP 比重升至 4.3%[N/OL]. 中国商报,2019-07-25.

② 给子女买房还是给自己保健?报告称中国老人存款超 17 万亿[EB/OL]. 中国青年网,2018-02-12.

3.尽快提升服务业领域市场监管的国际化水平

(1)完善服务业重点领域标准认证认可制度。适应服务型消费快速增长、服务业市场全面开放的需求,以服务贸易为重点,大力推行高端品质认证,在旅游、健康、教育、金融、电商等领域加快探索推进服务认证活动。

(2)鼓励各类服务业企业参与服务认证。建立健全社会第三方服务认证认可制度,鼓励服务业企业积极参与服务认证,引导各类服务业企业特别是中小型服务企业获得服务认证,帮助更多服务企业提升质量管理水平。在旅游、教育、健康医疗、文化娱乐、金融等服务业领域开展标准认证工作,对取得官方或国际协会认证的企业给予优先推介、税收减免等。

(3)制定市场经营行为差异化责任豁免目录。在保证国家安全的前提下,允许境外企业在海南提供相关服务,最大限度减少因标准差异而产生的企业成本。

4.推动经济活动由地方政府间竞争向企业主体间竞争的转变

(1)产业转型升级的主体不是政府而是企业。强化竞争政策的基础性地位,就是要保障各类市场主体之间的公平竞争,就是要最大限度地激发企业家精神,在此基础上形成开放创新的新格局。

(2)地方政府间的某些竞争仍然存在,并成为影响企业主体公平竞争的重要因素。尤其是在新一轮产业革命引领产业变革的趋势下,新经济领域地方政府间竞争与地方保护现象仍然普遍存在。地方政府间竞争不仅阻碍企业在全国范围内的公平竞争,也造成某些重复建设、产能过剩等突出问题。

(3)实现经济活动由地方政府间竞争向企业主体间竞争的转变。减少政府,尤其是地方政府干预资源配置的范围和幅度,把政府干预资源配置的范围严格限制在公共资源领域,建立资源配置政府干预负面清单;在逐步调整地方政府以 GDP 为导向的政绩考核体系的同时,将公平竞争审查绩效纳入地方政府业绩考核体系和地方官员的政绩考核体系。

四、提升市场监管效率与能力

在新一轮大监管体制改革完成的基础上,以处理好综合监管与专业监管为重点,形成统一高效的综合市场监管与专业科学的专业市场监管的协调配合,成为新阶段市场内监管变革的关键所在。

1. 在省级政府层面建立统一权威的市场监管协调机构

以建立统一的市场监管协调机构为重点处理好综合监管与专业监管的关系。监管职能与监管权力在不同部门之间的不合理配置,形成了市场监管上"九龙治水"的局面。尽管目前已经对部分监管机构进行了整合优化,但在某些具体监管领域的整合仍然远未到位,离形成现代市场经济条件下的高效监管体制还有很大的距离。例如,本轮市场监管机构改革采取了自下而上的形式,不同层级、不同职能的新机构在管理模式上差异性明显,也面临着多个上级主管部门在法律法规、程序规定、职能设置、监管方式等方面的差异。同时,改革市场监管模式上下不统一,上层是多个部门分头管理,基层往往感到无所适从,加重了基层负担,弱化了市场监管执法。为此,建议通过在有条件的省份建立省级统一权威的市场监管协调机构,统筹全省监管资源,提升监管效率。

2. 以明确职责权限为重点理顺省级与省以下监管体制

(1)明确各级市场监管机构的职责权限。以药品监管为例,《国务院机构改革方案》规定,"市场监管实行分级管理,药品监管机构只设到省一级,药品经营销售等行为的监管,由市县市场监管部门统一承担"。从现实情况看,市县难以有效履行药品监管职能。这就需要尽快理顺省级以下的药品监管机构职能。可以考虑两个方案:一是明确各级政府市场监管机构的事权和责权划分，尤其是要明确省级与省以下市场监管机构的职权分配。例如，对高风险类食品药品的监管权责保留在省市场监管局，并在省级层面制定监管细则。二是实行省以下市场监管的垂直管理。

(2)强化监管队伍的能力建设。我国经济转型升级，尤其是服务业市场走向全面开放，对市场监管队伍及其监管能力建设提出较高要求。建议开展全国市场监管队伍能力建设试点，可考虑试行公务员职务与职级并行、职级与待遇挂钩制度，突出职级在确定干部工资、福利等方面的作用；探索建立政务官和事务官的两套管理制度；探索监管部门预算管理新模式，下放人事管理权，在预算约束的前提下允许监管部门自主聘任监管技术人才。

(3)推动监管法定机构试点。从国际经验看，市场监管机构成为法定机构有利于提升监管的权威性、专业性，有利于提升监管体系的稳定性。建议在海南自由贸易港等地区借鉴国外先进做法，以法定机构管理方式推动监管机构变革，赋予市场监管机构法定职责权限，实现决策执行分开，确保监管机构的独立性和专业性。

3. 建立跨部门联合审查、监管、执法机制

(1)加快推进跨部门涉企信息数据整合。各地要加快推进涉企信息整合工程，在统一接口及企业信用信息基础上，打造统一的涉企信息平台，激活政府不同职能部门沉淀的各类企业信息，实现统一平台、统一标准、统一管理，由此为全面实行企业法人承诺制奠定基础。

(2)建立跨部门并联审查机制。梳理整合对必须要保留的审查、审批事项，改变串联式审批方式，推行跨部门并联审批，最大限度地降低企业办事成本；对需要多个部门进行现场核查的事项，由主管责任单位牵头制定联合审查制度，由主管部门向企业发出联合审查通知书，在约定时间开展现场核查，当场出具审查意见。实现“进一次门、查多项事”，切实减少对企业正常生产经营活动的过多干预。

(3)建立跨部门“双随机、一公开”监管联系机制。由各地方政府政务管理局牵头,联合各级职能部门,制定跨部门随机联查事项清单,明确和规范随机联查的抽查项目、抽查依据、抽查主体、抽查内容、执法权限等,并向社会公布;结合监管领域、职责范围、主体类型等,建立跨部门随机联查的特别检查对象名录;建立跨部门随机联查执法检查人员名录。执法检查人员名录实行动态管理。根据健康发展信息公示预警系统随机生成的检查执法人员对监察对象进行联合检查。

4.依托大数据实现靶向性、协同化市场监管

整合企业发布信息、信用承诺信息、经营状况等内部信息与共商记录、税务记录、社保记录、司法记录、园区记录、偿贷记录、合同履约记录等外部数据库,利用人工智能、大数据分析等技术,对重点企业实行信用评级,实时对外公布,并将其作为事中事后监管对象选择的主要考虑因素。根据监管信息平台形成的大数据信息,充分利用人工智能等技术,实时动态跟踪企业经营状况,及时掌握企业经营活动的规律和特征;通过对企业数据的风险监测和评估,加强对重点企业行为的引导和失信线索的发现;对监管数据实行预期管理,对投诉、举报较多的企业进行预期管理,及时发布警示信息。

5.以赋予行业组织更大自主权为重点提升社会监管参与度

(1)分行业制定企业自律规约。根据行业发展要求,制定符合本行业特点的自律规约,主动规范会员企业生产和经营行为,引导本行业的经营者依法竞争,自觉维护市场竞争秩序。推动行业协会商会建立的约束和惩戒机制与政府、市场、社会形成的约束和惩戒机制相衔接,形成联动效应。

(2)赋予行业组织更大自主权。全面清理行业组织管理相关规定,下放行业管理权限。该收的收,该放的放,把属于行业协会或可以由行业协会承担的行业统计、信息发布、行业调查、行业发展规划制定,产品标准、服

务标准、技术规范制定和技能资质考核，产品展览推销、合作交流、招商推介，价格协调、公信证明、行业评估论证等职能转移或委托给行业协会承担；政府部门委托行业协会承担事务，主要采取“购买服务”的方式。

(3)加快建立完善“吹哨人”制度。率先在食品药品安全、环境污染、教育、偷税漏税、非法集资等公共安全领域建立企业“吹哨人”制度，切实防止任何形式的歧视性或报复行为。开展“吹哨人”先行、创制性地方立法，明确和细化对“吹哨人”的奖励、保护规定，为各部门、各行业的“吹哨人”设定最低标准和法定程序，强化对“吹哨人”的司法保护与救济。推动企业“吹哨人”管理相关立法进程，为实行“吹哨人”制度提供法律保障。

五、健全国家安全审查和监管制度

党的十九届五中全会提出，“把安全发展贯穿国家发展各领域和全过程，防范和化解影响我国现代化进程的各种风险，筑牢国家安全屏障”。适应高水平开放的趋势与外部环境明显变化的新形势，需要更加重视高水平开放中的安全审查和监管制度建设。

1. 建立外商投资安全审查委员会

2020 年 11 月 27 日，《外商投资安全审查办法》正式出台，并明确国家建立外商投资安全审查工作机制(以下简称工作机制)，工作机制办公室设在国家发展改革委，由国家发展改革委、商务部牵头，承担外商投资安全审查的日常工作。总的来看，工作机制明确了国家发改委与商务部审查主体作用。但从实际执行情况看，双部门牵头管理机制具有非持续性、职能界定不清晰等诸多弊端。建议借鉴其他国家的成熟做法，建立常设性的外资安全审查机构——外国投资安全审查委员会，在国家安全委员会指导下开展工作，对涉及国家安全的外国投资(包括绿地投资和并购投资)进行审查，强化国家安全审查的部门协调，进一步提升安全审查主体的层次与权威性。

2. 进一步完善安全审查与监管制度

(1)加强外资安全审查配套立法。既可以针对外资安全审查专门立法,也可以针对《外商投资法》出台相应的配套立法,对原则性规定进行具体阐述,列明审查主体、审查标准、审查范围、审查程序以及外国投资者违反我国外资安全审查规定应当接受的处罚等。特别是在审查标准方面,可借鉴加拿大和澳大利亚在这方面的经验,分别设定绿地投资和并购投资的不同审查标准,可根据投资标的额缴纳相应的审查费用,维持外资安全审查委员会秘书处的正常运行。

(2)设置外资安全审查救济渠道及监督机制。一是充分发挥各级法院的作用,增设外资安全审查的听证程序,允许外国投资当事人或利益相关人发起听证申请,针对非敏感可公开的投资内容进行听证,并将其纳入外资安全审查最终裁决的考量因素,最大限度保护外国投资者应当享有的投资权利。二是充分发挥国务院在部际联席会议中的重要作用,将国务院作为外资安全审查的监督部门,对部际联席会议的审查决定进行监督,国务院最终向国家安全委员会负责,并向其汇报最终审查结果及裁决理由。三是发布年度审查报告,最大程度保证外资安全审查的透明度。年度报告应根据每年审查案件的数量、案件分布的行业领域、外国投资者应注意的审查事项等问题展开,保护外国投资者的合法投资权益。

(3)不断完善"不可靠实体清单"制度。严格落实《不可靠实体清单规定》,以完善的制度保障各类市场主体合法权益,并根据实际运行情况不断完善"不可靠实体清单"制度;同时,加快完善反垄断审查制度。

3. 推动外资安全审查国际协调

外资安全审查制度的产生和发展有其国际法基础。近年来,区域自贸协定大都在强调促进国际投资的同时,更加强调"国家安全例外条款",也成为各国开始纷纷设立外资安全审查制度的重要依据。随着我国经济实力的提升与国际话语权的提高，应大力推动并引领外资安全审查制度的国际协调，将外资安全审查制度控制在合理限度内，并将其适用原则纳入双边、多边国际投资条约。

参考文献

阿里研究院. 网上丝绸之路大数据报告[R]. 2017-04-21.

博鳌亚洲论坛新兴经济体发展 2019 年度报告[R]. 北京:对外经济贸易大学出版社,2019.

蔡昉. 科学把握新发展阶段(深入学习贯彻党的十九届五中全会精神)[N]. 人民日报，2020-11-25.

迟福林，郭达. 在大变局中加快构建开放型经济新体制[J]. 开放导报，2020(4).

迟福林. 以高水平开放构建“双循环”新发展格局[N]. 经济参考报，2020-09-30.

国际货币基金组织. 全球经济展望报告[R]. 2020-10-13.

国家统计局. 新中国成立 70 周年经济社会发展成就系列报告[R]. 国家统计局网站,2019-08-30.

国家统计局. 中华人民共和国 2020 年国民经济和社会发展统计公报[R]. 国家统计局网站,2021-02-28.

胡晓炼. 支持扩大进口贸易是使命所在[N]. 人民日报，2020-11-06.

麦肯锡全球研究院. 变革中的全球化:贸易与价值链的未来图景[R]. 2019.

商务部,国家统计局,国家外汇管理局. 2019 年度中国对外直接投资统计公报[R]. 商务部网站，2020-09-16.

商务部. 中国对外贸易形势报告(2020 年秋季)[R]. 2020-11-24.

商务部. 中国电子商务报告 2019[R]. 商务部网站，2020-07-02.

商务部国际贸易经济合作研究院. 中国对外贸易形势报告(2019 年秋季)[R]. 2019.

世界经济论坛(WEF). The Travel & Tourism Competitiveness Report 2019[R]. 2019-11-06.

习近平. 在第三届中国国际进口博览会开幕式上的主旨演讲[EB/OL]. 新华网,2020-11-04.

习近平. 在庆祝改革开放 40 周年大会上的讲话[N]. 人民日报,2018-12-19.

习近平. 在庆祝海南建省办经济特区 30 周年大会上的讲话[N]. 人民日报,2018-04-14.

张琦. 服务贸易成为外贸增长新引擎 [N]. 新京报,2020-09-04.

中等收入阶层"空洞化",美国梦何去何从[J]. 清华金融评论,2018(2).

中国关于世贸组织改革的建议文件[EB/OL],商务部网站,2019-05-14.

中国互联网络信息中心. 第 46 次中国互联网络发展状况统计报告[R]. 中国网信网,2020-09-29.

中国信息通信研究院. 数字贸易发展与影响白皮书(2019)[R]. 2019.

中国信息通信研究院. 全球数字经济新图景(2020 年)——大变局下的可持续发展新动能[R]. 2020-10-14.

中国信息通信研究院. 数字贸易发展白皮书(2020 年)[R]. 2020-12-18.

中国信息通信研究院. 物联网白皮书(2020 年)[R]. 2020-12-15.

中国信息通信研究院. 中国数字经济发展白皮书(2020 年)[R]. 2020-07-06.

中商产业研究院. 2017 年中国无人零售商店市场研究报告[R]. 2017-07.